Erik Hornung:
Geist der Pharaonenzeit

Mit 40 Abbildungen

Deutscher
Taschenbuch
Verlag

Ungekürzte Ausgabe
August 1992
Deutscher Taschenbuch Verlag GmbH & Co. KG,
München
© 1989 Artemis Verlag, Zürich und München
ISBN 3-7608-1005-5
Umschlagtypographie: Celestino Piatti
Umschlagabbildung: Der Tote vor dem Phoenix von
Heliopolis, um 1130 v. Chr.
Gesamtherstellung: C. H. Beck'sche Buchdruckerei,
Nördlingen
Printed in Germany · ISBN 3-423-30318-2

Das Buch

Die Geheimnisse Ägyptens sind heute noch so verlockend und geheimnisvoll wie zu den Tagen des Herodot, der voll Bewunderung die jahrtausendealte Tradition der ägyptischen Kultur pries. Doch der internationale Massentourismus unserer Tage vermittelt davon ein nur oberflächliches Zerrbild. Das steinerne, verwitterte Gesicht der Sphinx beginnt erst zu sprechen, wenn wir darauf verzichten, uns mit einer flüchtigen Begegnung unter ihrem Ewigkeitsblick zu begnügen. Das vorzügliche Buch des renommierten Basler Ägyptologen Erik Hornung gibt Antwort auf die Frage: Welche geistigen Grundlagen stehen hinter der erstaunlichen Leistungsfähigkeit und Vitalität der ägyptischen Kultur? Dabei betreibt Hornung keine Entzauberung im Namen wissenschaftlicher Akkuratesse, sondern versteht es im Gegenteil glänzend, die alte Faszination Ägyptens fortleben zu lassen. In zwölf Abschnitten beleuchtet er alle wesentlichen Aspekte der ägyptischen Kultur, angefangen von den Worten und Bildern der Hieroglyphenschrift bis zur Vielfalt der ägyptischen Schöpfungsmythen, vom ägyptischen Zeitbegriff und der damit verbundenen Geschichtsauffassung bis hin zur Idee, der Bedeutung und der Gestaltung der Tempel – und das in einer allgemeinverständlichen und mitreißenden Weise, die weit über den Kreis der Experten hinaus auch jeden interessierten Laien in den Bann schlägt. Hornungs Buch wird dem Leser – mit einer ägyptischen Wendung formuliert – »das Herz füllen«, es ist, wie die ›Presse‹ in Wien urteilte, eine Einführung in das klassische Ägypten, »die man sich besser nicht wünschen kann«.

Der Autor

Erik Hornung, geboren am 28. Januar 1933, ist Ordinarius für Ägyptologie an der Universität Basel und gilt als einer der bedeutendsten Kenner des alten Ägypten. Von ihm stammt die erste vollständige Übersetzung des ›Totenbuches‹. Hornung veröffentlichte zahlreiche wissenschaftliche und populärwissenschaftliche Werke zur Kulturgeschichte Ägyptens, zuletzt ›Die Nachtfahrt der Sonne‹ (1991).

Inhalt

Vorwort 7

1. Der Schlüssel: Wort und Bild 9
2. Vom Ursprung der Dinge 33
3. Die Macht des Zaubers 48
4. Zeit und Ewigkeit 64
5. Grenzen und Symmetrien 76
6. Blick in jenseitige Welten 89
7. Der Tempel als Kosmos 108
8. Maat – Gerechtigkeit für alle? 123
9. Geschichte als Fest 138
10. Göttliche Tiere 154
11. Der Mensch: Fisch und Vogel 168
12. Ägyptens Dichter 187

Anhang
Nachweise und Literatur 199
Zeittafel 205
Register 207

Heino Gäfgen

als Dank für langjährige Freundschaft und Anregung
und als Erinnerung an die erste Ägyptenfahrt 1956

Dieser Band beruht auf Vorträgen, die an verschiedenen Orten für Hörer ohne spezielle ägyptologische Vorkenntnisse gehalten wurden, insbesondere an den Eranos-Tagungen in Ascona, die seit 1933 zwischen Ost und West, zwischen Natur- und Geisteswissenschaften vermitteln wollen. Einem Rate von Bruno Mariacher folgend, sind die Vorträge nicht unverändert abgedruckt, wie es in »Kleinen Schriften« üblich ist, sondern überarbeitet, gestrafft und aufeinander abgestimmt; sie bilden nun abgeschlossene Kapitel, die zusammen eine Ahnung von dem Reichtum, der Vielschichtigkeit und den wesentlichen Zügen der geistigen Welt Altägyptens vermitteln wollen. Vorbereitend wurde dies bereits in einem Vorlesungszyklus des Sommersemesters 1987 an der Universität Basel versucht. Dabei ist mir bewußt, daß viele wichtige Themen nicht zur Sprache kommen, daß nur ein erster Einstieg geboten werden kann. Wer mehr will, der findet in den Nachweisen am Schluß Möglichkeiten der Vertiefung.

Jede Zeit hat etwas anderes gesucht, wenn sie sich dem Land der Pyramiden zuwandte, und keine ist mit leeren Händen von dort zurückgekehrt. Seit Herodot bestimmt das immer wieder erneuerte Staunen unser Verhältnis zur alten Kultur am Nil. Dieses Staunen sollte nicht nur den gewaltigen Bauten und den herrlichen Bildwerken gelten, sondern ebenso der Ausgewogenheit und Differenziertheit altägyptischen Denkens, von dem bereits die Philosophen der Antike eine hohe Meinung hatten.

Basel, im Frühjahr 1992   Erik Hornung

1. Der Schlüssel: Wort und Bild

Was wir über die altägyptische Geisteswelt wissen, verdanken wir Texten, Darstellungen und archäologischen Funden.

Neben der unermüdlichen Schaffenskraft der alten Ägypter ist es vor allem die Gunst des Klimas, durch die uns solche Funde in überreicher Zahl erhalten blieben. Da sie in den meisten Fällen mit Texten oder Darstellungen oder einer Kombination aus beiden dekoriert sind, geht es auch hier um Wort und Bild als Schlüssel zum Verständnis altägyptischer Quellen.

Beide sind vom Ursprung her aufs engste miteinander verbunden. Die ältesten belegten Schriftzeichen stehen in kurzen Beischriften zu Bildern, deren Sprache schon in der Vorgeschichte entwickelt wurde. Mit dem Anbruch der geschichtlichen Zeit um 3000 v. Chr. aber wuchs das Bedürfnis nach Informationen, die sich nicht allein durch Bilder übermitteln lassen.

Dabei kann es sich um ganz nüchterne Mitteilungen über Wirtschaftsprodukte handeln, über ihre Art, Herkunft, Qualität und Quantität; die Lieferung von »5 Liter feinstem Öl aus Libyen« zu registrieren, übersteigt die Möglichkeiten einer rein bildlichen Darstellung. Noch wichtiger war für den Ägypter jener Zeit, den *Namen* von dargestellten Personen und Orten zu erfahren und weiterzugeben; er wollte für die Mit- und Nachwelt festhalten, welcher König welches Land besiegt und unterworfen hat. Damit begannen die ersten geschichtlichen Aufzeichnungen parallel zu den ersten wirtschaftlich-administrativen (Kapitel 9).

Hinzu traten Bedürfnisse der Welt jenseits des Todes – dort sollte nicht nur die Person des Menschen weiterleben, sondern auch ihr Name, der untrennbar zum Wesen aller seienden Dinge gehört. Vor den Grabhügeln der frühdynastischen Könige und der Angehörigen ihres Hofstaates standen Steinmale (Stelen), die nichts anderes enthielten als Titel und Name des Verstorbenen. Mit diesem Willen zur Verewigung des Menschen und seines Namens, der sich offensichtlich um die Zeit der Schrifterfindung herausbildet, hängt es zusammen, daß man in Ägypten von Anfang an auch Stein als Schriftträger verwendet.

Die Hieroglyphenschrift ist dazu bestimmt, in monumentale Denkmäler eingemeißelt oder auf feste Unterlagen aufgemalt zu werden. Neben ihr steht von Anfang an das kursive Hieratisch für vergängliche Aufzeichnungen auf Papyrus oder Ton.

Die ältere Ägyptologie rechnete mit einer ursprünglich reinen Bilderschrift, aus der sich ganz allmählich das gemischte System der Hieroglyphen entwickelt habe. Kurt Sethe hat diese Sicht im Titel einer nachgelassenen, erst 1939 veröffentlichten Schrift auf die Formel »Vom Bilde zum Buchstaben« gebracht; aber Siegfried Schott hat bereits im Nachwort zu dieser Schrift eine solche Deutung in Zweifel gezogen, und wenige Jahre später lieferte Alexander Scharff zusätzliche archäologische Argumente dafür, daß die ägyptische Schrift zu Beginn der geschichtlichen Zeit »erfunden« worden ist. Das ist seitdem die vorherrschende Deutung, manchmal bis zur Annahme eines einzelnen »Schrifterfinders« überpointiert; doch hat uns schon Platon in der Gestalt des Theuth, also des Hermes Trismegistos, einen solchen Erfinder vorgestellt (›Phaidros‹ 274 ff.). In jüngster Zeit mehren sich Stimmen, die sich wiederum für die Annahme von Vorstufen zu der uns bekannten, um 3000 v. Chr. in Erscheinung tretenden Hieroglyphenschrift einsetzen. Aber gerade in Ägypten, wo die Gunst des trockenen Klimas auch sehr vergängliche Schriftträger bewahrt hat, sollten sich Vorstufen der Schrift in irgendeinem Medium erhalten haben.

Das Bedürfnis, schreiben zu können, hat sich wohl erst gegen das Ende des 4. Jahrtausends v. Chr. geregt, und es war zunächst nur auf ganz wenige Anwendungsbereiche gerichtet. Die bildende Kunst hatte schon vorher begonnen, eine Vielzahl von Bildaussagen zu formulieren und auch komplexere Vorgänge wie Jagd, Sieg über Feinde, Bestattung und Jenseitshoffnung abzubilden. Als Ergänzung und Erweiterung bedurfte es keiner reinen Bilderschrift, sondern einer Lautschrift.

Der früheste Bestand an Geschriebenem enthält Namen von Personen und Orten, Titeln und Zahlen; wenig später treten Jahresnamen und Wirtschaftsprodukte hinzu. Schon der Königsname und der Name eines Landes genügten, um ein Ereignis in Raum und Zeit einzuordnen und damit eine früheste Form geschichtlicher Überlieferung zu schaffen. Mit Hilfe der Jahresnamen, die König Aha zu Beginn der 1. Dynastie einführte, werden die geschichtlichen Informationen nicht nur reicher, sondern auch zeitlich präziser als bisher, und zugleich findet die Schrift neue Möglichkeiten der Entfaltung.

Trotzdem wird die neu erfundene Hieroglyphenschrift noch über Jahrhunderte hinweg, bis in den Anfang des Alten Reiches hinein, äußerst sparsam verwendet. Von fortlaufenden Texten kann man nicht sprechen, im besten Falle werden Stichworte aneinandergereiht, keine vollständigen Sätze. Eine Literatur kann sich erst im Laufe des Alten Reiches herausbilden; die Ägypter selber schreiben die erste, uns nicht erhaltene Lebenslehre dem weisen Imhotep zu, der unter König Djoser wirkte, dem Erbauer der ersten Stufenpyramide in der 3. Dynastie. Bahnbrechend für die weitere Entfaltung der Schrift sind die Grabinschriften der Beamten, vor allem ihre »Biographien« – kurze Überblicke über ihre Stellung und ihr Wirken im Leben; hier zeigt sich »das Grab als Vorschule der Literatur« (Assmann).

Sparsam im Ausdruck sind am Anfang auch die Schreibungen selbst, sie bleiben zumeist ohne Endungen und ohne phonetische Lesehilfen; Verben sind vielfach entbehrlich, da der Vorgang selber auch in einer bildlichen Darstellung sichtbar wird. Bis in das Alte Reich hinein verzichtet man darauf, Hieroglyphen in Zeilen anzuordnen, und ihre Orientierung ist von Anfang an frei: bevorzugt wird zwar die Schreibrichtung von rechts nach links, wie sie im Arabischen und Hebräischen noch heute üblich ist, aber mit Rücksicht auf Darstellungen und Architekturteile ist auch jede andere Richtung zulässig.

Trotz der sparsamen Ausdrucksmittel sind in den archaischen Inschriften bereits alle Arten von Zeichen vertreten. Denn die ägyptische Schrift ist bereits im Stadium ihrer Erfindung ein gemischtes System von Laut- und Bildzeichen. Traditionell unterscheidet man *Ideogramme* (Zeichen, die als der dargestellte Gegenstand zu lesen sind, auch *Logogramme* genannt), *Phonogramme* (Zeichen, die als einzelner Konsonant oder als eine Folge von zwei bis drei Konsonanten zu lesen sind – Vokale werden nur bei Fremdnamen angedeutet) und *Determinative* (Zeichen, welche die Bedeutungsklasse eines Wortes angeben und nicht zu lesen sind).

In neuerer Zeit hat man noch eine Reihe von weiteren Begriffen und Unterteilungen eingeführt, von denen wir hier absehen wollen. Dabei gibt es Zeichen, die allen drei Gruppen angehören: Der Grundriß eines Gehöftes (1) * kann als das Wort *per* »Haus« gelesen werden, aber im Verbum *peri* »hinausgehen« dient er als reines Lautzeichen für die Konsonantenfolge p/r, und in der Bezeichnung von Bauwerken oder von Bauteilen setzt man ihn als Deutzeichen oder Klassenzeichen, das keine Lesung hat, sondern der Ordnung von Begriffen dient.

Bei unseren modernen Verkehrszeichen bemüht man sich, trotz der gegebenen Typenvielfalt einheitliche Formen für »Auto«, für »Flugzeug« oder für »Hund« zu finden. Die Erfinder der Hieroglyphen standen bei dem Zeichen »Haus« vor einem gleichen Problem und lösten es, indem sie statt einer der vielen vorhandenen Hausformen den Grundriß eines Gehöftes verwendeten, die rechteckige Ziegelmauer mit dem Eingang. Dieses Zeichen konnte man nun über Jahrtausende hinweg gleichbleibend benutzen, unabhängig von allem Wandel in der Gestaltung ägyptischer Häuser und Heiligtümer; auch sonst wird eine einmal gefundene Zeichenform in der Regel nicht abgewandelt oder »modernisiert«.

Dagegen finden grundsätzlich neue Bauformen, die im Laufe der Geschichte auftreten, ihre Spiegelung in der Hieroglyphenschrift. So die Pyramide, der Obelisk, die Säule in ihren verschiedenen Formen, der Pylon (Tempelfassade), auch Gebilde wie Scheintür und Stele. Denn das ägyptische Schriftsystem war niemals abgeschlossen, konnte vielmehr zu allen Zeiten neu auftretende Formen als Zeichen verwenden. Das gilt nicht nur für die Baukunst, sondern ebenso für Waffen, Geräte, Tiere, Fremdvölker und anderes. Pferd und Wagen, die Ägypten erst in der Hyksoszeit übernahm, werden zu Beginn des Neuen Reiches in die Schrift aufgenommen, später auch neue Fremdvölker, mit denen man in Kontakt kam.

Immer trachtete man danach, eine möglichst einfache und

---

* Die eingeklammerten Zahlen beziehen sich auf die Hieroglyphenbeispiele in Abb. 1.

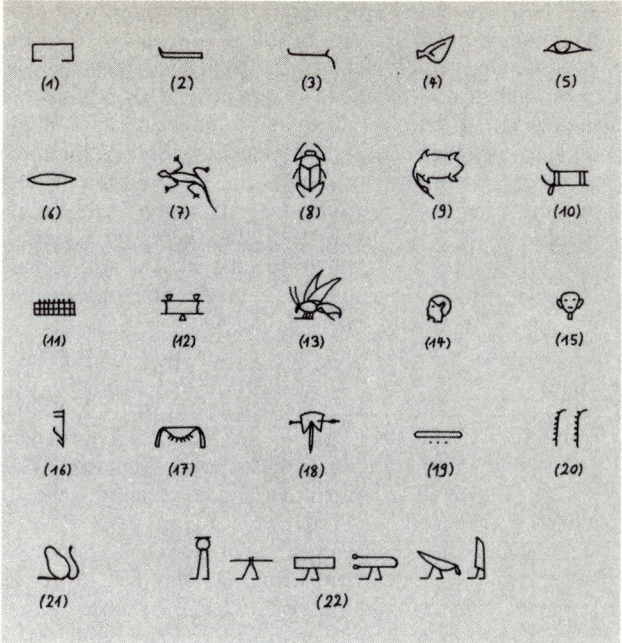

Abb. 1: Hieroglyphen-Beispiele, gezeichnet von B. Lüscher.

doch deutlich erkennbare Zeichenform zu finden, wie es ja
auch unsere Bemühungen um möglichst klare Verkehrs- und
Hinweiszeichen anstreben. Als Zeichen für »Zahn« dient
nicht der Zahn des Menschen, sondern der auffällige Stoß-
zahn des Elefanten (2), für »Zunge« (3) die der Schlange (?),
für »Ohr« oder »hören« das Kuhohr (4). Auch andere Körperteile wie »Hals« oder »Schenkel« werden durch die eines
Tieres vertreten, Vorder- und Hinterteil durch die entsprechenden Partien beim Löwen.

Überall dort aber, wo der menschliche Körper deutliche
Formen anbietet, wie bei »Kopf«, »Auge«, »Mund«, »Brust«,
»Arm« und »Bein« (dieses auch für »Bewegung« als Beinpaar),
wählt man die entsprechenden Körperteile des Menschen; bei
den inneren Organen ist es oft schwer zu entscheiden, ob
menschliche oder tierische Formen gemeint sind.

Dabei achtete man immer darauf, eine möglichst typische, unverkennbare Ansicht des Körperteils oder anderer Formen, die aus der Fülle der Naturvorbilder ausgewählt wurden, zu geben und damit das Erkennen zu erleichtern. So stehen Auge (5) und Mund (6) in Vorderansicht, Säugetiere und Vögel in Seitenansicht, Tiere wie Eidechse (7), Käfer (8) und gerupfte Gans (9) in Draufsicht. Zur Verdeutlichung kombiniert man auch verschiedene Ansichten. Der Transportschlitten (10), wie manche Möbel, vereinigt Seitenansicht und Draufsicht, und beim Brettspiel (11) ist das Brett mit seinen Feldern von oben gesehen, die Spielfiguren darüber (das heißt auf ihm) aber von der Seite.

Es geht bei Schriftzeichen nicht um naturalistische Wiedergabe, sondern um klare Erkennbarkeit. Die langen Ohren des Esels und des Hasen werden als typisches Merkmal zu extremer Länge stilisiert, der komplizierte Umriß von Bäumen und anderen Pflanzen wird stark vereinfacht, Wasser wird ganz unnaturalistisch durch eine gezackte Wellenlinie wiedergegeben.

Bei manchen Zeichen gelang es nicht gleich, die definitive, genügend einfache und klare Form zu finden. Der »Weg« ist am Anfang noch gekrümmt, von vielen Büschen eingefaßt und mit Fußspuren im Sand; erst später findet er seine »klassische«, vereinfachte Gestalt (12), mit geradem Verlauf und nur noch drei schematischen Büschen als Rahmen, auf die Fußspuren wird verzichtet. Die Biene (13) hat in der Frühzeit noch nicht die kennzeichnende Zweiteilung ihres Insektenleibes, und bei den vielen Vogelzeichen findet man erst mit der Zeit die klaren und eleganten Umrißlinien.

Einzigartig unter allen Schriftsystemen der Welt ist die Hieroglyphenschrift durch ihre zusätzliche Möglichkeit, Zeichen durch Farbgebung zu differenzieren. So hat der Mann rote, die Frau gelbe Hautfarbe – eine Konvention, die auch für die bildende Kunst Altägyptens verbindlich ist. Hier erweist sich die ägyptische Schrift besonders deutlich als Tochter der Kunst, die diese Herkunft niemals verleugnet hat. Während sich die kursive Schreibschrift allenfalls der roten Farbe bedient, um zu gliedern und abzuheben, sind die Hieroglyphen keine reinen Grapheme, sondern immer auch Abbild der Wirklichkeit, an deren Farbigkeit sie Anteil haben. Im Prinzip gehört zu jedem Zeichen dieses Schriftsystems neben einer festgelegten Form auch eine bestimmte Farbe, wobei man nur die Grundfarben verwendet und auf Mischung oder besondere Farbnuancen (etwa hell/dunkel) keinen Wert legt.

So spiegelt sich die bunte Welt um uns in der Farbigkeit der Hieroglyphen. Pflanzen und aus ihnen hergestellte Gegenstände sind auch in der Schrift grün, Körperteile und Gegenstände aus Holz rot, der Himmel blau, die Erde schwarz. Aber in der bunten Bemalung der Vogelzeichen geht man mit dem Naturvorbild oft sehr frei um und legt für andere Dinge Konventionen fest, die uns nicht unmittelbar einleuchten: Schwarz für die Wellenlinie, Blau für Gegenstände aus Lehm oder Lehmziegeln, Blau oder Grün für das Gehörn von Huftieren. Farbe drückt etwas vom Wesen der Dinge aus, sie kann in der ägyptischen Sprache als Synonym für »Wesen« oder »Charakter« gebraucht werden. In manchen Fällen ist sie symbolisch zu verstehen, so das Rot für den »schlechten« Vogel (Sperling), der in negativer Bedeutung als Schriftzeichen verwendet wird, oder beim Schlachtmesser aus Stein oder Metall, wo es die Assoziation »Blut« erweckt.

Daneben ist die Farbgebung noch ein zusätzliches und willkommenes Mittel, um Zeichen voneinander zu unterscheiden. Die rote Farbe hebt den Sperling eindeutig von der Schwalbe ab, während der Umriß beider Vögel oft völlig identisch ist. Die beiden Zeichen, die den Kopf eines Mannes wiedergeben, sind doppelt unterschieden: das eine zeigt den Kopf in Seitenansicht (14) und rot bemalt, das andere frontal (15) und gelb bemalt; hier hat die Farbe keinen Symbolwert, sondern dient als Mittel der Differenzierung, man kann den gleichen Körperteil dadurch zweimal als Schriftzeichen verwenden.

Das Streben nach klarer Erkennbarkeit in Form und Farbe ist nicht die einzige, aber die stärkste Triebkraft für die Auswahl, die man aus der letztlich unbegrenzten Fülle von möglichen Zeichen trifft. Beim Studium des Zeicheninventars fällt zum Beispiel auf, daß die Schrift nichts von der Blütenpracht altägyptischer Gärten spüren läßt; allein die Lotosblüte spielt eine herausragende Rolle, und von den vielen Früchten werden nur Gurke, Feige und Weintraube als Zeichen benutzt. Offenbar waren die Unterschiede einzelner

Blüten und Früchte für den Ägypter nicht prägnant genug, und er hat auch von den vielen verschiedenen Blattformen nur das charakteristische Lotosblatt in der Schrift genutzt.

Einen auffallenden Gegensatz dazu bietet die Fülle der Vogelzeichen. Über 80 verschiedene Formen wurden in der vorptolemäischen Schrift benutzt, und einige von ihnen gehören zu den häufigsten Zeichen – so etwa die Eule, die in den Darstellungen der Kunst überhaupt keine Rolle spielt, aber als Zeichen für den Konsonanten m unendlich oft begegnet, oder das Wachtelküken als Zeichen für w. Die gehäufte Verwendung von vogelgestaltigen Zeichen ist für den Betrachter einer ägyptischen Inschrift so kennzeichnend, daß die islamischen Autoren des Mittelalters von der »Vogelschrift« sprechen, wenn sie Hieroglyphen meinen. Dabei hatten schon altägyptische Schreiber und Steinmetzen oft Mühe, sehr ähnliche Vogelformen deutlich zu unterscheiden; auch hier ist vielfach die Farbgebung das einzige sichere Kriterium, und in manchen Fällen gestattet nur der Kontext eine Entscheidung darüber, welches Zeichen gemeint ist.

Bei den Säugetieren ist die klare Unterscheidung wesentlich einfacher, und wir begegnen unter den Hieroglyphen der Zeichenliste eigentlich allen wichtigen Vertretern der damaligen Fauna Ägyptens. Zusätzlich werden auch einige Tiere als Zeichen verwendet, die man in historischer Zeit nur noch als Importgut aus dem Sudan oder noch ferneren afrikanischen Gegenden kannte – Elefant, Nashorn, Giraffe und Pavian; dagegen hat man Bär und Hirsch, die man in Vorderasien kennenlernte, nicht in die Schrift übernommen, obwohl ägyptische Künstler sie als Motiv verwendet haben.

Neben dem Bemühen um prägnante Formen ging es den Ägyptern vor allem darum, mit ihren Zeichen Lautwerte schreiben zu können. Denn eine Sprache besteht ja nicht nur aus Substantiven, bei denen es genügt, wenn man den entsprechenden Gegenstand oder das Lebewesen hinmalt. Man muß auch Adjektive, Verben, Pronomina und Partikeln schreiben können; das aber ist mit reiner Piktographie, mit dem Malen von Bildern nicht möglich. Hier mußte die schöpferische Phantasie der frühen Schrifterfinder einsetzen. Drei verschiedene Möglichkeiten boten sich ihnen an, um Wörter schreiben zu können, die sich nicht als einfaches Bild umsetzen lassen:

16

1. Man verwendet ein gleichlautendes Bildzeichen, das dadurch zu einem Lautzeichen wird und sich von der reinen Bildbedeutung löst, also zum Beispiel den Hasen (*wen*) für *wen* »öffnen«, das Gehöft (*per*) für *peri* »hinausgehen«, den Stern (*seba*) für *seba* »lehren«; nach dem gleichen Prinzip setzt man in den nachempfundenen Bilderschriften der Renaissance den Hasen für »Haß«. Dabei konnten Vokale und Endungen durchaus verschieden sein, es zählten allein die Konsonanten des Wortstammes, wodurch sich diese Möglichkeit stark erweiterte.

2. Man schreibt das gemeinte Wort mit einer Kombination von Lautzeichen, im Extremfall rein alphabetisch; auch hier zählen nur die Konsonanten, die wandelbaren Vokale werden in der Schrift vernachlässigt. Eine solche Schreibung ist schon früh bei Gottesnamen beliebt – man schreibt Ptah als p + t + h, Sobek als s + b + k, Amun als j + mn (ein Zweikonsonantenzeichen!) + n. Vor allem im Alten Reich zeigt die Schrift manchmal ein geradezu ängstliches Bemühen, Lautfolgen mehrfach festzuhalten, also zum Beispiel ein Dreikonsonantenzeichen nochmals durch alle drei Einkonsonantenzeichen zu ergänzen; wir sprechen hier von »phonetischen Komplementen«, die eine große Rolle in der Schrift spielen.

3. Kann man ein Bildzeichen in übertragener Bedeutung für einen ganz anderen Begriff verwenden. So schreibt man »Wind« oder »Lufthauch« mit einem Segel, »Knochen« mit dem aus Knochen geschnitzten Harpunenkopf (16), »Gold« mit dem vergoldeten Halskragen (17), »schießen« mit einem vom Pfeil durchbohrten Tierfell (18), »alt« mit einem gebeugten Mann am Stock.

Alle drei Möglichkeiten sind nebeneinander benutzt worden, solange man Hieroglyphen schrieb. Aber in der spätesten Phase, in der ptolemäischen und römischen Zeit Ägyptens, wurden die Hieroglyphen immer mehr zu »heiligen Zeichen« mit tiefen symbolischen Bezügen. Für die praktischen Aufgaben des Alltags benutzte man die kursive demotische Schrift oder bereits das Griechische, während die Priesterkollegien der späten Tempel, Erben und Bewahrer einer großen Vergangenheit, die Hieroglyphen zur Grundlage einer immer komplizierter werdenden Schriftphilosophie machten. Die symbolische Ausdeutung der Zeichen, und damit die dritte der angeführten Möglichkeiten, gewann in diesen Kreisen eine überragende Bedeutung, obwohl man die beiden anderen Möglichkeiten immer noch kannte.

Diese späte Schriftphilosophie versuchte auch die rein lautliche Schreibung zusätzlich mit symbolischen Bezügen zu füllen und als Verschlüsselung für theologische Aussagen zu benutzen. Nun schrieb man den Gottesnamen Ptah zum Beispiel mit Himmel, Erde und dem sie trennenden Gott, in Anspielung auf die Schöpfertat des Gottes, und erweiterte die symbolische Bedeutung noch, indem man das Zeichen »Erde« (19) durch den Skarabäus ersetzte.

Erst auf diesem spekulativen Hintergrund versteht man, was die griechisch schreibenden Autoren uns über die Hieroglyphenschrift überliefert haben. So schreibt Horapollon im 5. Jahrhundert n. Chr.:

»Wenn sie das Öffnen zeigen wollen, malen sie einen Hasen. Denn dieses Tier hat die Augen immer geöffnet (›Hieroglyphika‹ I, Kap. 26).

Wenn sie das Herz kennzeichnen wollen, malen sie einen Ibis. Denn dieses Tier ist dem Hermes heilig, dem Herrn über jegliches Herz und die Vernunft, weil der Ibis dem Herzen ähnlich ist (Kap. 36).

Wenn sie den Sternbeobachter (*Horoskopos*) kennzeichnen wollen, malen sie einen Mann, der die Stunden ißt – nicht weil der Mensch die Stunden wirklich ißt, denn das ist nicht möglich, sondern weil die Nahrung für den Menschen gemäß den Stunden bereitet wird (Kap. 42).«

Unter den vielen Bedeutungen, die er dem Bilde des Geiers zuschreibt (Kap. 11: Mutter, Wahrnehmung, Grenze, Vorherwissen, Jahr, Himmel, Mitleid und so weiter), erklärt er die Bedeutung »Mutter« durch den Hinweis, es gäbe in dieser Tierart keine Männchen, sondern die Befruchtung erfolge durch den Wind.

Was Horapollon hier und in anderen Kapiteln seines Hieroglyphen-Werkes über die Lesung und Bedeutung von Zeichen sagt, ist so gut wie stets korrekt; die Ägypter schrieben das Wort »Mutter« tatsächlich mit dem Geier, das Verbum »öffnen« mit dem Hasen, »Herz« (*ib*) in einer späten Schreibung mit dem Ibis. Horapollon kennt auch einige sehr spezielle Wiedergaben von Götternamen, wie sie in den späten Tempelinschriften beliebt waren: Skarabäus + Geier für

»Hephaistos«, das heißt Ptah-Tatenen, Geier + Skarabäus für »Athena«, das heißt Neith (Kap. 12).

Aber die Erklärungen, die dieser Autor für solche Schreibungen gibt, sind völlig phantastisch und haben mit dem, was sich ägyptische Schreiber der pharaonischen Zeit bei diesen Zeichen gedacht haben, nichts mehr gemein. Jetzt interessiert nicht mehr der Lautwert, sondern nur noch die symbolische Ausdeutung. Darin unterscheidet sich Horapollon von seinem Vorläufer Chairemon, der im 1. Jahrhundert n. Chr. schrieb, zeitweise als Erzieher Kaiser Neros in Rom wirkte und in seinem Hieroglyphen-Werk die Bedeutung einer Reihe von Zeichen mitteilt, ohne sie allegorisch oder emblematisch »erklären« zu wollen. Auch bei ihm sind die Bedeutungen durchweg korrekt, mit gelegentlichen Mißverständnissen; so beruht der Hirsch, den die ägyptische Schrift niemals verwendet hat, als angebliche Schreibung für »Jahr« wohl auf einer Verwechslung der gekerbten Palmrispen (20) mit einem Hirschgeweih, und der Löwenschwanz für *ananke* »Zwang, Notwendigkeit« meint die Schreibung von ägyptisch *heka* »Zauber« mit dem Hinterteil eines Löwen (21).

Beide Autoren zeigen, daß man in den ersten Jahrhunderten nach Christus noch sehr exakte Kenntnisse über die ägyptischen Hieroglyphen besaß; man war damals in Italien auch fähig, für Isis-Heiligtümer durchaus korrekte Hieroglypheninschriften neu zu entwerfen. Aber mit der philosophischen Schule des Neuplatonismus setzte sich im 3. Jahrhundert die allegorisch-emblematische Ausdeutung (das Zeichen als Gleichnis und Sinnbild) durch; neben Horapollon prägte sie auch die Tiersymbolik des ›Physiologus‹, von der so starke Wirkungen auf die Kunst des Mittelalters und der Renaissance ausgingen. Die Bedeutung der Hieroglyphen als Lautzeichen trat so sehr in den Hintergrund, daß sie schließlich vergessen wurde – bald nach dem Sieg des Christentums ging die Kenntnis dieser Schrift verloren, und für rund ein Jahrtausend schwand auch das Interesse an ihr.

Im Jahre 1419 wurde auf der griechischen Insel Andros ein Manuskript mit dem griechischen Text Horapollons aufgefunden, nachdem erst wenige Jahre zuvor der römische Historiker Ammianus Marcellinus mit seiner »Übersetzung« einer ägyptischen Obeliskeninschrift wiederentdeckt worden war. Beide Werke dienten der beginnenden italienischen Renaissance als maßgebende Quelle für die Deutung ägyptischer Hieroglyphen und als Inspiration für die Erfindung neuer Bildzeichen. In ihren Werken über Baukunst setzten sich Leone Battista Alberti († 1472) und Antonio Averlino genannt Filarete († ca.1469) dafür ein, diese *lettere figurate* als Elemente der Dekoration zu verwenden, und Francesco Colonna zitiert in seiner einflußreichen, im 16. Jahrhundert weitverbreiteten ›Hypnerotomachia Polifili‹ (Traum-Liebeskampf des Poliphil) zahllose fiktive Hieroglypheninschriften auf imaginären Ruinen und Denkmälern, dazu ihre rein symbolisch-allegorische »Übersetzung«.

Die Illustratoren dieses 1499 zum ersten Mal gedruckten Werkes, denen viele Nachahmer folgten, schufen neue »Hieroglyphen«, die mit den ägyptischen nun nichts mehr gemein hatten, aber einen großen Einfluß auf die gelehrte Welt Europas ausübten. Die originalen Hieroglypheninschriften, die man ja auf den Obelisken in Rom und auf anderen nach Italien verschleppten Denkmälern der Pharaonenzeit vor Augen hatte, fanden erst gegen Ende des 16. Jahrhunderts Interesse.

So wurden die ›Bilderschriften der Renaissance‹, wie L. Volkmann sie in seinem grundlegenden Werk genannt hat, zwar von ägyptischen Hieroglyphen und ihrer Erklärung durch Horapollon inspiriert, aber sie entfalteten eine ganz eigene Formenwelt, in der es einzig darauf ankam, Ideen und Merksprüche durch bildhaft-anschauliche Symbole auszudrücken, die der Gebildete überall auf der Welt verstehen und »lesen« konnte – also eine Universalsprache, die in der Definition von Alberti mit Zeichen (*signa*), nicht mit Buchstaben (*literae*) geschrieben wird. Dabei haben ja die *literae* zur selben Zeit eine vorher nie gekannte Verbreitung gefunden, dank der Erfindung des Buchdrucks!

Gelehrte und Künstler dieser Zeit sind fasziniert von den neuentdeckten Möglichkeiten und dem vermeintlich tiefen Sinn einer reinen Bilderschrift – »hieroglyphisch reden ist nichts anderes, als das (wahre) Wesen göttlicher und menschlicher Dinge enthüllen« (P. Valeriano). Horapollon wird zu einem vielbenutzten, vielnachgeahmten Werk; Dürer hat es nicht nur illustriert, sondern für die Symbole seiner »Ehrenpforte Maximilians« reichlich daraus geschöpft.

Aber schon im späteren 16. Jahrhundert wurde die neue Hieroglyphik als entartete, übertriebene Mode bekämpft. Rabelais und Fischart spotten über die »Wortverrucker«, die es zu wild treiben in ihrem Bestreben, mit konkreten Bildzeichen ähnlich klingende abstrakte Begriffe zu »schreiben«. Sie setzen ein Bein für »Pein«, den Ofen für »Hoffnung«, Hase für »Haß«, einen Laib Brot plus Ziege für »Leipzig«, die Akelei (*l'ancolie*) für »Melancholie«, ein Bett ohne Himmel (*lit sans ciel*) für den »Lizentiaten« (*licencié*), eine zerbrochene Bank für »Bankerottier«, und so weiter.

Wohl hatten auch die alten Ägypter von dieser Möglichkeit Gebrauch gemacht, wenn sie *wen* »öffnen« mit dem Zeichen »Hase« (*wen*) schrieben. Aber sie hatten daneben noch viele andere Möglichkeiten genutzt, um die bildhaften Zeichen ihrer Schrift als Lautzeichen oder in übertragener Bedeutung zu verwenden. Durch die Renaissance war nun die einseitige, rein symbolische Ausdeutung der Hieroglyphen so selbstverständlich geworden, daß sie dem gelehrten Athanasius Kircher (1601–1680) und vielen Nachfolgern den Weg zu einer wirklichen Entzifferung der ägyptischen Schrift verbaute und zu völlig abstrusen »Übersetzungen« führte. Auch der im 18. Jahrhundert beliebte Versuch, mit Hilfe der chinesischen Bildzeichen zum Erfolg zu kommen, mußte scheitern, weil die beiden Schriftsysteme und Sprachen eine zu verschiedene Struktur aufweisen.

Noch Jean-François Champollion mußte sich durch viele Irrwege hindurchkämpfen, bevor ihm 1822 endlich die Entzifferung der Hieroglyphen gelang, dank der mehrsprachigen Inschrift von Rosette und der glücklichen Einsicht, daß es sich bei den meisten Zeichen um Lautzeichen handelt. In unglaublich kurzer Zeit konnte Champollion alle wesentlichen Grundlagen dieses Schriftsystems erarbeiten, einzig die Entdeckung der Mehrkonsonantenzeichen blieb seinem Fortsetzer Lepsius vorbehalten. Seitdem können wir die originalen Zeugnisse der alten Ägypter lesen und mit wachsender Genauigkeit verstehen.

Aber die Sprache, die in Hieroglyphen und kursiven Zeichen festgehalten und überliefert wird, ist nicht der einzige Schlüssel zum Verständnis pharaonischer Geisteswelt. Die Wissenschaft vom alten Ägypten ist nicht nur Philologie. Es zeigt sich immer dringender, daß wir auch die Sprache der

Bilder verstehen müssen, um ägyptische Aussagen zu entschlüsseln. Das haben bereits Athanasius Kircher und die anderen Vorläufer Champollions versucht – jedoch am untauglichen Objekt, da sie die natürliche mit Hieroglyphen geschriebene Sprache der alten Ägypter als Symbolsprache deuten wollten.

Die ägyptische Schrift besitzt eine ganze Reihe von Zeichen, deren Bedeutung sich nicht in einem Lautwert erschöpft, die vielmehr auch außerhalb der Schrift als bedeutsames Symbol und daher ganz konkret als wirkmächtiges Amulett verwendet werden. Dazu gehört das *Udjat*-Auge, das Lebenszeichen *Anch*, das *Djed*-Symbol, der Skarabäus-Käfer und viele andere. In einer Inschrift lesen wir das *Djed* als Verbum »dauern«, aber in einer Bildkomposition kann es ganz andere Bedeutungen haben, etwa den Gott Osiris meinen. Das *Udjat* deutet außerhalb der Schrift auf den vielschichtigen Mythos um die Verletzung und Heilung des Horusauges, aber auch auf Sonne oder Mond, auf Opfer und magischen Schutz.

Während ein Schriftzeichen nach Eindeutigkeit strebt, nach einer festgelegten Lesung, ist das Symbol seiner Natur nach mehrdeutig und vielschichtig, denn es steht für Begriffe und Einsichten, die ein einzelnes Wort der Sprache im besten Falle andeuten, aber niemals wirklich umschreiben kann. Es meint letztlich Unsagbares, für dessen Erklärung die natürliche Sprache nicht ausreicht. Hinter Symbolen wie *Djed* oder *Udjat* steht ein ganzer Mythos, den man mehr oder weniger ausführlich erzählen könnte, ohne ihn je ganz auszuloten.

Daher brauchen wir neben einer Grammatik für die lesbaren Hieroglyphen und ihre Sprache etwas Entsprechendes für die unlesbaren Bildzeichen, das uns ihre »Entzifferung« ermöglicht. Diese Grammatik der Bilder und Symbole fehlt noch, aber wir werden in den folgenden Beiträgen zusätzlich zur Aussage der Texte immer wieder auch die bildlichen Informationen heranziehen. Ohnehin hat der Ägypter gerne beides miteinander verbunden. Wir sahen bereits, wie er die Schrift am Anfang nur für diejenigen Informationen verwendet hat, die sich dem Bilde nicht ablesen ließen. Später formen Bild und Beischrift eine feste Einheit und gehen vielfach ineinander über, was die Bildhaftigkeit der Zeichen naheleg-

Abb. 2: Personifizierter Djed-Pfeiler. Nach F. Le Corsu: Isis, Mythe et mystères, Paris 1977, S. 14, Fig. 8.

te. Seit dem Neuen Reich werden Texte häufig illustriert, wobei solche Vignetten oder ganze Bildfolgen den Text nicht nur verdichten, sondern zusätzliche Informationen geben können.

Die Grenze zwischen Bild und Schrift ist fließend. Ganz gewöhnliche Schriftzeichen verbinden Gegenstände mit einem menschlichen Beinpaar – so einen Topf, einen Riegel, ein Gewässer, einen Strick, einen Schleifstein oder ein Schilfblatt auf Beinen (22)! Es sind durchweg Verben der Bewegung, die so geschrieben werden, und das Beinpaar ist eigentlich nur das Deut- oder Klassenzeichen, das bei diesen Verben mitgeschrieben wird. Aber die innige, obwohl unorganische Verbindung beider Elemente treffen wir auch bei Ligaturen, der graphischen Verschmelzung zweier Lautzeichen. In ganz ähnlicher Weise werden in Darstellungen Gegenstände personifiziert, indem man sie mit einem menschlichen Kopf versieht.

Andere Zeichen werden nach Bedarf zu handelnden Wesen, die mit Armen und Beinen agieren; in Grenzfällen kleidet man sie sogar in Gewänder und läßt sie Tiere schlachten. Im Grabbezirk werden Zeichen in der Form von lebendigen Wesen verstümmelt, damit sie keinen Schaden stiften und dem Toten nicht die Nahrung fortnehmen.

Während man zu Beginn der Geschichte vor allem am Lautwert der Schriftzeichen interessiert ist, nutzt man im Verlauf der weiteren Entwicklung immer mehr die Möglichkeit einer zusätzlichen symbolischen Deutung und Verbindung. So betrachtet, sind die Bilderschriften der Renaissance eigentlich eine konsequente Weiterentwicklung aus der spätesten Phase der Hieroglyphenschrift; und diese wiederum führt ein spezielles Schriftsystem des Neuen Reiches weiter, das wir als *Aenigmatische Schrift* oder *Kryptographie* bezeichnen.

Diese Schrift spielt bereits mit dem Symbolwert von Zeichen, indem sie den erdhausenden Skarabäus-Käfer als Zeichen für die »Erde« verwendet, Löwe, Stier oder Sphinx für »Herr«, das Ei für »innen befindlich«, Uräusschlange für »Göttin«, Flügelsonne für »König«, und so weiter.

Sie verwendet auch ganze Bilder als Lautzeichen, »schreibt« zum Beispiel die Titulatur eines Königs ausschließlich mit Götterbildern, womit die Göttlichkeit des

Königs zusätzlich betont wird. Als Lautzeichen verraten sich diese Bilder dadurch, daß sie keine Beischrift tragen und mit »normalen« Hieroglyphen kombiniert werden. In einem weiteren Schritt setzt man solche Bilder in rundplastische Figuren um, in Statuengruppen, die als Name eines Königs zu »lesen« sind.

Parallel zu dieser Entwicklung, die zu einer immer bildhaltigeren Schrift führt, wandelt sich die Gestaltung der Götterbilder. Neben rein menschen- und rein tiergestaltigen Gottheiten verehrt der Ägypter seit der frühen geschichtlichen Zeit auch Mischwesen, die aus Menschenleib und Tierkopf bestehen; wir werden im Kapitel 10, ›Göttliche Tiere‹, darauf zurückkommen. Hier sei nur betont, daß auch diese Götterdarstellungen als Zeichen zu verstehen sind, die etwas über das Wesen der gemeinten Gottheiten aussagen wollen, nicht etwa über ihr Aussehen. Sie entstammen der gleichen Zeit (um 3000 v. Chr.) und der gleichen Geisteshaltung wie die Zeichen der Schrift; auch sie wollen die Wirklichkeit in Zeichen bannen, die ein Höchstmaß an Information gewähren.

Umgekehrt werden oft Gegenstände personifiziert, indem sie einen menschlichen Kopf erhalten, der eine persönliche Begegnung mit ihnen möglich macht, oder menschliche Arme und Beine, die sie zum Handeln befähigen; wir haben gesehen, daß man sogar mit Schriftzeichen so verfahren kann und damit eine weitere Gruppe von Mischwesen erzeugt. All dies ist nicht Schrift, aber der Schrift nahe verwandt. Es ist hieroglyphisches Denken oder, in den Worten von Jan Assmann, »visuelle Begriffsbildung«.

Im Neuen Reich, fortwirkend in die Spätzeit, kommt auch in die Gestaltung der Götterbilder neue Bewegung, welche die strengen Regeln der früheren Zeit auflöst und dafür, parallel zur Schriftentwicklung, neue und erweiterte Möglichkeiten der Aussage schafft. Die gestraffte Kürze des Ausdrucks weicht einer immer reicheren Befrachtung mit Information; zugleich wird die Grenze des ästhetisch Tragbaren und Ausgewogenen zugunsten der Informationsfülle überschritten.

Nun hat man keine Scheu, analog zum Tierkopf auch Pflanzen oder Gegenstände an die Stelle des Kopfes zu setzen. Auf Särgen der 21. Dynastie, die ikonographisch ganz besondere »Leckerbissen« darstellen, begegnen Göttergestalten, die statt eines menschlichen oder tierischen Kopfes sogar ganze Szenen auf dem Hals tragen (wie die Kuh im Westberg oder das Symbol des Sonnenlaufes), oder die Schriftzeichen ihres Namens, die manche Göttinnen zur Identifizierung auf ihrem Kopf tragen.

Zugleich treten vermehrt göttliche Wesen mit mehreren Köpfen auf, so der vierköpfige Sonnenwidder, der erstmals im Tempel Ramses' III. von Medinet Habu erscheint, oder Thot als »Herr der Achtheit« mit acht Menschenköpfen im Tempel von Hibis in der Oase Charge (Perserzeit). So entstehen wahre Monstren, die ein Maximum an göttlichen Wesenszügen in einer einzigen Bildkomposition einzufangen suchen, so wie man vorher das Wesen einer Gottheit durch möglichst viele Beinamen zu umschreiben suchte.

Die Aussagekraft des Bildes wurde im alten Ägypten immer wieder neu erfahren, spiegelt sich in der Bildhaltigkeit der Schrift, in der Gestaltung der Götterbilder und in Zeichen, die teils in der Schrift, teils als Symbole und Amulette außerhalb von ihr verwendet werden, wie dem *Anch*, *Djed* oder *Udjat*. In der Ersten Zwischenzeit hatte man die Macht des Wortes entdeckt (»Stärker ist die Rede als jede Waffe« heißt es in der Lehre für Merikarê) und als Mittel der Überzeugung wie der politischen Propaganda eingesetzt. Jetzt, im Neuen Reich, entdeckte man auch die Macht des Bildes als eines Mittels, die Welt zu beschreiben und zu gestalten.

Wir wollen mit einem Bild schließen, das der politischen Propaganda von Ramses II. diente und doch, über das Tagesgeschehen hinaus, zeitlose Gültigkeit besitzt. Die Eingangstürme (Pylone) und die Außenmauern der Tempel des Neuen Reiches wurden mit Triumphbildern geschmückt, die Pharao als Sieger über alle Feinde zeigen und damit geeignet schienen, feindliche Mächte vom heiligen Bezirk des Tempels fernzuhalten. Man bediente sich dazu des uralten Motivs vom »Niederschlagen der Feinde« (vgl. Kapitel 9), das wie die Bilder des Sonnenlaufes oder der »Vereinigung der Beiden Länder« zu den Modellen gehört, die den Lauf der Welt in allgemeiner und verbindlicher Form beschreiben und als Modelle komplexer sind als ein einzelnes Symbol.

Nach der Amarnazeit wird dieses Modell durch mehr oder weniger realistische Bilder des Kampfgeschehens ersetzt. Sethos I. läßt auf der Nordwand des Großen Säulensaales von Karnak seine Feldzüge in Vorderasien und seine erfolgreiche Heimkehr nach Ägypten darstellen. Ramses II. hat das Geschehen der Schlacht von Kadesch immer wieder zur Dekoration seiner Tempelbauten benutzt und es damit »zum Gegenstand einer Propagandakampagne von nie dagewesenem Ausmaß gemacht« (J. Assmann). In den Tempeln von Abydos, Abu Simbel, Luxor und Theben-West, insgesamt zehnmal, wird das Geschehen in Bildfolgen mit begleitenden Texten festgehalten, und dazu kommen literarische Gestaltungen auf Papyrus.

Diese Schlacht, die der König im fünften Jahr seiner Regierung (1274 v. Chr.) gegen die Hethiter und ihre Verbündeten schlug, war keineswegs ein ägyptischer Sieg. Die ägyptische Aufklärung versagte, Ramses konnte sich nur mit knapper Not aus der Falle befreien, die ihm seine Gegner am Orontes gestellt hatten; sein persönlicher Einsatz und das rechtzeitige Eintreffen frischer Kräfte machten einen geordneten Rückzug des ägyptischen Heeres möglich. Die Schlacht, die weder den Ägyptern noch den Hethitern einen wirklichen Sieg brachte, bedeutete einen Wendepunkt in der langdauernden Auseinandersetzung der beiden Großmächte; nach wenigen weiteren Kämpfen folgten Friedensverhandlungen, die im 21. Regierungsjahr zum feierlichen Friedensschluß und im 34. Jahr zu einem Heiratsbündnis führten.

So sind die Darstellungen der Schlacht von Kadesch weniger Triumphbilder Pharaos als Zeugen einer Politik, die seiner Zeit den Frieden brachte, aber gegen manche Widerstände durchgesetzt werden mußte. Bei der Diskussion um diese zielstrebige Friedenspolitik Ramses' II. hat man bisher eine Szene nicht berücksichtigt, der geradezu plakative Bedeutung zukommt – ein Beispiel dafür, wie sehr die Aussage der Bilder bei der Beschäftigung mit dem alten Ägypten immer noch vernachlässigt wird.

Die Szene findet man auf der westlichen Außenwand des Luxortempels, gegen den Nil hin, am Ende einer Reihe von Kampfszenen. Dargestellt ist eine total verwüstete Landschaft: rechts auf einem Hügel eine zerstörte Stadt

Abb. 3: Das Bild der verwüsteten Landschaft am Luxortempel. Nach W. Wreszinski: Atlas zur altägyptischen Kulturgeschichte II, Leipzig 1935, Taf. 65.

mit offenen und umgestürzten Toren, zerfallenden Ziegelmauern; links davon breitet sich eine völlig tote Gegend aus, mit abgehauenen und entwurzelten Bäumen und Sträuchern. Nirgends regt sich Leben, selbst tote Feinde erblickt man nicht, wie sie sonst in wirrem Durcheinander

zu ägyptischen Kampfszenen gehören. Trostlose Öde herrscht in diesem Bild, spürbarer noch im Kontrast zu »normalen« Szenen der Belagerung und Eroberung, wie sie Ramses in seinen Tempeln darstellen ließ; dort überdeckt ein lebendig bewegtes Kampfgeschehen den Eindruck von Tod und Verwüstung.

Wreszinski, der das Bild in seinen ›Atlas zur altägyptischen Kulturgeschichte‹ aufgenommen und besprochen hat, sagt dazu: »Dieser Gegensatz gegen alles, was sonst den Vorwurf ägyptischer Flächenkunst bildet, Leben, Bewegung, Mensch und Tier, wird den Kenner ägyptischer Kunst ebenso tief berühren, wie er gewiß die Zeitgenossen des Künstlers mit starkem Eindruck erfüllt hat.« Ohne Zweifel wirkt die Szene ganz spontan über die Jahrtausende noch auf den heutigen Betrachter ein. Keiner speziellen Erläuterung bedürftig, zeigt sie die trostlosen Folgen des Krieges in erschreckender Deutlichkeit und könnte einem modernen Aufruf zur Abrüstung als warnendes Plakat dienen.

In allen anderen ägyptischen Kampfszenen finden wir eine innige Verbindung von Wort und Bild. Beischriften geben uns Informationen, die man der bildlichen Darstellung nicht unmittelbar entnehmen kann. Dazu gehören die Namen der Personen und Ortschaften oder Länder, gehören Reden des Königs und der Götter, gehören Überschriften, welche die Handlung kennzeichnen. In der Szene des Luxortempels findet sich nicht eine einzige Hieroglyphe, denn hier wird völlige Anonymität angestrebt. Die restlose Zerstörung ergreift auch den Namen – nichts bleibt, nicht einmal der Name dieser verwüsteten Landschaft und ihrer zerstörten Stadt.

Dabei wäre es nicht schwierig, passende Beischriften zu finden. In den Siegesinschriften der Könige des Neuen Reiches werden, häufig genug, Bilder der Verwüstung beschworen. So sagt Thutmosis III. auf seiner ›Poetischen Stele‹ vom Gebel Barkal über Syrien:

> Ich zerhackte seine Städte und Stämme,
> ich warf Feuer in sie,
> ich machte sie zu Schutthügeln, nie werden sie neu
>   besiedelt werden!
> (Menschen und Tiere werden als Beute fortgeführt...)
> Ich nahm ihre Lebensmittel fort,
> ich riß ihr Getreide aus,
> ich fällte all ihr Holz und alle ihre Obstbäume,
> ihr Land war der Verwüstung preisgegeben ...
> verwandelt in rauchende Trümmer, ohne Bäume
>   darauf.

Aber das Bild im Luxortempel ist keine Illustration zu solchen Schilderungen, sondern eine eigenständige Schöpfung, die mit anderen Mitteln und offenbar mit anderer Zielsetzung das vor Augen stellt, was Thutmosis III. in seiner Beschreibung meint. Diesen Vorgang beobachten wir immer wieder in der ägyptischen Geschichte, daß Bilder der Sprache zu einem späteren Zeitpunkt in Bilder der Kunst umgesetzt und dabei immer auch mit neuem Inhalt gefüllt werden, der in der sprachlichen Formung nicht enthalten ist.

Abb. 4: Echnaton und seine Familie unter der Strahlensonne. Nach N. de G. Davies: The Rock Tombs of El Amarna IV, London 1906, pl. 31.

Das gilt für Echnatons Bild des »Strahlenaton« – der Sonnenscheibe, deren Strahlen in segnende, lebenspendende Hände endigen; das Bild hat seine sprachlichen Vorläufer im hymnischen Lobpreis der göttlichen Fürsorge für die ganze Schöpfung, noch direkter in der Formulierung »Der Eine Einsame mit vielen Armen« im Kairoer Amunshymnus aus der Zeit Amenophis' II. Das gilt auch für die »Vignetten« des Totenbuches, die im Laufe des Neuen Reiches den einzelnen Sprüchen dieser Sammlung hinzugefügt werden und den meist sehr komplexen Textgehalt des Spruches zu einem einzelnen Bild verdichten, das den Inhalt kennzeichnet und oft um zusätzliche Aussagen bereichert.

Die vielleicht bedeutsamste dieser Totenbuch-Vignetten ist die immer wieder abgewandelte Szene des Sonnenlaufes, die Lepsius als eigenes »Kapitel 16« gezählt hat, obwohl sie die ergänzende bildliche Aussage zu den Sonnenhymnen des Spruches 15 darstellt. Was dort in langen Textstrophen über den täglichen Lauf der Sonne und seine Bedeutung für den ganzen Kosmos ausgesagt ist, faßt dieses Bild in einem Symbol oder Modell des ganzen Vorgangs zusammen. Auch hier ist das Bild nicht Illustration zu einem bestimmten Text, sondern eigenständige Aussage. Ägyptische Geisteswelt erschließt sich erst dann, wenn nicht nur die Texte gelesen und verstanden, sondern auch die Bilder entschlüsselt und gedeutet sind.

2. Vom Ursprung der Dinge

Die Welt deutet sich von ihren Anfängen her. Deshalb kommt den Schöpfungsmythen in allen Kulturen eine tragende, beispielhafte Bedeutung zu. Nur die Rückbesinnung auf den meist ideal und vollkommen gesehenen Uranfang der Welt und des Menschen ermöglicht immer wieder einen Neubeginn, eine Überwindung von Krisen.

Mit der Bezeichnung »das Erste Mal« (*sep tepi*), die der Ägypter für die Schöpfung verwendet, beschwört er sogleich den Zauber, der von jedem Anfang, von jedem »Ersten Mal« eines Vorgangs, ausgeht. In der Schöpfung war alles zum ersten Mal da, aber das erste Mal ist ja nicht das einzige, es ruft nach Wiederholung und Wiederkehr. Die ägyptische Benennung zeigt bereits, daß die Schöpfung für diese Kultur kein einmaliger Vorgang ist, sondern auf stetige Wiederholung angelegt. Die Welt kann immer wieder so neu und so vollkommen werden, wie sie bei der Schöpfung am Anbeginn war. Aus dieser Überzeugung zieht die altägyptische Kultur einen großen Teil jener schöpferischen Kraft, die wir an ihr bewundern.

Wenn wir Texte und Darstellungen auf direkte Aussagen über die Schöpfung der Welt befragen, werden wir zunächst enttäuscht. Es gibt bis zum Ende der Pharaonenzeit keinen fortlaufenden ägyptischen Schöpfungsbericht, der sich auch nur entfernt mit dem ›Enuma eliš‹ oder der ›Genesis‹ vergleichen ließe. Was wir besitzen, ist eine Fülle von Anspielungen und von vereinzelten Aussagen, aus ganz verschiedenen Zeiten und ganz verschiedenartigen Textgattungen stammend; dazu treten Bilder einzelner Vorgänge, vor allem der Trennung von Himmel und Erde. Erst in den späten Tempeltexten der ptolemäischen und römischen Zeit Ägyptens gibt es ausführlichere und zusammenhängende Darstellungen der Kosmogonie.

Insgesamt aber ergibt sich aus allen diesen Aussagen und Darstellungen ein äußerst reiches und differenziertes Bild der Schöpfung, eine Vielzahl von Schöpfungsmythen, die sich der bis heute ungelösten Frage nach der Entstehung der Welt und des Seins von den verschiedensten Seiten her nähern. Dem Ägypter war klar, daß sich dieser Vorgang nicht auf eine einzige, einfache Formel bringen läßt, daß man zum eigentlich Unsagbaren immer wieder neue Wege suchen, neue Symbole setzen muß. Wenn der Schöpfer nach der einen Vorstellung aus seinem Samen, nach anderen durch sein Wort oder durch seine gestaltenden Hände schafft und bildet, dann geht es stets um die elementare Frage »Wie konnte aus dem Nichtsein Seiendes, wie konnte aus Einem Vieles werden?«.

Schöpfung bedeutet, daß die Welt einen Anfang hat. Daraus hat man in Ägypten die weitere Konsequenz gezogen, daß die Welt zeitlich und räumlich begrenzt ist, auch wenn diese Grenzen in »Millionen« von Jahren und von Meilen verschwimmen, sich ins Unabsehbare verlieren. Diese frühe Einsicht ist durch die moderne Kosmogonie nicht ersetzt, sondern präzisiert worden; Meßergebnisse und Berechnungen legen jetzt den räumlichen und zeitlichen Horizont der Welt fest, aber deutlich erkennbar ist er auch für uns noch nicht. Fast jedes Jahr läßt uns tiefer in das Weltall blicken.

Ägyptisches Denken hat diesen Horizont überstiegen, es hat Aussagen über den Zustand vor der Schöpfung und jenseits der geschaffenen Welt formuliert. Solche Aussagen begegnen besonders häufig in den Texten der ptolemäischen und römischen Zeit Ägyptens, aber sie reichen bis zu den Pyramidentexten des Alten Reiches zurück. Danach kommt die Welt aus der Urfinsternis (*Keku semau*) und aus der Urflut (*Nun*), die beide miteinander »vermischt« waren und so gemeinsam das Ungeschaffene anschaulich machen.

Dieser Urzustand wird gern auch negativ umschrieben, als Verneinung aller Gegebenheiten, welche die geschaffene Welt auszeichnen; dazu bedient man sich einer besonderen Verbalform mit der Bedeutung »als noch nicht ... war«. Götter und Menschen sind noch nicht entstanden, Himmel und Erde (dazu auch die Unterwelt *Dat*), Tag und Nacht ruhen noch ungetrennt in der Finsternis, die raumlos und zeitlos ist. Da es kein Leben gibt, gibt es auch keinen Tod. Noch ist kein Name genannt, keine Form und »kein Ding« geschaffen worden; und mit der alten Formulierung »als noch kein Streit entstanden war«, verneint man nicht nur den mythischen Streit von Horus und Seth, sondern jegliche Auseinandersetzung und Bewegung in diesem »trägen«, noch undifferenziert-vermischten Zustand. Etwas später, in den Sargtexten um 2000 v. Chr., wird von ihm noch deutlicher ausgesagt, es habe »noch nicht zwei Dinge gegeben«, also nur eine undifferenzierte Einheit.

In dieser »Ursuppe« treibt der Schöpfer dahin, ohne den festen Halt zu finden, den er für sein Schöpfungswerk braucht. Aber der Schlamm dieser Urflut ballt sich zusammen und taucht als Urhügel empor – ein Bild, das dem Ägypter jeden Herbst vor Augen stand, wenn die Wasser der jährlichen Nilüberschwemmung zurückwichen. Festes Land grenzt sich ab gegen die Wasserflut; auf ihm kann der Schöpfergott stehen, kann sein Werk entstehen. Statt des Einen denkt man sich auch eine Achtheit, vier Paare von Urwesen, deren Name sie noch dem Ungeschaffenen zuweist: Urflut, Unendlichkeit, Finsternis, Verborgenheit (oder Leere). Erst aus ihrer Mitte geht die Sonne hervor und setzt durch das »Erste Mal« ihres Aufgangs den Anfang der Welt.

Das Motiv des Auftauchens wird nicht nur mit einem Erdhügel verbunden, dessen monumentales Abbild die Pyramiden darstellen. Nicht weniger beliebt, wenn auch deutlich später, ist das Bild der Lotosblüte, die aus der schlammigen, dunklen Tiefe emportaucht; aus ihrem Blütenkelch entspringt das Sein, wiederum in Gestalt der Sonne. In der Zeit nach Amarna (um 1350 v. Chr.) tritt das Bildmotiv »Sonnengott auf der Blüte« hervor, meist als widderköpfiger Gott auf dem Urlotos, aber auch als Sonnenkind auf der Blüte.

Nach einer weiteren Vorstellung, die sehr alt zu sein scheint, tauchte aus der Urflut eine gewaltige Kuh auf, welche die Sonne zwischen ihren Hörnern trägt. Seit den Pyramidentexten erscheint sie unter dem Namen *Mehet-weret*, »Große Schwimmerin«, später auch als *Ihet* oder *Ahet* und Erscheinungsform von Göttinnen wie Hathor und Neith. Es ist die Himmelskuh, die bereits im Ausgang der Vorgeschichte als Kuhkopf mit Sternen bezeugt ist und seit den Sargtexten als Mutter des Sonnengottes Re gilt, die ihn täglich gebiert.

Urhügel, Urlotos und Urkuh sind verschiedene Umschreibungen für den tragenden Grund der Schöpfung, auch sie entstammen der »visuellen Begriffsbildung«, von der wir am Schluß des ersten Kapitels sprachen. Aus diesem Grund steigt die Sonne empor und gestaltet durch ihr Licht den Raum, durch ihren Lauf die Zeit. Der Urkeim der Welt läßt sich überdies als Ei denken, das sich zu Anfang im Leib des »Großen Schreiers« befindet, des Urvogels, dessen Schrei die anfängliche Stille durchbricht, bevor die Sonne aus seinem Ei hervorgeht. Diesen Urvogel sieht man auch als den Reiher *Benu*, der sich als erstes Lebewesen auf dem Urhügel niederläßt und in der klassischen Tradition als *Phönix* weiterlebt.

So erscheint der Schöpfer in vielen Gestalten – als Mensch, als Vogel und häufig als Schlange, die das eigentliche Urwesen ist; die Achtheit, von der wir sprachen, denkt man sich in der Spätzeit als Frösche und Schlangen, die wie der Skarabäus-Käfer scheinbar »von selbst« entstehen.

Spezifisch zur menschlichen Gestalt des Schöpfers gehören Vorstellungen, wonach er als Atum mit seiner Hand den ersten Samen erzeugt oder das erste Götterpaar »ausspeit« oder »aushustet«. Denn das erste Paar muß ja, wie Adam und Eva, notwendig ungeschlechtlich entstanden sein. In Ägypten sind es Schu und Tefnut, die so aus Atum hervorgehen, und von Schu heißt es in den Sargtexten ausdrücklich, er sei »nicht in einem Ei gebildet«. Mit diesem ersten Paar und seinen Kindern Geb und Nut kann die natürliche Fortpflanzung beginnen, und mit den vier Gottheiten der nächsten Generation (Osiris, Isis, Seth und Nephthys) ist das System der »Neunheit« abgeschlossen, die in der ägyptischen Theologie eine so wichtige Rolle spielt – unabhängig von Ort und Zeit, auch wenn man sie gern als die »heliopolitanische« Neunheit und diese Kosmogonie um Atum und die Neunheit als »heliopolitanisch« bezeichnet.

Ihr stellt man dann gern eine »memphitische« Kosmogonie gegenüber, in der Ptah oder Ptah-Tatenen als Schöpfer wirkt, und zwar durch das Wort, indem er die Welt in seinem Herzen ersinnt und dann durch seine Zunge ins Leben ruft. Als Hauptquelle für diesen Vorstellungskreis dient das ›Denkmal Memphitischer Theologie‹ im Britischen Museum, um 700 v. Chr. angeblich nach einer uralten, von Würmern zerfressenen Vorlage auf Stein kopiert. Die Ägyptologie war lange Zeit geneigt, in diesem so archaisch wirkenden Text tatsächlich ein uraltes, zumindest in das Alte Reich zurückreichendes Zeugnis zu sehen; inzwischen aber hat man erkannt, daß es der Zeit nach Echnatons Revolution, nach Amarna angehört, in der ja Memphis und sein Gott Ptah wieder stärker hervortreten.

Aber die Schöpfung durch das Wort reicht unabhängig von diesem späten Zeugnis bis zu den Pyramidentexten zurück und ist keineswegs nur mit Ptah verbunden. Der Sonnengott wirkt durch planende Einsicht (*Sia*), schaffenden Ausspruch (*Hu*) und wirksamen Zauber (*Heka*) – diese drei Schöpferkräfte begleiten ihn auf seiner Fahrt und helfen ihm nachts in der Unterwelt sein Schöpfungswerk zu erneuern. Nach Kapitel 80 des Leidener Amunshymnus, das wir am Ende dieses Kapitels zitieren, war im Anfang das Wort des Amun, der als Urvogel seine Stimme erhob, während nach anderen Quellen die Göttin Neith durch sieben Aussprüche die Welt ins Leben ruft, woraus in einem späten magischen Text ein siebenfaches Lachen des Schöpfergottes wird.

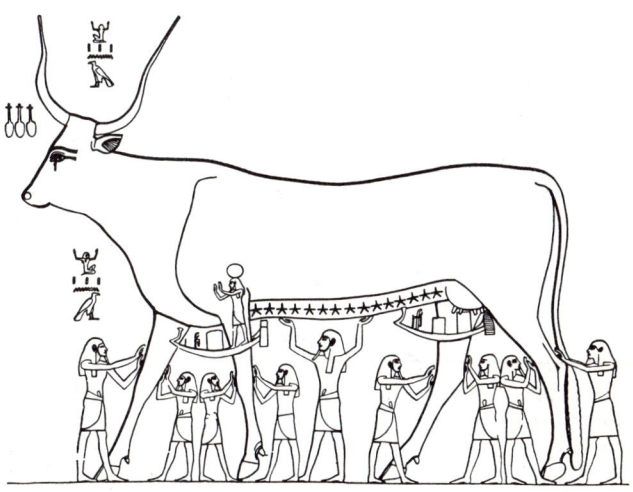

Abb. 5: Die Himmelskuh auf einem der Schreine Tutanchamuns. Nach A. Piankoff: The Shrines of Tut-Ankh-Amon, New York 1955, S. 142, Fig. 46.

In der Gestalt der Neith tritt uns ein weiblicher Demiurg entgegen, was in Ägypten nicht ungewöhnlich und nicht erst eine späte, lokale Entwicklung ist. Deutlich fassen läßt sich diese Kosmogonie allerdings erst in späten Texten aus Sais und Esna, wo Neith besondere Zentren ihrer Verehrung hatte. Aber ihre enge Verbindung mit der Urkuh *Mehet-weret* (griechisch *Methyer*) führt uns zur uralten Vorstellung von der Himmelskuh zurück, welche die Sonne und alle Gestirne trägt. Denkt man dazu an die bedeutende Rolle, die Neith schon in der Frühzeit spielt, und an ihre alte Verkörperung in einem Käfer, so kann man sie sich im Mittelpunkt früher kosmogonischer Vorstellungen denken, die später von anderen überlagert wurden; der Käfer der Neith verschwindet wieder und weicht dem Mistkäfer des Sonnengottes Re, dem Skarabäus (*Chepri*).

Neben der Neith wird in Esna auch Chnum als Schöpfer verehrt. Er ist derjenige Gott, der durch das Werk seiner Hände schafft, der den Menschen oder das Urei und mit ihm die Welt auf der Töpferscheibe formt, aus Lehm bildet. Auch Ptah, der Gott der Künstler und Handwerker, wird gern als ein solcher Bildner gesehen, der nicht nur durch sein Schöpferwort, sondern wie ein Künstler die Welt als sein Werk formt.

Diese so verschiedenartigen Aussagen über Schöpfung und Schöpfer lassen sich nicht in ein zeitliches Nacheinander oder ein geographisches Nebeneinander bringen. Sie durchdringen und ergänzen sich, sie sind Versuche, das überaus komplexe Phänomen der Weltentstehung möglichst differenziert zu sehen und so besser in den Griff zu bekommen. In der Spätzeit hat jeder Tempel seine bevorzugte Kosmogonie, aber im gleichen Tempel können auch andere Schöpfergötter und ihr Werk gepriesen werden.

So sind die Person des Schöpfers und die Art seines Wirkens nicht verbindlich festgelegt, aber es gibt doch eine ganze Reihe von gemeinsamen Aussagen. Der Schöpfer ist, wer immer es sei, »von selbst entstanden«, ägyptisch *cheper dje-sef;* er hat keinen Vater und keine Mutter, sondern hat »sein Ei selber gebildet« (Leidener Amunshymnus 100). Er gehört *vor* die geschlechtliche Differenzierung in Mann und Weib, ist daher »Vater und Mutter« in einem, mannweiblich, manchmal mit androgynen Zügen ausgestattet. Vor allem ist er der *Eine*, neben dem zunächst nichts anderes ist, aber »der Eine, der sich zu Millionen machte«; diese prägnante Definition hat sich nach der Amarnazeit herausgebildet, aber sie hat vielfache Vorläufer. Schon das alte System der »Neunheit«, die aus Atum hervorgeht, meint diese Entfaltung des Differenzierten aus dem Einen – neun ist für den Ägypter die gesteigerte Vielzahl (drei mal drei) und damit Ausdruck einer allumfassenden Gesamtheit. In den Sargtexten (II 39) aus dem Mittleren Reich begegnet eine Aussage, die man als älteste Formulierung einer Dreieinigkeit gedeutet hat; es heißt dort vom Urgott Atum: »... als er Schu und Tefnut gebar in Heliopolis, als er Einer war (und) als er zu Dreien wurde.« Dies ist nichts anderes als die einfachste Formel dafür, daß aus der Einheit eine Vielheit hervorgeht.

Der »Urmonotheismus« der alten Ägypter besteht also in der Vorstellung, daß Göttliches am Anfang Eines war und in der Kosmogonie zu Vielem wurde, als ein Werk des Einen. Die Sonderstellung dieses anfänglich Einen wird in geradezu monotheistischer Strenge durch immer neue Definitionen umschrieben, häufig in paradoxer Form. Er ist »der Eine, der seinen Erzeuger erzeugte, der seine Mutter hervorbrachte, seine Hand erschuf«, wie es in einem Sonnenhymnus des Neuen Reiches heißt (Assmann, Hymnen Nr. 51), in Anspielung auf das Werk des Atum, der mit seiner Hand den ersten Samen hervorbrachte. Aber wenn im ›Denkmal Memphitischer Theologie‹ der Gott Ptah an den Anfang gesetzt wird, erscheint er als »Vater des Atum«, also Erzeuger des Einen, der keinen Erzeuger hat, und als Ptah-Nun, um auch die Urflut vor der Schöpfung in sein Wesen mit aufzunehmen.

Diese Urflut *Nun* verkörpert eigentlich das Nichtseiende, das als Wasser und Finsternis vor jeder Schöpfung und auch vor dem Einen des Anfangs war. »Als ich noch im *Nun* war« bedeutet: als die Welt noch nicht entstanden war. Dies ist ja die eigentlich paradoxe Situation: der Schöpfer befindet sich im Nichtseienden, wenn er die Welt ins Leben ruft! Seine eine Seite ist Finsternis, die andere Licht, er steht zwischen Nichtsein und Sein. Das kommt auch im Namen des Schöpfergottes Atum zum Ausdruck, der eine Umschreibung für »nicht sein«, aber auch für »vollendet« und »vollständig sein« darstellt; als gemeinsamen Nenner habe ich »der Un-

Abb. 6: Schu trennt den Erdgott Geb und die Himmelsgöttin Nut.
Nach S. Morenz: Gott und Mensch im alten Ägypten, Heidelberg 1965,
S. 131, Abb. 40.

differenzierte« vorgeschlagen. Als der Eine gehört er noch
dem Nichtseienden an, durch seine Entfaltung im ersten
Götterpaar tritt er ins Sein.

Das Schöpfungswerk ist nichts anderes als Differenzierung der Welt aus dem Einen des Anfangs. Diese Entfaltung
wird einmal durch die numerischen Formeln umschrieben,
von denen ich Beispiele angeführt habe – die Eins wird zur
Vielzahl. Auf ganz andere Weise wird diese Entfaltung anschaulich gemacht im Bilde der Trennung von Himmel und
Erde, die im raumlosen Anfang noch ungeschieden waren.
Schu, der Sohn des Urgottes Atum, trennt die Himmelsgöttin Nut vom Erdgott Geb, die das System der »Neunheit«
als Schus Kinder und zugleich als Eltern von Osiris und Isis
erklärt. Als sprachliches Bild ist diese Vorstellung schon den
Pyramiden- und Sargtexten vertraut, begegnet als bildliche
Darstellung jedoch erst seit dem Ende des Neuen Reiches,
vor allem auf Papyri und Särgen der 21. Dynastie. Diese
»Hochhebung« des Himmels durch Schu vollendet die
Schöpfung, die der Urgott begonnen hat, sie grenzt die ge-

staltete Welt gegen das immer noch Ungestaltete ab und schafft den Raum.

Die Erde bevölkert sich mit Wesen aller Art, wobei der Ägypter die Erschaffung des Menschen nicht besonders heraushebt. Meist werden Götter und Menschen parallel genannt, beide sind vom Urgott erschaffen. Aus Freude am Wortspiel, am Zusammenklang der Dinge und ihrer Namen, erwächst die Aussage, die Menschen seien aus den »Tränen« des Schöpfers entstanden, da beide Wörter fast gleichlautend sind. Aber das ist mehr als ein Anklang, es ist eine Erklärung für die zwiespältige Herkunft der Menschen, aus einer Trübung des Gottesauges, die der Urgott wieder überwunden hat – »die Menschen gehören der Blindheit, die hinter mir ist«, sagt er in den Sargtexten (VI 344), und damit ist angedeutet, weshalb wir so oft mit Blindheit geschlagen sind!

Die Götter läßt man entsprechend aus dem »Schweiß« des Schöpfers entstehen. Bei den Göttern Ägyptens ist der »Schweiß« Träger des Wohlgeruches, der sie wie eine Aura umgibt und zugleich mit dem Glanz, der von ihnen ausstrahlt, ihre Anwesenheit verrät.

Am Anfang wohnen Götter und Menschen zusammen auf der Erde, unter der Herrschaft einer Götterdynastie, die den historischen Königen vorangeht. An ihrer Spitze steht der Sonnengott Re, der über alle Wesen herrscht. So können sich die Menschen in dieser ersten Phase an der ständigen Gegenwart der Sonne freuen; es gibt noch keinen Wechsel von Tag und Nacht, auch Tod und Unterwelt sind noch nicht vorhanden. Dies ist das goldene Zeitalter, die selige Urzeit (*pa'ut*), in der die *Maat*, die richtige, harmonische Ordnung der Dinge, als »Tochter« des Re zu den Menschen kommt und ihr Leben bestimmt (vgl. Kapitel 8).

Im ›Buch von der Himmelskuh‹ wird geschildert, wie dieser vollkommene Anfangszustand zu Ende geht und der jetzige, keineswegs ideale Zustand der Welt eintritt. Der Grund dafür liegt in der Alterung, der alles Seiende unterworfen ist. Die anfängliche Jugendfrische der Schöpfung geht verloren, die Sonne altert, während die Finsternis niemals altern kann. Der Text dieses Buches, das in der Amarnazeit entstand (14. Jahrhundert v. Chr.), beschreibt den Sonnengott als altgewordenen Greis, dem die Zügel der Herrschaft langsam entgleiten. Den ägyptischen Göttern eignet keine ewige Jugendfrische und Unsterblichkeit, auch sie sind dem Alterungsprozeß der Welt unterworfen.

Die Schwäche des Sonnengottes ruft Gegenkräfte auf den Plan. Die Menschen »ersinnen Anschläge gegen Re« und müssen bestraft werden. Ein Teil von ihnen wird durch das feurige »Auge« des Gottes vernichtet, aber wie in den Sintflutmythen bleibt ein Rest übrig und bevölkert die Erde aufs neue. Die Sonne entfernt sich auf dem Rücken der Himmelskuh von der Erde, es wird zum ersten Mal seit der Schöpfung wieder finster, die Menschen wenden sich in ihrer Blindheit gegeneinander und sind fortan von den Göttern getrennt. Diese ziehen sich mit dem Sonnengott in den Himmel zurück, nur Osiris erhält die Herrschaft über die Unterwelt, die jetzt erst geschaffen und eingerichtet wird. Denn die Alterung hat als unausweichliche Konsequenz den Tod, er setzt auch den Göttern und ihrer Herrschaft ein Ende; auf den Sonnengott, der den Mondgott Thot als seinen »Stellvertreter« eingesetzt hat, folgt sein Sohn Schu, auf Osiris folgt Horus.

Von nun an bestimmen Krieg und Gewalttat das Leben der Menschen. Sie haben die paradiesische Unschuld des Anfangs verloren, und die Welt der Götter wird ihnen erst im Tode wieder zugänglich. Die »Rebellion« der Menschen gegen ihren Schöpfer deutet die Gefahren an, die dem Bestand der Schöpfung drohen. Es gibt Mächte der Auflösung, die den Lauf der Welt, der im stetigen Lauf der Sonne sichtbar wird, zum Stillstand bringen wollen. Diese Gefahr verkörpert sich in dem Chaosdrachen Apophis, der die Fahrbahn der Sonnenbarke trockenlegt, aber durch die Macht des Zaubers immer wieder überwunden wird (Kapitel 3).

Die Drohung einer Aufhebung der Schöpfung äußert sich auch in der Angst des Ägypters, der Himmel könne auf die Erde stürzen, der Raum zusammenbrechen, die Allvermischung des Anfangs zurückkehren. Dies ist die furchtbarste Drohung, die ein ägyptischer Zauberer zur wirksamen Bekräftigung seines Spruches ausstoßen kann. Im ›Buch von der Himmelskuh‹ werden sehr ausführlich die Bemühungen geschildert, den Himmel zu stützen und zu tragen, und das wichtigste dieser tragenden Elemente ist die Zeit, von der wir im vierten Kapitel sprechen werden.

Am Ende der Zeit werden sich Himmel und Erde wieder vereinigen. Dann endet der Sonnenlauf als Pulsschlag der Welt, erfüllen Urflut und Urfinsternis aufs neue das All, und nur der Schöpfer überdauert als schlangengestaltiges Urwesen, in das Chaos zurückkehrend, aus dem er hervorging. Solche Überlegungen über die »letzten Dinge« (*Eschatologie*) werden nur selten in ägyptischen Texten ausgesprochen, aber sie waren durchaus vorhanden, wobei Anfang und Ende der Welt in einer gewissen Symmetrie zueinander stehen.

Die Schöpfung trägt in sich den Keim des Verfalls, aber nur so wird es möglich, daß sie sich regeneriert und verjüngt. Dies ist eine tragende Idee der altägyptischen Kultur, aus der sich viele ihrer schöpferischen Kräfte und Leistungen erklären. Die Schöpfung ist kein einmalig-abgeschlossener Akt, sie muß vielmehr ständig wiederholt und neu bestätigt werden. Die gestaltete Welt, die ihr entspringt, schwimmt auf der Uferlosigkeit des Ungestalteten, des Nichtseienden, welches das Sein aus unendlicher Tiefe her trägt, aber aus dieser Tiefe her auch mit Auflösung und völliger Auslöschung bedroht.

Aus Texten, die den Aufbau der Welt beschreiben (wie Unterwelts- und Himmelsbücher), geht klar hervor, daß sich der Ägypter die geformte und in sich abgeschlossene Schöpfungswelt allseitig umgeben von Urflut und Urfinsternis dachte, in denen das Ungeformte anschaulich wird. Er hat dieses Umgebende der Welt immer als Drohung und Herausforderung empfunden – zumal es nicht nur außerhalb der geschaffenen Welt ist, sondern diese überall durchdringt, »ausgebreitet unter jedem Ort« ist (Pap. Carlsberg I, II 31), immer bereit, als Chaosdrache das Seiende zu verschlingen. Zu seiner Erneuerung aber bedarf dieses Seiende auch der Abgründe, bleibt die Gestalt angewiesen auf das Ungestaltete; Regeneration ist nicht möglich ohne einen Gang durch das Nichtseiende, vor einer Schöpfung muß wieder das Chaos herrschen.

Die Idee der notwendigen Regeneration der Schöpfung wurde in unzähligen Symbolen gestaltet und beschworen, Amulette verliehen ihr Dauer und Wirksamkeit, in der ägyptischen Kunst sind diese Idee und ihre Symbole allgegenwärtig. Erwähnen wir als Beispiel nur das *Udjat*, das beschädigte und wieder geheilte Auge, oder den Skarabäus, den Mistkäfer, der immer neu aus der Erde ersteht.

Das Doppelgesicht der Drohung und der ständigen Erneuerung verkörpert sich im Bilde des *Uroboros,* des »Schwanzbeißers«, der weltumringenden Schlange, deren riesiger Leib in sich zurückläuft und so das Sein schützend wie bedrohend auf allen Seiten umschließt. In der Amarnazeit, erstmals auf einem der Goldschreine Tutanchamuns, fand dieses Bildzeichen seine bleibende Form und hat im Zauber, in der Gnosis, Alchemie und Mystik weit über die Grenzen Ägyptens hinausgewirkt. Die moderne Physik könnte es als »Hieroglyphe« für ihr Raum-Zeit-Kontinuum wählen, so wie eine Sargmalerei der 21. Dynastie die ganze ägyptische Ontologie in dieses Bild einbezieht.

Die Darstellung, deren Kenntnis ich Andrzej Niwiński verdanke, zeigt einen Hasen, das ägyptische Schriftzeichen für *wen,* »sein«, allseitig umgeben vom Schlangenleib des Uroboros, dazu auf eine Standarte, ein Tragholz gestellt, auf dem sonst Götterbilder stehen. Sprachlich können wir nur andeuten, was dieses Bild vollendet zum Ausdruck bringt: das göttliche Sein ist umschlossen vom Nichtseienden als Horizont der Welt, in dem es sich immer wieder verjüngt und am Ende der Zeit wieder auflösen wird. Der Schlangenleib ist zugleich der Ort, an welchem sich die nächtliche

Abb. 7: Hase auf Tragholz im Uroboros auf dem Sarg Kairo CG 6271 (21. Dynastie). Zeichnung A. Niwiński nach dem Original.

44

Regeneration des Seins vollzieht; schon das *Amduat* verlegt dieses Geschehen in den »Weltumringler«, der sprachlich das spätere Bild vorwegnimmt.

Für den Ägypter wiederholt sich die Schöpfung mit jedem Sonnenaufgang, der ja ein Hervortreten des Schöpfergottes darstellt und der Welt die Jugendfrische des Anfangs zurückgibt. Das Licht der Sonne ist das aktive, schaffende Prinzip, das die Welt gestaltet und ständig erneuert. Das sprachliche Bild vom Schöpfergott als dem »Einen Einzigen mit vielen Händen« hat Echnaton im Gottessymbol seines »Strahlenaton« gestaltet und anschaulich gemacht: die Strahlen der Sonnenscheibe, des Aton, laufen in Hände aus, die den König und seine Angehörigen schützen und beleben. Aber Echnaton war zu ausschließlich auf dieses Bild der segenspendenden Sonne fixiert, die er in seinen Hymnen pries; er wollte nicht wahrhaben, daß wir auch die Finsternis preisen müssen, weil sich das Licht in ihr verjüngt. Daran mußte sein Werk scheitern.

In traditionellen ägyptischen Sonnenhymnen wird die Nachtseite des Lebens nicht ausgespart, da schildert man auch den Hinabstieg der Sonne in das Reich der Toten. Erst dieser Hindurchzug durch die Tiefe der Welt (Kapitel 6) macht die morgendliche Erneuerung möglich.

Neben dem Sonnenaufgang ist es der Anfang eines neuen Jahres, der die Welt regelmäßig erneuert und die Schöpfung wiederholt. Das Jahr ist ägyptisch »Das sich Verjüngende« (*Renpet*), an jedem Neujahrstag fängt es aufs neue an, wird aus kleinen Anfängen groß. Der Anfangstag des Jahres gilt als Geburtstag des Sonnengottes Re und als »Anfang der Zeit« (*Neheh*, vgl. Kapitel 4), also als genaue Wiederkehr der Schöpfung.

In größeren Zyklen erneuert sich die Schöpfung durch Pharao. Jede Thronbesteigung eines ägyptischen Königs bedeutet den Anbruch einer neuen Zeit. Ramses II. hat nach seinen Worten »die Welt aufs neue gegründet, wie bei der Schöpfung« und nach dem Willen von Thutmosis III. soll Ägypten so sein, »als ob Re in ihm als König wäre«, also wie in der Urzeit der Götterherrschaft auf Erden. Die Rolle des Königs, der in seinem Herrschaftsbereich die Rolle des Schöpfergottes spielt und dessen Werk erneuert, werden wir in Kapitel 9 ausführlicher behandeln.

Der Forderung nach einer ständigen Regeneration des Seienden hat das Königtum durch die Einrichtung von Erneuerungsfesten entsprochen. Nach dem Ablauf einer Generation, nach dreißigjähriger Herrschaft, ist die Alterung des Königs so weit fortgeschritten, daß sie die Ausübung der Herrschaft bedroht, es bedarf eines neuen oder zumindest eines erneuerten Königs, um den Bestand der Welt zu sichern. In einer Statue wird der alte König begraben, und die folgenden Rituale des *Sedfestes* geben seiner Herrschaft die Jugendfrische des Anfangs zurück, machen ihn fähig, weiterhin die Last der Welt zu tragen und den Himmel zu stützen, wie es Darstellungen seit der 18. Dynastie zeigen.

In allen seinen Taten soll sich der ideale Pharao nach dem Vorbild des Schöpfergottes richten, ist er doch Sohn und Bild dieses Gottes auf Erden. In besonders zeremonieller Form aber vollzog sich die Erneuerung der Schöpfung bei der Gründung eines Tempels, die ja einen ganzen Kosmos ins Leben ruft, den Göttern eine Wohnstatt auf Erden errichtet (Kapitel 7).

So konnte der Ägypter im täglichen Sonnenaufgang, in der Wiederkehr eines neuen Jahres, im Regierungsbeginn eines neuen Königs und in dessen historischem Wirken den Atem des Schöpfergottes spüren und die lebendige Erneuerung seines Werkes erleben. Das machte ihn fähig zu Aussagen über den Anfang der Welt, der uns eigentlich verborgen ist.

Der Gott Amun, der in den Hymnen des Neuen Reiches so oft als Schöpfer besungen wird, trägt einen Namen, der ihn als den »Verborgenen« kennzeichnet. Das ist ein passender Name für den Urgott, der keinen Zeugen seines Ursprungs hat, denn es gab ja am Anfang nichts außer ihm. Er war der Eine und Einzige, der Geheimnisvolle und Unerforschliche, wie ihn der ›Leidener Amunshymnus‹ im 200. Lied schildert:

> Einzig ist Amun, der sich vor ihnen verborgen hat,
> der sich vor den Göttern verhüllt, so daß man sein
> Wesen nicht kennt;
> er ist ferner als der Himmel, tiefer als die Unterwelt.
> Kein Gott kennt seine wahre Gestalt ...
> er ist zu groß, um ihn zu erforschen,
> zu übermächtig, um ihn zu erkennen ...

Hier, in den Hymnen der Ramessidenzeit, wird der Schöpfer zu einer Art »Weltgott«, der den ganzen Kosmos erfüllt, dessen Augen Sonne und Mond sind, dessen Leib vom Himmel bis in die Unterwelt reicht, der seine Schöpfung in Raum und Zeit übersteigt. Damit wird der Vielfalt der Aussagen, die uns die alten Ägypter über den Anfang der Welt hinterlassen haben, noch eine weitere Nuance hinzugefügt. Der gleiche Leidener Hymnus spricht im 90. Lied vom »Ausspucken« des ersten Götterpaares durch den Uranfänglichen, um diesen gleich danach in seiner ganzen Hoheit und Schöpfermacht vorzustellen:

> Der erschienen ist auf seinem Thron, wie sein Herz es ihm eingab,
> und die Herrschaft antrat über alles Seiende durch seine [Macht].
> Er hat ein Königtum von Ewigkeit zu Ewigkeit geknüpft
> und dauert als Einziger Herr.
> Seine Gestalt leuchtete auf in der Schöpfung,
> und alles Seiende verstummte vor seiner Hoheit.
> Da erhob er seine Stimme als der Große Schreivogel,
> zu überfliegen, was er geschaffen hatte, er ganz allein.
> Er sprach das (erste) Wort inmitten des Schweigens,
> er öffnete die Augen aller Wesen und ließ sie sehen.
> Er begann zu schreien, als die Welt in Schweigen lag,
> und sein Ruf erfüllte (das All), niemand war außer ihm.
> Er schuf das Seiende und machte es leben ...

3. Die Macht des Zaubers

Ägypten galt immer als ein Land des Zaubers, das diese Kunst mit ungewöhnlicher Intensität und mit sichtbarem Erfolg gepflegt hat. Welcher Triumph für die Israeliten, daß Moses und Aaron die ägyptischen Zauberer übertreffen konnten, wie es die Traditionen des Alten Testamentes (2. Mose 7) und des Korans (Sure 20) überliefern! Jesus ist noch für den koptischen Abt Schenute im 5. Jahrhundert in erster Linie ein großer Zauberer und Wundertäter, der völlig unmotiviert, nur dem plötzlichen Wunsch des Abtes folgend, mitten in der Wüste ein Schiff herbeizaubert und nach dem Wunderglauben Schenutes und seiner Zeitgenossen »eigentlich zu nichts anderem mehr da ist, als seine Freunde auf Erden mit magischen Künsten zu ergötzen« (J. Leipoldt).

Überlieferungen der ersten Jahrhunderte haben denn auch immer wieder behauptet, Jesus sei bei ägyptischen Zauberern in die Schule gegangen und verdanke seine Wunderkräfte dem langen Aufenthalt im Lande der Magie; auch sein späterer Gegenspieler im Ringen der Religionen, Apollonios von Tyana, soll bei oberägyptischen »Asketen« Rat und Hilfe gesucht haben.

Selbst römische Kaiser wurden in Ägypten zu Wundertätern, wie der eher nüchtern veranlagte Vespasian in Alexandria, und der stoische »Philosophenkaiser« Mark Aurel führte einen ägyptischen Zauberer in seiner Begleitung, der ihm auf seinem Balkanfeldzug gegen die Markomannen ein Regenwunder bescherte. Der ›Lügenfreund‹ des Spötters Lukian (120 – nach 180) besitzt viele ägyptische Zauberbücher und beschwört den Geist in ägyptischer Sprache, und sein unsterblicher ›Zauberlehrling‹ steht im Dienst »eines der großen ägyptischen Schriftgelehrten aus Memphis«, des Pankrates. Damit ist das Fortwirken ägyptischen Zaubers noch lange nicht zu Ende, es findet im Mittelalter und in der Renaissance seine Fortsetzung (so sollen unter anderem Paracelsus und Faust in Ägypten geweilt haben!), und die unausrottbaren Legenden vom »Fluch der Pharaonen« trauen den alten Ägyptern noch heute unbekannte und unheimliche

Zauberkräfte zu. Immer noch steht Ägypten als Symbol für die Welt des Zaubers und der Mysterien.

Aber anders als das Ägypten der mystischen Einweihung läßt sich das Ägypten der Zauberer auch in den Texten und archäologischen Zeugnissen der pharaonischen Zeit reich dokumentieren. Eine Vielzahl von Texten gibt uns einen Querschnitt durch die Zauberliteratur aus drei Jahrtausenden; dazu kommen die Amulette, Wachsfiguren und anderen magischen Gegenstände. Insgesamt ein Material, das durch seinen Reichtum und seine Geschlossenheit dazu ermutigt, für diese Kultur eine Wesensbestimmung von Zauber und Magie zu versuchen.

Dabei kommt uns noch zur Hilfe, daß wir mit *heka* einen ägyptischen Begriff besitzen, der sich weitgehend mit unserem Begriff »Zauber« zu decken scheint. Wir dürfen also erwarten, mit einer zunächst rein lexikalischen Untersuchung, wo und wie die ägyptische Sprache das Wort *heka* verwendet, bereits wichtige Teilantworten auf unsere Frage nach Bedeutung und Funktion des Zaubers in Ägypten zu erhalten.

Das allein wird nicht genügen, denn es gibt durchaus auch Texte, die nicht von *heka* sprechen und doch ganz eindeutig in das Gebiet des Zaubers gehören. So finden wir schon in unserer ältesten Quellengruppe, den Pyramidentexten des Alten Reiches (zum Beispiel Spruch 293), Zaubersprüche gegen Schlangen, in denen von *heka* nicht die Rede ist, die aber unverkennbar die Absicht haben, die Gefährlichkeit dieser Wesen durch Abwehrzauber zu bannen.

Mehr Information erhalten wir aber doch aus denjenigen Stellen der Pyramidentexte, die direkt von *heka* sprechen. Aus der bereits sehr großen Fülle von Zeugnissen seien einige kennzeichnende ausgewählt. Der Zauber wird speziell mit dem Organ des Herzens verbunden (§ 410), das für den Ägypter Sitz aller Willens- und Geisteskräfte ist (siehe Kapitel 11); noch allgemeiner hören wir, daß die Leiber der Götter »voll von Zauber« seien (§ 397), und mehrfach ist vom »Essen« (*wnm*) des Zaubers die Rede. Der Zauber kann auch »geraubt« werden, und der nach seinem Tode zum Himmel emporsteigende König hat es darauf angelegt, sich die Zauber der Götter anzueignen; diese Kraft ist aber auch *um* ihn, wenn er zum Himmel steigt, umgibt ihn wie eine Aura – er

Abb. 8: Abwehr des feindlichen Krokodils im Jenseits. Zeichnung A. Brodbeck nach dem Totenbuch des Cha (Spruch 31).

bringt den Zauber mit sich und muß verhindern, daß er ihm von Gegenmächten geraubt wird.

So ist der Zauber in diesen ältesten Jenseitstexten eine Energie, mit der Götter und Verstorbene (zunächst nur der König, später aber alle Toten) »aufgeladen« sind. Sie ist austauschbar, kann ihrem Träger zugeführt und wieder fortgenommen werden. Sie verleiht ihrem Träger Wirkensmacht und in speziellem Fall die Fähigkeit, Kranke zu heilen, wie den verletzten Gott Horus (§ 521); hier liegen erste Ansätze zur medizinischen Anwendung des Zaubers, die in jüngeren Texten gut bezeugt ist und die man schon für frühere Epochen voraussetzen darf. Ansätze zeigen sich auch zur Verselbständigung – der Zauber ist ein Wesensbestandteil der jenseitigen Wesen, um die es hier geht, und wird speziell mit ihrem *Ba* verbunden (§ 250 d).

An zwei Stellen setzt sich der verstorbene König direkt mit dem Zauber gleich; so spricht er: »Ich bin Zauber, ich habe Zauber« (§ 924) und »Nicht ich bin es, der das sagt, sondern Zauber ist es« (§ 1324). Hier scheint die *heka*-Kraft bereits personal gesehen zu sein, und eine Gottesgestalt Heka (oder Hike) begegnet schon vor den Pyramidentexten in einem Götteraufzug des Königs Sahurê in der frühen 5. Dynastie; dieser Gott kommt auch in den Priestertiteln von Ärzten vor, die sich seit dem Alten Reich der Zauberkraft zur Heilung bedienen.

In den Sargtexten (Spruch 261) und im späteren ›Buch von der Himmelskuh‹ (Vers 221) erscheint Heka als Urgott, der noch vor dem Schöpfergott entstanden ist, ihm also von Anfang an zur Seite stand. Als urzeitliche Schöpferkraft begleitet er in den Unterweltsbüchern des Neuen Reiches, von denen gleich zu sprechen sein wird, den Sonnengott auf seiner nächtlichen Fahrt durch die Unterwelt, denn dort wiederholt sich das Schöpfungswerk des Anfangs, werden die Toten zu neuem Leben auferweckt.

Die Sargtexte des Mittleren Reiches bestätigen und ergänzen die Aussagen der Pyramidentexte über die *heka*-Kraft. Auch in dieser jüngeren Spruchsammlung erfüllt der Zauber den Leib dessen, der ihn besitzt (Sprüche 33–37, 239, 304); zwei Spruchtitel (349 und 350 Schluß) sollen ausdrücklich verhindern, daß der Zauber dem Verstorbenen im Jenseits »fortgenommen« wird. Diese Befürchtung erscheint noch einmal im Totenbuch des Neuen Reiches. Dort bedroht ein Krokodil, »das von Zauber lebt«, den Toten, der es beschwörend zurücktreibt (Spruch 31); der folgende Spruch 32 beschreibt eindrücklich, wie sich Krokodile aus allen vier Himmelsrichtungen auf den verstorbenen Menschen stürzen, »um den Zauber eines Mannes von ihm fortzunehmen im Totenreich«.

Während er hier seine Zauberkräfte verteidigen muß, betont der Tote an einer anderen Stelle der Sargtexte, daß er »keinem Zauber gehorcht« (Spruch 87/88), also nicht abhängig ist von dieser mächtigen Einflußnahme durch andere Wesen des Jenseits. Doch hofft er, durch seine eigene Zauberkraft Macht über seine Feinde zu gewinnen und den Zauber seiner Widersacher zu zerstören.

Dem entspricht in kosmischen Dimensionen eine neue, bedeutungsvolle Thematik der Sargtexte, wonach der Sonnengott Re mit Hilfe des Zaubers Macht über seinen Erzfeind gewinnt, den schlangengestaltigen Apophis. Dieser tritt dem Gott immer wieder auf seiner täglichen Fahrt hindernd in den Weg; er schlürft sogar die Fahrbahn der Sonnenbarke aus, um den Weltlauf zum Stillstand zu bringen und damit das Schöpfungswerk aufzuheben. Nur durch Zauberkraft kann diese Gefahr gebannt, kann die Welt gerettet werden.

Schon in den Sargtexten (Spruch 414 und anderen) werden Zauber gegen Apophis angewandt, und in der ausführlichen

Schilderung des Totenbuches (Spruch 108) wirft sich der »zauberreiche« Gott Seth mit einem Zauberspruch und mit seinem »Speer von Erz« dem Feind entgegen, um den Sonnengott vor dieser Bedrohung zu retten. Im ›Amduat‹ ist es die Göttin Isis, die an den Bug des Sonnenschiffes tritt, ihre Hand beschwörend dem Untier entgegenstreckt und es durch ihre Zauber lähmt; so kann das Schiff der Sonne mit Hilfe der Magie weiterfahren, obwohl Apophis seine Fahrbahn trockengelegt hat.

Abb. 9: Triumph des Sonnengottes und seines Helfers Seth über die Apophis-Schlange. Nach A. Piankoff und N. Rambova: Mythological Papyri, New York 1957, S. 75, Fig. 54.

In der zehnten Nachtstunde des Pfortenbuches wird der Zauber, der gegen Apophis und andere gefährliche Schlangen angewandt wird, in kühner Weise sichtbar und anschaulich gemacht. Dort treten in zwei Szenen teils menschen-, teils affengestaltige Wesen auf, die in den ausgestreckten Händen eine Art Netz halten; dessen Bezeichnung *amaa* meint eigentlich das Wurfholz zum Vogelfang, doch haben wir es hier mit einer Art Wurfnetz zu tun. Nach dem beigeschriebenen Text befindet sich der Zauber »auf« oder »in« diesen Gebilden. In dem Kraftfeld, das hier auf einfache Weise sichtbar gemacht ist, wirkt die Zauberenergie, durch die Apophis wehrlos und unschädlich gemacht wird, so daß er sich »nicht findet«, also jegliche Orientierung verloren hat. Auch im späten ›Papyrus Jumilhac‹ wird der Feind durch den wirksamen Zauberspruch »besinnungslos« gemacht und »kennt nicht den Ort, an dem er sich befindet« –

Formulierungen, wie sie der Ägypter ganz ähnlich benutzt, um die Wirkungen der Liebesekstase zu umschreiben.

Übertragen wird die Wirkung des Zaubers durch das Wort, das zur rechten Zeit in richtiger Form gesprochen wird. Die Zaubernden mit ihren Netzen »gebieten über Worte«, und der Text zur 66. Szene des Pfortenbuches teilt den Spruch, den sie Apophis entgegenschleudern, im Wortlaut mit. Das Totenbuch überliefert uns in Spruch 108 den Zauberspruch, den Seth gegen Apophis anwendet, und hält in Spruch 39 einen weiteren wirksamen Spruch gegen den Sonnenfeind bereit. Alle magischen Texte, auch die unübersetzbaren Formeln, sollen Zauberwirkung auf ein Objekt übertragen, das es abzuwehren oder (im Liebeszauber) herbeizuzwingen gilt. Dabei konnte der Text auch ohne Rezitation wirken, allein durch seine schriftliche Aufzeichnung; Lebende wie Tote waren geschützt, wenn sie Zaubertexte bei sich trugen, auch ohne sie lesen zu können.

Der Wunsch, Außergewöhnliches zu bewirken und die normale Ordnung der Dinge zu durchbrechen, führt zur Verwendung spezieller Zauberwörter, eines magischen *Abrakadabra,* das geheimnisvollen Sinn birgt; solche Zauberwörter sind uns in manchen Texten erhalten geblieben, und auch fremdländische oder völlig unverständliche Zaubertexte kommen vor.

Die schriftliche Aufzeichnung ist in Ägypten nicht nur Gedächtnisstütze, Schutz gegen falsche und damit wirkungslose Rezitation eines Spruches, sondern verleiht ihm Dauer, macht ihn zu ständigem Gebrauch verfügbar und konserviert seine Wirkung. Auch vermutet man in Zauberbüchern, von denen in den Texten oftmals die Rede ist, besonders wirksame Sprüche, für deren Autorschaft man sogar Götter in Anspruch nimmt; ihre spezifische Bezeichnung ist offenbar *bau-ra* »Machterweise des Re«, also des Sonnen- und Schöpfergottes.

Außer auf Papyrusrollen und Papyrusstreifen, die man als Amulette verwendet, werden Zaubertexte gern auf dem billigen Material der *Ostraka* (Tonscherben und Steinsplitter) aufgezeichnet, ferner auf Stelen, Grabwänden, Statuen und Statuensockeln; die magisch wirksamen »Ächtungstexte« des Alten und Mittleren Reiches stehen auf Gefäßen und Figuren von Feinden, die rituell zerschlagen wurden.

In allen diesen Zeugnissen ist der ägyptische Zauber als »aktive Energie des Universums« (Sauneron) latent vorhanden und jederzeit abrufbar. Er kann in Gegenständen gespeichert sein, etwa in Stäben und Amuletten, und er teilt sich dem Wasser mit, mit dem die Sprüche der magischen Stelen übergossen werden sollen. Während er im Ruhezustand eine materielle Substanz bildet, die »gegessen« wird und den Leib erfüllt (vgl. oben), zeigt er sich in der Übertragung als reine wirkende Kraft, die der Ägypter im Bilde von Licht und Feuer sieht. Die Zauber »leuchten« und »alle (Zauber)worte sind Flammen« (mag. Pap. Harris VIII 4f.), und so deutet der Kreis von Feuer-Hieroglyphen um manche Götterfiguren der Spätzeit auch auf diese Zaubermacht, die von ihnen ausstrahlt.

Trotz aller Bedeutung des Geschriebenen ist es letztlich doch das gesprochene Wort, das wie ein Knopfdruck diese Energien freisetzt und wirken läßt. Bei richtiger Anwendung verspricht es automatische und unfehlbare Wirkung, wie es die Schlußvermerke so vieler Sprüche im Sinne eines *probatum est* betonen: »Millionen Mal erprobt, ein wahres Heilmittel …« In solchen Schlußvermerken werden oft auch magische Praktiken mitgeteilt, durch welche die Wirkung des gesprochenen Wortes gesichert und verstärkt wird. Tritt Mißerfolg ein, so beruht er für den Zaubernden auf einem formalen Fehler in der Anwendung oder auf entgegenwirkenden Kräften der gleichen Art, also auf Gegenzauber.

Verstärkt werden kann die Wirkung durch Amulette, die sich durch ihre Form oder ihre Beschriftung als Träger von magischen Kräften anbieten. Für die Geschichte der Magie ist es kennzeichnend, daß die Blütezeit des Alten Reiches von Amuletten nahezu keinen Gebrauch macht; nach dem Zusammenbruch des Alten Reiches und während des Mittleren Reiches wandelt sich das Bild, aber erst im Fundmaterial der Hyksoszeit wird das käfergestaltige Siegelamulett des *Skarabäus* zu einer Art »Leitfossil«.

Von da an gehören Amulette in den verschiedensten Materialien und Formen zum festen Bestand der Grabbeigaben, aber auch zum Schmuck, der die Lebenden schützen soll; führend ist neben dem Skarabäus das vielschichtige *Udjat*, das heilige Auge, das den Bösen Blick und alle Gefahren

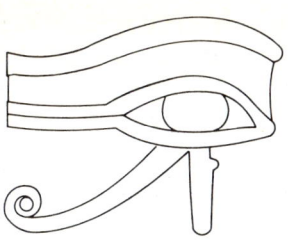

Abb. 10: Das heilige Auge Udjat. Zeichnung A. Brodbeck.

bannen kann, aber zugleich auf die wunderbare Ganzwerdung des verletzten Horusauges weist.

Die Spätzeit hat dann keine Scheu mehr, die wirksamen Kräfte der Götter zu profanieren, sie durch unzählige Götterfigürchen aus Bronze und Fayence in den Dienst des einzelnen zu stellen und in »pantheistischen« Figuren, die aus vielen ganz verschiedenen Götterelementen zusammengesetzt sind, göttliche Macht in höchster Konzentration zu verbildlichen. In der hellenistischen und römischen Zeit werden Zauberkräfte speziell durch die »magischen Gemmen« oder »Abraxasgemmen« übertragen, auf denen sich die Bild- und Wortmagie der verschiedensten Mittelmeerkulturen zu einer Einheit verbindet. Weder das Christentum noch der Islam können den Glauben an die hilfreiche Wirksamkeit von Amuletten und Talismanen erschüttern.

Auf den Siegelamuletten begegnet kein anderer Gottesname so häufig wie der des Amun, und seine Zaubermacht wird auch im Leidener Amunshymnus gepriesen:

>> »Ein Wasserzauber ist Amun, wenn sein Name
>> auf der Flut erklingt,
>> das Krokodil ist machtlos, wenn sein Name
>> ausgesprochen wird.«

Und da dieser Name »der Verborgene« bedeutet, verschlüsselt man ihn in Kryptogrammen – in Zeichenfolgen, die auf den ersten Blick eine völlig andere oder auch keine sinnvolle Lesung ergeben. Die ungeheure Zahl von Skarabäen und anderen Siegelamuletten mit dem Thronnamen

Men-cheper-rê von Thutmosis III., die überwiegend erst nach seinem Tode angefertigt wurde, erklärt sich durch die mögliche Lesung dieser drei Zeichen als Gottesname Amun, und auch bei anderen *Trigrammen* (Zusammenstellungen von drei Zeichen) ist diese Lesung mehr oder weniger sicher.

Dabei ist der Name eines Königs auch ohne diese Verbindung mit Amun von besonders großer magischer Wirkensmacht und aufs beste geeignet, allen feindlichen Mächten Furcht und Respekt einzuflößen. Gleiches kann ein Bild des Königs bewirken. Daher bringt man seit den ältesten geschichtlichen Zeiten an kritischen Kontaktpunkten zur feindlichen Umwelt, etwa an vielbegangenen Expeditionswegen, Darstellungen des Königs an. Sie haben die zeitlose Form des »Niederschlagens der Feinde« und sollen als magisch wirksame Aussage alle feindlichen Mächte von den Grenzen Ägyptens fernhalten, so wie es die entsprechenden Bilder auf der Tempelfassade für den heiligen Bezirk des Tempels leisten (vgl. Kapitel 7).

In der Kleinkunst des Neuen Reiches wird dieses uralte Symbol oft durch andere Triumphszenen ersetzt, welche die gleiche Aussagekraft haben – etwa den König, der als Löwe, Stier, Sphinx oder Greif über einen wehrlos am Boden liegenden Feind hinwegschreitet, ihn bildlich »unter seine Füße tritt«, oder im Streitwagen gegen Feinde anstürmt. Daß man sich vom Königsbild auch in Zeiten politischer Schwäche noch Wirkung versprach, zeigt das Fortleben der Szene vom »Niederschlagen« bis in die römische Zeit Ägyptens.

Magische Wirkung erhofft man sich auch von anderen Bildern, insbesondere von der Darstellung des Totengerichtes, die um die Mitte der 18. Dynastie ihre bleibende Gestalt findet, mit dem thronenden Osiris als Totenrichter, der Vorführung des Verstorbenen und der großen Standwaage, in deren Schalen sein Herz im Gleichgewicht mit der Feder, dem Zeichen der *Maat* (Kapitel 8), liegt; nach der Amarnazeit fügt man noch die Figur des »Totenfressers« als Verkörperung des Höllenrachens hinzu.

Daß dem Verstorbenen im Jenseits ein Gericht drohen kann, das aber nur auf Anklage hin tätig wird, um gestörte Gerechtigkeit wiederherzustellen, setzen bereits die Pyramidentexte voraus. In Spruch 678 dieses Corpus sucht sich der verstorbene König gegen Anklage und Verhör im Jenseits durch seinen Zauber zu schützen.

Am Ende des Alten Reiches wird analog zur Vorstellung, daß jeder Mensch im Tode ein »Osiris« wird, die Überzeugung greifbar, daß sich jeder Mensch, auch der König, vor einem universalen Göttergericht verantworten muß, das nach seinem Tode prüft, ob das »Herz« des Menschen, also sein Wollen, Fühlen und Handeln, im Einklang mit der *Maat* steht. Ist das der Fall, dann wartet auch im Jenseits ein positives, willkommenes Geschick auf ihn, während eine Verurteilung ewige Verdammnis bedeutet.

Die Totenrichter, deren furchtbare Namen der Spruch 125 des Totenbuches aufzählt, sind weder bestechlich noch milde, doch hilft auch hier das Mittel der Magie. Spruch 30 beschwört das Herz, sich dem Toten »nicht zu widersetzen im Totenreich« und vor Gericht nicht gegen ihn zu zeugen, damit das erstrebte Gleichgewicht der Waage automatisch hergestellt wird. Vor allem die »Negative Konfession« des 125. Spruches bewirkt als förmliches »Ritual der Sündenverleugnung« (Morenz), daß die *Maat* durch reine Beschwörung hergestellt, daß der Verstorbene von allem »Bösen« und allen Verfehlungen gereinigt wird, die ihm vom Diesseits her noch anhaften. Wie er im Ritual der »Gliedervergottung« Glied um Glied zu einem Gott wird (Kapitel 11), so fällt durch die Sündenverleugnung Stück um Stück ein Erdenrest von ihm ab, bis er, gänzlich gereinigt, als Osiris hervortritt.

Neben diese Wortmagie in der Beschwörung der Totenrichter tritt seit der 18. Dynastie die Bildmagie der zugehörigen Darstellung, die zunächst noch zum 30. Spruch, zur Beschwörung des Herzens, gestellt wird, bevor sie ihre feste Verbindung mit Spruch 125 findet. Das Bild der Waage, die immer im Gleichgewicht steht, nimmt Einfluß auf den Wägevorgang und auf seine Aufzeichnung durch Thot, den Meister der Schrift und der Weisheit.

Durch eine solche doppelte Beschwörung in Wort und Bild wird das ethisch richtige, normgemäße Verhalten des Menschen als Voraussetzung seiner seligen Fortexistenz keineswegs überflüssig, sondern zusätzlich abgesichert und in seiner Wirkung verstärkt. Es geht nicht darum, die Ethik aufzuheben, sondern durch eine Kombination von Ethik und Magie die größte mögliche Wirkung zu erreichen, wie es in der ägyptischen Medizin durch die Kombination von rationaler Therapie und Magie geschieht.

Ein ägyptischer Arzt ist auch Zauberer, das heißt Seelenarzt, der den Dämon der Krankheit bannt und für eine ideale Therapie die Wirkung von Heilmittel, Amulett und Zauberspruch kombiniert. Durch magische Einflußnahme kann er die tieferen Ursachen einer Krankheit bekämpfen und dadurch psychosomatisch wirken. Doch ist in den medizinischen Texten, die uns aus pharaonischer Zeit erhalten sind, der Anteil an Zaubersprüchen meist relativ bescheiden; der umfangreiche ›Papyrus Smith‹, ein Lehrbuch der Chirurgie aus dem Mittleren Reich, bringt einen einzigen Zauberspruch, etwas mehr die Sammelhandschrift des ›Papyrus Ebers‹, während in einem Londoner Papyrus der späten 18. Dynastie (BM 10059) die Zaubersprüche überwiegen.

Bezeichnend ist dabei, daß bei einem Patienten, dessen Krankheit oder Wunde als unheilbar erkannt sind, selbst der Zauber nicht mehr hilft und vom Arzt nicht angewandt wird. Es ist auch in solchen extremen Fällen keine Rede vom Ersatz der Therapie durch Zauber, sondern es kommt stets auf eine optimale Kombination der möglichen Heilmittel an.

In ähnlicher Weise versucht der Ägypter die Wirkung, die vom ethisch richtigen Verhalten ausgeht, durch das Mittel der Beschwörung zu verstärken; damit sichert er sich zugleich gegen bewußte oder unbewußte Verfehlungen. Das Totengericht soll nach Möglichkeit für jeden Verstorbenen zu einer reinigenden und befreienden Läuterung werden, die den Menschen von allen Schlacken der irdischen Existenz befreit und ihn für das Dasein im Jenseits bereit macht.

Für die erhoffte Wirkensmacht des Zaubers ist die Überzeugung wichtig, daß unter gleichen Bedingungen stets gleiches geschehen muß, daß eine Identität mit der im Mythos vorgegebenen Situation zwangsläufig den identischen Ablauf des Geschehens bewirkt. Wie Osiris, dem Mythos zufolge, im Göttergericht von Heliopolis Recht erhielt, so muß der Verstorbene, der zu einem Osiris geworden ist, gerechtfertigt werden; und wie die zauberkundige Isis ihren und des Osiris spätgeborenen Sohn Horus vor allen Nachstellungen bewahrt, dazu von Schlangen- und Skorpionbiß geheilt hat, so hofft jede Mutter ihr Kind zu beschützen.

Während diese mythische Identität und die Verwandlung der Götter oder Toten in andere Gestalten eine große Rolle spielen, scheint das Motiv der böswilligen Verzauberung dem pharaonischen Ägypten fremd zu sein. Die Götter, zu deren Wesen die Vielgestaltigkeit gehört, können in den verschiedensten Erscheinungsformen auftreten; der Sonnengott hat in jeder Stunde eine andere Gestalt, Horus und Seth bekämpfen sich in vielerlei Erscheinungen, im Brüdermärchen verwandelt sich Bata (auch er eigentlich ein Gott) in Stier und Baum, und in den Wundererzählungen des ›Papyrus Westcar‹ nehmen Göttinnen die Gestalt von fahrenden Tänzerinnen an. Da auch der Verstorbene zu einem Gott wird, hat er an dieser Fähigkeit Anteil und bedarf keiner besonderen Zauberkunst, um sich in die Gestalt von Göttern und göttlichen Tieren zu verwandeln; im Totenbuch dient eine Reihe von »Verwandlungssprüchen« (76 bis 88) diesem Ziel, sich in jede Gestalt zu verwandeln, die man wünscht.

In der mythischen Identität und in der automatischen, jederzeit abrufbaren und wiederholbaren Wirkung waltet ein Zwang, der zum Wesen der Magie gehört und ihre Sonderstellung innerhalb der Religion kennzeichnet. Während andere Äußerungen des religiösen Gefühls, das Gebet und vor allem das Opfer, die höheren Mächte gewinnen, versöhnen und gnädig stimmen wollen, möchte die Magie sie zwingen, den Interessen des Zaubernden zu folgen. Aus diesem Willen, die Mächte zu bezwingen, kann sich der Zauberer bis zu den furchtbarsten Drohungen versteigen. Er kann den Einsturz des Himmels und das Verbrennen des Osiris heraufbeschwören, kann mit dem Stillstand der Sonne und mit dem Untergang der Welt drohen. Einzelne dieser Motive findet man seit den Pyramidentexten (§ 1027), und beim späten Jamblich sind sie zu einem ganzen Strauß geflochten:

»Der Zitierende droht, das Firmament zu zerschmettern, die Geheimnisse der Isis offenbar zu machen, das im Abgrund Verborgene aufzuzeigen, die Barke (der Sonne) zum Stehen zu bringen, die Glieder des Osiris dem Typhon hinzustreuen oder sonst irgend etwas dieser Art zu tun« (De mysteriis VI 5).

Zwang wird vor allem im Liebeszauber angewandt, um den Willen eines anderen Menschen zu brechen oder zumindest zu beeinflussen:

»Gruß euch, ihr Götter des Himmels und der Erde! Gebt, daß die Jemand, geboren von der Jemand, mir nachlaufe wie eine Kuh hinter dem Gras, wie eine Mutter hinter ihren Kindern, wie ein Hirt hinter seiner Herde!

Wenn sie versäumen, sie mir nachlaufen zu lassen, dann werde ich (Feuer) nach Busiris werfen und werde (Osiris) verbrennen!« (Ostr. Deir el-Medine 1057).

Solche Auswüchse und Perversionen dürfen nicht dazu verleiten, den Zauber als Ganzes mit negativen Vorzeichen zu versehen und in Gegensatz zu Religion oder Ethik zu stellen. Denn von seinem Ursprung her meint der ägyptische Zauberbegriff eine wertfreie Kraft, die dem Menschen gegeben ist, »um den Schlag des bösen Ereignisses abzuwehren« (Lehre für Merikarê), also zum Schutz und zur Abwehr gegen alles, was die Umwelt des Menschen an Bedrohung und an Widrigkeit bereithält.

Aber wie die moderne Technik allzuleicht zum Selbstzweck wird, wie sich ihre gefährlichen Kräfte und Möglichkeiten der ethischen Kontrolle und Begrenzung weitgehend entziehen, so zeigt auch die spätere Entwicklung des Zaubers diese Tendenz; in der demotischen Setna-Erzählung, die bereits in die römische Zeit Ägyptens gehört, finden wir eine förmliche Besessenheit vom Zauber und von den Möglichkeiten, die er bietet. Die Parallelen zwischen der magischen und der technischen Welt hat bereits H. Staudinger in der Festschrift für H. E. Stier gezogen: »Der Mensch der magischen Welt ist genau wie der Mensch der technischen Welt davon überzeugt, daß man im Grunde genommen alles zustande bringen kann, wenn es nur gelingt, die entsprechenden Formeln zu finden und richtig anzuwenden.«

Das führt in Ägypten auch zum Experiment mit dem Zauber, zur reinen Demonstration seiner Möglichkeiten ohne einen »praktischen« Sinn und Zweck, der ja in der Abwehr von gefährlichen Tieren, bedrohlichen Situationen und selbst im Liebeszauber immer gegeben ist. In den märchenhaften Erzählungen des ›Papyrus Westcar‹ aus dem Mittleren Reich wird geschildert, wie ein Zauberer zur Demonstration seiner Kunst vor dem König einen abgeschnittenen Kopf wieder anfügt, was auch sonst als Krönung aller Zauberkunst gilt; allerdings lehnt er es ab, sein Können an einem menschlichen Verbrecher zu zeigen, denn auch dieser gehört zum »Vieh Gottes«, sondern begnügt sich mit dem Tierexperiment, mit Gans und Rind.

Hier zielt der Zauber nun in der Tat auf das Außergewöhnliche, nicht Alltägliche, auf eine höhere Zauberkunst, die nur allzuleicht in »schwarze«, illegitime Magie abgleitet, wenn sie die gesetzten Grenzen überschreitet. Wir können diese Entwicklung in Ägypten bis zu den demotischen Zauberbüchern verfolgen, in denen der Magier die Sprache der Vögel versteht oder seinem Widersacher durch Zauberkraft 500 Stockhiebe überzieht; hier wurzelt auch die Angst vor Zauber, den man nicht mehr abstellen kann, der automatisch weiterwirkt, wie ihn Lukian und Goethe im Motiv des »Zauberlehrlings« schildern. Diese Art Zauber, die man erlernen kann, hat sich von ihrer Verankerung und Funktion in der Gesellschaft gelöst und ist zu einem privaten Hobby von Zauberkünstlern geworden, die nur noch ihren persönlichen Ehrgeiz damit befriedigen.

Die gleiche Kraft, die der Schöpfergott zum Besten der Welt und zur Garantie ihres Fortbestandes eingesetzt hat, ist in die Hand von Menschen geraten, die damit Unheil stiften und die ursprünglich wertfreie Kraft dazu benutzen, egoistische Interessen durchzusetzen. Die Verschwörer gegen Ramses III. setzen Zauber sogar gegen den legitimen König ein, also gegen die Schöpfungsordnung.

Bisweilen zaubern sogar Götter gegeneinander; die »zauberreiche« Isis hilft damit ihrem Sohn Horus gegen Seth, aber sie scheut sich auch nicht, Zauber gegen den Sonnengott Re anzuwenden, um dessen geheimsten Namen zu erfahren. Wieder haben wir es mit »privater«, individueller Anwendung dieser Kraft zu tun. Hier werden mit gleichen Mitteln ganz andere Ziele verfolgt, als es der »offizielle« Zauber tut; dieser ist nur schwer gegen die Formvielfalt der Rituale abzugrenzen, von denen der staatliche Kult ständig Gebrauch macht.

Wenn der Kult in aller Regel das Ordnungsgefüge der Welt intakt und ungestört bewahren möchte, so will der

Zauber es vor extremer Gefährdung retten oder wiederherstellen; er hilft in Situationen weiter, die mit »normalen« Mitteln nicht mehr zu meistern sind. Dem Urbedürfnis des Menschen nach Schutz und Hilfe wird hier an einer äußersten Grenze geholfen, aber in Gestalt von feindlichen Gegenzaubern tauchen auch neue Gefahren und Ängste auf.

Wir sind davon ausgegangen, daß die ägyptische Bezeichnung *heka* sich weitgehend mit unserem Begriffsfeld »Zauber« deckt. Die ägyptischen Quellen, die dafür herangezogen wurden, umschreiben den Zauber als eine mächtige, wirkungsvolle Energie, die »im Leib« von Göttern, Menschen (Lebenden wie Toten) und in bestimmten Gegenständen gespeichert ist; sie kann jederzeit abgerufen werden, um bestimmte Ziele zu verwirklichen, die mit anderen Mitteln nicht zu erreichen sind.

Der Grad der Verfügbarkeit von Zauber ist verschieden. Einige Gottheiten wie Isis, Seth und Horus gelten als besonders zaubermächtig, aber auch der einfache Hirte ist in der Lage, das Krokodil durch einen Zauberspruch von seiner Herde fernzuhalten. Im Grunde kann jeder den Zauber anwenden und sich seiner automatischen Wirkung bedienen, indem er zur rechten Zeit das rechte Wort ausspricht, durch das die wirkenden Kräfte freigesetzt werden. Dabei reicht die breite Skala der Anwendung von der ordnenden, das Chaos bannenden Kraft, die bei jedem Schöpfungswerk hilfreich ist, bis hin zur bewußten Störung des Weltgefüges.

Für den Ägypter ist die Welt von Zauberkräften erfüllt und durchwaltet, von sichtbaren und unsichtbaren, greifbaren und ungreifbaren. Es sind in jedem Falle Kräfte, denen sich der Mensch nicht entziehen kann, denen er sich immer wieder stellen muß. Das Gesamtgebiet des Umgangs mit diesen Kräften, ihrer Abwehr und ihrer dosierten Anwendung, kann man als Magie bezeichnen. Magie ist universaler als Technik oder Physik, weil sie es auch mit übersinnlichen Kräften zu tun hat, die sich jeder sonstigen Wahrnehmung entziehen. Nur der Magier, der die Zeichen lesen, deuten und anwenden kann, hat Einfluß auf diese Kräfte.

Auf der anderen Seite ist Magie jedoch nur ein Teilgebiet der Religion und in Ägypten ein durchaus legitimer und integrierter Teil davon. Religion hat es ja nicht nur mit wirkenden Kräften und mit möglichen Gefahren in der Kommunikation des Menschen mit Göttern und mit Geistern zu tun, sondern darüber hinaus mit allen anderen Formen und Möglichkeiten einer solchen Kommunikation. Sie gibt dem Menschen Orientierung und Verhaltensmuster im Ganzen der Welt, im Diesseits wie im Jenseits. Dort aber, wo Gefahr droht, hofft der Mensch auf die unfehlbare Wirkung des Zaubers.

4. Zeit und Ewigkeit

Wer über Zeit spricht, ist zutiefst dem alten Ägypten verpflichtet. Das Sonnenjahr, das sich im Abendland durchgesetzt hat und von uns allen benutzt wird, stammt von dort; es wurde seit Beginn der Geschichte in genialer Einfachheit verwendet, mit zwölf gleich langen Monaten und fünf Zusatztagen, den *Epagomenen*, ohne irgendeine Schaltung. Die Differenz von rund ¼ Tag gegenüber der wahren, astronomischen Jahreslänge nahm man zugunsten der klaren Gliederung in Kauf, doch geht auch die einfache Schaltung des späteren Julianischen Kalenders, der alle vier Jahre einen Zusatztag einschiebt, auf Ägypten zurück, hier diente der alexandrinische Kalender der Ptolemäerzeit als Vorbild.

Ebenso wurde der Monat schematisch und gleichbleibend in drei Dekaden (je zehn Tage) eingeteilt. Es gab seit alter Zeit auch einen Mondkalender, der auf die wahre Länge des Monats Rücksicht nahm, aber nur für religiöse Zwecke und vor allem für die Berechnung von Festen eine Rolle spielte. Durch die Übernahme der ungleich langen römischen Monate und der siebentägigen jüdischen Woche haben wir unseren Kalender unnötig kompliziert gestaltet; deshalb kehrte die Kalenderreform der Französischen Revolution wieder zur altägyptischen Praxis der gleich langen Monate mit je drei Dekaden zurück, doch war ihr nur eine kurze Dauer beschieden.

Geblieben ist durch alle Reformen die altägyptische Einteilung des Tages in 24 Stunden, zwölf für den Tag und zwölf für die Nacht. Die Länge dieser Stunden war allerdings nicht konstant, sondern richtete sich nach der Jahreszeit, und die Ägypter kannten auch keine Unterteilung der Stunde in Minuten und Sekunden. Der kürzeste Zeitraum, *at* genannt, war nicht genau definiert, sondern ein »Augenblick« oder »Moment« von unbestimmter Dauer.

Aus Stunden, Tagen, Monaten und Jahren gestaltet sich die Lebenszeit des Menschen, die der Ägypter *aha'u* nennt und in vielen Fällen sorgfältig berechnet hat. Wir besitzen aus der pharaonischen wie aus der ptolemäisch-römischen Zeit eine Fülle von Angaben über das erreichte Lebensalter einzelner Personen, so wie man auch das Alter der heiligen

Stiere Apis und Buchis genau gemessen und auf Denksteinen verewigt hat. Aus größeren Fundkomplexen (Grabstelen, Mumientäfelchen) kann man sogar Daten über die mittlere Lebensdauer errechnen, die wegen der hohen Kindersterblichkeit zwischen 25 und 33 Jahren lag. Als Dauer einer Generation setzte der Ägypter 30 Jahre an – dies war die Zeit, nach welcher ein regierender König einem neuen Platz machen sollte, wie es sich in den Vorstellungen um das *Sedfest* (siehe Kapitel 9) spiegelt.

Wer die besonders gefährdeten ersten Lebensjahrzehnte überstand, hatte gute Aussichten, auch ein recht hohes Alter zu erreichen. Mehrere Pharaonen haben über 50 Jahre regiert, extrem lange vor allem Ramses II., der in seinem 67. Regierungsjahr gestorben ist; hier bestätigen zeitgenössische Denkmäler und der Befund seiner Mumie das hohe Lebensalter, während die noch höhere Angabe für Phiops (Pepi) II. aus dem Ende der 6. Dynastie, der angeblich 94 Jahre regiert hat, nicht exakt nachzuprüfen ist.

Auch ägyptische Beamte haben uns öfter sehr genaue Angaben über das von ihnen erreichte Lebensalter hinterlassen. Ein Schiffsvorsteher Netjeruhotep berichtet, daß er noch als »Mann von 73 Jahren« eine Expedition in die Wüste, zu den Alabasterbrüchen von Hatnub, geleitet habe; das war sicher eine herausragende Leistung, die deshalb am Ort verewigt wurde. Unter dem betagten Ramses II. hat Bakenchons, der Hohepriester des Amun, auf seiner Münchner Statue sogar die Zeitdauer der einzelnen Phasen seines Lebens und seiner Ämterlaufbahn aufgelistet, wobei sich eine Gesamtzahl von 85 Jahren ergibt.

Außergewöhnlich sind die 96 Jahre, die der Amunspriester Nebnetjeru in der 22. Dynastie »gesund, ohne Krankheit« erreicht haben will – »wenn man die Größe meiner Lebenszeit wünscht, muß man den Gott anflehen«, fügt er auf seinem Würfelhocker in Kairo noch hinzu. Das gleiche Lebensalter ist auf einem Mumientäfelchen der römischen Zeit belegt, und noch höher kommen wir mit den 99 Jahren des Priesters Besmut, der unter König Amasis in der 26. Dynastie starb. Ob die Versicherung eines Hathorpriesters vom Ende des Alten Reiches in seinem Felsgrab in Meir »Ich verbrachte ein Lebensalter bis zu 100 Jahren« als runde Angabe oder idealer Wunsch oder ganz exakt zu verstehen ist, muß offen bleiben.

»Bis zu 100 Jahren« – das war jedenfalls die äußerste Grenze, die zu überschreiten kaum jemandem gelang, auch wenn der Wunsch darüber hinausgriff. Der später als Gott verehrte Weise Amenophis sagt auf einer Statue aus Karnak: »Ich habe 80 Jahre erreicht, indem meine Gunst beim König (Amenophis III.) groß ist, und ich werde auch noch 110 Jahre vollenden«; der schon erwähnte Hohepriester Bakenchons wünscht sich von seinem Gott Amun, »er möge mir Lebenszeit geben in Vollkommenheit, nach den 110 Jahren«.

Der eigentümliche Wert von 110 Jahren bildet für den Ägypter den idealen Grenzwert irdischer Existenz. Er ist das »Idealalter«, das in vielen Inschriften als Wunsch genannt wird. Das Alte Testament hat dieses Idealalter für Joseph und Josua übernommen, und sogar in der Gotengeschichte des Jordanis (Kapitel 24) findet es sich als Lebensalter des Königs Ermanarich; die runde Zahl fällt überdies mit den höchsten wirklich verbürgten Lebensaltern aus neuerer Zeit zusammen.

Zur Erklärung kann man von einer Stelle in den Sargtexten des Mittleren Reiches ausgehen, wo es heißt (III 292 f.): »Jeder Mensch, der diesen Spruch kennt, der vollendet 110 Jahre im Leben, indem 10 Jahre davon außerhalb seiner Mangelhaftigkeit und seiner Unreinheit, außerhalb seiner Vergehen und seiner Unaufrichtigkeit sind, wie es ein Mann tut, der unwissend war und wissend wurde.« Also zehn Jahre reine, ungetrübte Zeit, die zum runden Höchstalter der hundert Jahre noch hinzukommt und auch dem Ältesten die Chance gibt, am Ende seines Lebens weise und frei von allen irdischen Fehlern zu werden, bevor er in das Totenreich hinabsteigt. Auf jeden Fall haben die Ägypter dieses Idealalter als 100 + 10 Jahre aufgefaßt, also in den 10 Jahren einen Bonus an zusätzlicher, geschenkter Zeit gesehen.

Selbst hier ist, wie überall in Ägypten, die Regel von der »Erweiterung des Bestehenden« (Kapitel 5) wirksam, denn mit der Zeit hatte man an zehn zusätzlichen Jahren nicht genug, sondern steigerte sie auf zwanzig. Im Grabe des Nebwenenef, der unter Ramses II. als Hoherpriester des Osiris amtierte, steht der Wunsch: »Du verbringst 100 Jahre und noch 20 Jahre danach. Das ist meine tägliche Bitte an (den Sonnengott) Re.« Dieses neue Idealalter von 120 Jahren begegnet noch in einigen thebanischen Gräbern der Spätzeit und dazu im Alten Testament als Sonderfall für Moses, den man gegenüber Joseph und Josua mit ihren »nur« 110 Jahren besonders auszeichnen möchte.

Was hier zum Ausdruck gebracht wird, ist die Sehnsucht nach mehr Zeit, ganz konkret in den zehn oder zwanzig Jahren gefaßt, die auch einem Hundertjährigen noch gegeben sein sollen. Denn der Zeithunger des Menschen ist unbegrenzt und nie gestillt; zu der Lebenszeit, die einem von den Göttern oder dem Schicksal bestimmt ist, möchte man noch etwas hinzu erhalten.

In dem bekannten Reisebericht des Wenamun aus dem 11. Jahrhundert v. Chr. gibt Wenamun dem Fürsten von Byblos den Rat, er solle, statt ihm bei seiner Mission Schwierigkeiten zu bereiten, lieber einen Denkstein errichten, und auf ihm sagen: »Amun-Re, der König der Götter, hat mir ... seinen Boten gesandt wegen des Bauholzes für die große, herrliche Barke des Amun-Re, des Königs der Götter. Ich habe es gefällt, ich habe es verladen; ich habe ihn (den Boten) mit meinen Schiffen und mit meinen Mannschaften ausgerüstet, und ich habe sie nach Ägypten ziehen lassen, um mir von Amun 50 Lebensjahre zu erbitten über das hinaus, was mir bestimmt ist.« Für einen Ägypter war das kein ungewöhnlicher Wunsch. Er wußte, daß Amun solche Bitten gewähren kann, denn

> (Er) errettet, wen er will, auch wenn er in der
> Unterwelt ist ...
> Er verlängert die Lebenszeit und zieht von ihr ab,
> er gibt Aufschub zur Frist dem, den er liebt.

So formuliert es das 70. Lied des Leidener Amunshymnus, und in Spruch 71 des Totenbuches werden die Schicksalsmächte des Totengerichtes angerufen:

> Möget ihr mich dem Leben überweisen, das in eurer
> Hand ist ...
> möget (ihr) viele Jahre über meine Lebensjahre hinaus
> gewähren
> viele Monate über meine Lebensmonate hinaus,
> viele Tage über meine Lebenstage hinaus,
> viele Nächte über meine Lebensnächte hinaus,
> bis ich fortgehen ... werde.

Hier wird in unbestimmter Form mehr Zeit im Diesseits erbeten, aber der Wunsch wendet sich an Schicksalsmächte im Reich der Toten und damit an die richtige Adresse. Denn zusätzliche Zeit läßt sich nur aus jenseitigen Quellen schöpfen. In der Erzählung des ›Papyrus Vandier‹, die erst kürzlich veröffentlicht wurde, steigt ein Magier in die Unterwelt zu den Toten hinab, um für den regierenden König zusätzliche Lebenszeit zu erbitten. Dieser Wunsch kann nur erfüllt werden, indem der Bittende sich als Ersatzopfer anbietet und selber stirbt.

Selbst für einen Gott bedarf es einiger List und Phantasie, um an zusätzliche Zeit zu gelangen. Plutarch (De Iside Kap. 12) erzählt uns in einem Mythos, Hermes (der ägyptische Gott Thot) habe der Mondgöttin Selene beim Brettspiel den siebenzigsten Teil jedes Tages abgewonnen und daraus die fünf Zusatztage des Jahres geformt, die *Epagomenen*. Damit machte er den Fluch des Helios zunichte, die Göttin Rhea (ägyptisch die Himmelsgöttin Nut) solle in keinem Monat und in keinem Jahr gebären – nun bringt sie an den von Hermes herbeigezauberten Zusatztagen die Götter des Osiriskreises zur Welt, und der Mythos Plutarchs soll erklären, weshalb diese Tage als Geburtstage der Götter gefeiert werden.

An das Brettspiel des Hermes erinnern die vielen Darstellungen aus ägyptischen Gräbern, die den Verstorbenen beim Brettspiel zeigen; Spielbretter und Figuren reichen sogar bis in den Anfang der geschichtlichen Zeit zurück. Der Weg der Spielfiguren steht in einer engen Beziehung zum erhofften Jenseitsweg des Toten, der wie auf dem Spielbrett die verschiedensten Gefahren umgehen und bestehen muß, der Lebenszeit gewinnen oder verlieren kann.

Denn die »Lebenszeit« (*aha'u*) ist nicht nur irdisch-diesseitig zu verstehen. Der Sonnengott teilt sie auf seiner Fahrt immer wieder Lebenden wie Verstorbenen zu, und Thot, der Mondgott und Berechner der Zeit, legt sie für die Götter fest, denen in Ägypten weder Unsterblichkeit noch Unvergänglichkeit zukommt. Als geschaffene Wesen haben auch sie einen Anfang und ein Ende in der Zeit, *aha'u* ist befristete, genau definierte Zeit.

In der Lehre für Merikarê aus der Ersten Zwischenzeit wird der Mensch aufgefordert, nicht auf die »Länge der Jah-

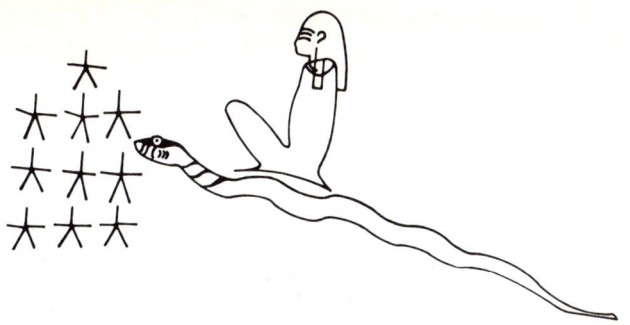

Abb. 11: Die Geburt der Stunden aus der Zeit-Schlange. Zeichnung
A. Brodbeck nach einer Darstellung im Grabe Amenophis' II.

re« zu vertrauen, denn die Totenrichter »sehen die Lebenszeit als eine Stunde an«. Das ist eine Umschreibung für die
Relativität der Zeit, die in den Unterweltsbüchern des Neu-
en Reiches noch deutlicher illustriert wird. Dort verweilt der
Sonnengott auf seiner Nachtfahrt durch das Reich der Toten
(Kapitel 6) jeweils eine Stunde lang in jedem Abschnitt der
Unterwelt, bevor er zum nächsten weiterzieht. Aber diese
jenseitige Stunde entspricht einer vollen Lebenszeit auf Erden. Die Toten erwachen durch das Schöpferwort des Gottes zu neuem Leben, richten sich von ihren Bahren auf, nehmen Opferspeisen, Kleider und alles Lebensnotwendige in
Empfang, können ihre Füße und alle ihre Glieder neu ge-
brauchen, die Herrlichkeit des Gottes schauen und mit ihm
Zwiesprache halten; aber am Ende dieser Stunde, beim Wei-
terzug des Sonnengottes zum nächsten Abschnitt, versinken
sie wieder im Todesschlaf, ihre erneuerte »Lebenszeit« ist zu
Ende.

Jede Stunde der Sonnenfahrt bedeutet eine volle Lebenszeit für die Toten. Wie diese Lebenszeit immer neu »festgesetzt« wird, gestaltet eine Szene des Pfortenbuches im Bilde.
Wir sehen dort zwölf Götter, »welche die Lebenszeit im
Westen (dem Totenreich) tragen«, in Gestalt eines riesigen
Schlangenleibes, der mit den Hieroglyphen für »Lebenszeit«
bestückt ist. Hier ist der unerschöpfliche Vorrat an Zeit, den
das Jenseits bietet, anschaulich geworden. Die seligen Toten

69

zehren von ihm, aber zugleich werden die Verworfenen, die »Feinde« des Sonnengottes vernichtet, indem sie keinen Anteil an dieser Zeit erhalten.

Wenn die Zeit-Schlange in der Beischrift zu dieser Szene als *metui*, »Doppelstrick«, bezeichnet wird, so weist das auf eine andere Szene (36) des gleichen Buches, in der die Zeit als doppelt gewundenes Seil abgebildet ist, das aus dem Munde einer Gottheit abgespult wird; Sterne über den Windungen deuten die einzelnen Stunden als diskrete, meßbare Einheiten der Zeit an. Das Geheimnis der Zeit, ihres Entstehens und Vergehens, wird so im Bilde sagbar. Sie geht hervor aus der verborgenen, göttlichen Tiefe der Schöpfung, entfaltet sich in einem Kontinuum, das zwar Gliederung und Struktur, aber keine Lücke und keine Unterbrechung aufweist, und fällt zurück in die Tiefe, aus der sie kam; jede Stunde wird »geboren« und wieder »verschlungen« vom Ganzen der Zeit, dessen Grenzwert die Ewigkeit ist.

Abb. 12: Die Zeit als endloses Seil (Pfortenbuch). Nach A. Piankoff und N. Rambova: The Tomb of Ramesses VI, New York 1954, S. 174, Fig. 47.

In einer weiteren Szene (49) des Pfortenbuches gehen die Aspekte der Zeit als Schlange und als Seil ineinander über, aber die zahlreichen anderen Darstellungen in den Unterweltsbüchern des Neuen Reiches, die sich auf die Zeit beziehen, bevorzugen doch das Bild der Schlange. Die Stunden erscheinen auch als Frauengestalten, Verkörperungen der zwölf Nachtstunden, die den Sonnengott »ziehen« und damit den Lauf der Sonne vorantreiben. Daneben kennen ramessidische Sonnenhymnen die Vorstellung, daß der periodische Sonnenlauf nicht nur Tag und Nacht, sondern auch die Stunden und anderen Zeiteinheiten hervorbringt, so wie er den Verstorbenen immer wieder neue »Lebenszeit« schenkt.

Der Grenzwert dieser Lebenszeit ist bereits in den Pyramidentexten genau definiert worden; es heißt dort in Spruch 274, dem berühmt-berüchtigten ›Kannibalenspruch‹:

> Die Lebenszeit des Unas ist *Neheh,*
> seine Grenze ist *Djet.*

Für Unas, den letzten König der 5. Dynastie, kann man den Namen jedes anderen Pharao einsetzen, später auch den Namen jedes beliebigen Verstorbenen. Die ›Lehre für Merikarê‹ aus dem 21. Jahrhundert v. Chr. meint die gleiche Aussage, wenn sie noch knapper formuliert: »Das Dortsein (die jenseitige Existenz) ist *Neheh.*«

Die Zeitdauer jenseitiger Existenz, neben der die einmalige irdische Existenz kaum ins Gewicht fällt, ist *Neheh* und *Djet.* Und da die Götter für den Ägypter jenseitige Wesen sind, gilt die gleiche Definition für die Lebenszeit der Götter, insbesondere des Sonnengottes Re und des Jenseitsherrschers Osiris, der häufig als »Herr des *Neheh* und Herrscher der *Djet*« (oder ähnlich) bezeichnet wird. Von ihm wird auch gesagt (etwa in Spruch 175 des Totenbuches), daß er »Millionen (Jahre) als Lebenszeit verbringt«, und da jeder Verstorbene zu einem »Osiris« wird, gilt diese Hoffnung auf »Millionen Jahre«, die etwas von der Dauer von *Neheh* und *Djet* ahnen lassen, für alle Menschen.

Mit *Neheh* und *Djet* stoßen wir an die Grenzen der Zeit und auf die Frage nach einer »Ewigkeit« jenseits der Zeit. Sicher ist, daß der Tod für den Ägypter keinen Schritt aus der Zeit in die Ewigkeit bedeutet. Die Abgeschiedenen bleiben in der Zeit, durchleben immer neue, aber jenseitige Lebenszeiten, haben Anteil am täglichen Sonnenlauf, der Diesseits und Jenseits in Raum und Zeit verbindet. Und doch bedeutet der Eintritt in das Jenseits Anteil an einer göttlichen Existenz, in der für die Zeit andere Maßstäbe gelten. Aus göttlicher Perspektive läßt sich die Zeit in jeglicher Richtung und Erstreckung überblicken, als Vergangenheit wie als Zukunft. So preist ein ramessidischer Hymnus den Gott Amun als Schöpfer:

Der die Zukunft überblickt in Millionen von Jahren,
die *Djet* ist vor seinem Angesicht
wie der gestrige Tag, wenn er vergangen ist.

Dabei ist die Zukunft im ägyptischen Sprachgebrauch das, was »hinter« einem ist, was also der Mensch, zur Vergangenheit hin orientiert, noch nicht sehen kann. Der Schöpfergott aber hat den Überblick über die gesamte Fülle der Zeit und dazu die Fähigkeit, sie in verschiedener Richtung zu durchlaufen – bei seiner nächtlichen Unterweltsfahrt läuft er im Leib der Zeit-Schlange den Weg zurück, vom Alter zur Jugend, vom Greis zum Kind (Kapitel 6). Bei seinem Schöpfungswerk hat er die Welt aus der Zeitlosigkeit in die Zeit gehoben und einen »Anfang« der *Neheh*-Zeit gesetzt, dem mit dem Ende der Welt auch ein Ende der Zeit entspricht.

Anders als Urflut und Urfinsternis (Kapitel 2) werden *Neheh* und *Djet* niemals zur Bezeichnung von Bereichen außerhalb der Schöpfung verwendet; sie sind also keine »Ewigkeit« in absolutem Sinne. Aber als Summe aller denkbaren Zeiteinheiten kommen sie der Ewigkeit so nahe wie überhaupt möglich. Wenn man den Namen des regierenden Königs mit dem Zusatz *anch djet* versieht, so kann man das getrost durch »er lebe ewig« übersetzen, und auch in anderen Fällen ist eine Übersetzung »Ewigkeit« einer komplizierten Definition oder Umschreibung vorzuziehen. Aber man muß sich bewußt bleiben, daß diese ägyptische »Ewigkeit« Anfang und Ende hat, daß sie aus Jahren und Tagen besteht und in vielen Fällen besser durch »Zeit« zu übersetzen ist. Im Wiener Bildpapyrus des Chonsumes aus der 21. Dynastie treten als Verkörperungen der Zeit neben *Neheh* und *Djet* die »Millionen Jahre« auf, die in den Texten so oft als Synonym zu den beiden Zeitbegriffen gebraucht werden.

Heftig umstritten ist die Frage, ob sich ein Bedeutungsunterschied zwischen diesen Zeit- oder Ewigkeitsbegriffen erkennen und definieren läßt oder ob sie als Synonym zu gelten haben. Immer wieder hat man zu unterscheiden versucht, so zwischen *Djet* als Vergangenheit und *Neheh* als Zukunft (Gardiner), *Neheh* als Diesseits und *Djet* als Jenseits (Thausing), *Neheh* als Ewigkeit vor der Schöpfung und *Djet* als Ewigkeit nach der Schöpfung (Bakir), *Neheh* als unaufhörliche Wiederkehr des Gleichen und *Djet* als unveränderliche Dauer (E. Otto), *Neheh* als Zeit und *Djet* als Raum (Westendorf), *Neheh* als zyklische und *Djet* als lineare Zeit (Morenz) und so weiter. Manche dieser Definitionen sind durch nichts begründet, und gegen jede Unterscheidung lassen sich Gegenbeispiele anführen.

Die Ägypter selbst haben zweifellos bestimmte Affinitäten der beiden Begriffe gespürt und in Zuordnungen sichtbar gemacht. So gehört *Neheh* eher zum Tag und zum Sonnengott Re, *Djet* eher zur Nacht und zum Totenherrscher Osiris; *Neheh* ist eher dynamisch, *Djet* eher statisch bestimmt, sie verkörpern schon in ihrer Etymologie den Fluß und die Dauer der Zeit. Daneben aber treffen wir in zahllosen Formeln auf eine völlige Austauschbarkeit der beiden Begriffe. Auch wenn der Ägypter gewisse Unterschiede in der Bedeutung wahrgenommen hat, sind diese seinem Sprachgebrauch nicht abzulesen. Daher sind alle modernen Versuche, Unterschiede zwischen *Neheh* und *Djet* auch noch in ein starres System einzubinden, ohne Erfolg geblieben – auch hier läßt sich der Geist der Pharaonenzeit nicht in ein Schema zwängen. Wenn man den Unterschied in modernen Begriffen definieren möchte, dann kennzeichnet die Formel Kontinuität/Diskontinuität (J. Assmann) wohl am besten zwei wesentliche Aspekte der Zeit, die von den alten Ägyptern bereits gesehen wurden.

Neheh und *Djet* schließen gemeinsam räumliche Aspekte mit ein. Der »Verborgene Raum« des Jenseits wird von der Zeit ganz ausgefüllt, und der Verstorbene wandelt Pfade, die im Raume wie in der Zeit verlaufen. Nach einer mehrfach bezeugten Vorstellung sind *Neheh* und *Djet* die Stützen des Himmelsgewölbes, auf denen der Bestand der Welt ruht. In dieser Funktion werden sie schon in den Sargtexten mit dem Gott Schu, der bei der Schöpfung Himmel und Erde getrennt hat (Kapitel 2), und seiner Schwester Tefnut gleichgesetzt. Das ›Buch von der Himmelskuh‹, in der Amarnazeit entstanden, bildet sie als lebendige Himmelsstützen und damit zum ersten Mal als Götterpaar ab. Hier wird die unlösbare, bei der Schöpfung gesetzte Einheit von Raum und Zeit anschaulich sichtbar.

Wie Himmel und Erde die gestaltete Welt in ihrer räumlichen Struktur bestimmen und verkörpern, so *Neheh* und

Djet in ihrer zeitlichen. Zusammen stellen sie den gesamten Vorrat an Zeit dar, welcher der Welt zur Verfügung steht, sind sie identisch mit der Dauer des Seins. Diese Dauer beträgt für den Ägypter »Millionen Jahre«, ist unabsehbar, wie ein endloser Schlangenleib, aus dem Stunde um Stunde geheimnisvoll »geboren« wird.

Der natürliche Wunsch des Menschen nach mehr Zeit mündet schon in Ägypten in den Wunsch nach Zeit »ohne Ende«, also letztlich nach der Ewigkeit, der immer wieder die Sehnsucht des Menschen gilt. Daneben aber steht die dunkle Gewißheit, daß der Vorrat an Zeit nicht ewig, sondern in unabsehbarer Ferne einmal zu Ende ist. Dann bricht die Struktur der Welt zusammen, fällt der Himmel, stützenlos, wieder auf die Erde und endet der Lauf des Sonnengottes, dessen »Lebenszeit« als *Neheh* und *Djet* definiert ist, als die gesamte Erstreckung des Seins. Es gehört zum ägyptischen Denken in Zweiheiten, daß es auch diese Totalität in zwei Begriffe differenziert, die erst zusammen das Ganze ergeben.

Die antiken Besucher Ägyptens waren zutiefst beeindruckt von dem Zeithorizont, der sich ihnen in den Archiven und Berichten ägyptischer Priester auftat. Die neuntausend Jahre, über die sie nach Platon dem weisen Solon gegenüber Rechenschaft gaben, entsprechen ungefähr den 341 Generationen, von denen Herodot spricht (II 142). Auf nahezu 40 000 Jahre seit der Schöpfung führen die originalen Aufzeichnungen des Turiner Königspapyrus aus dem Neuen Reich, der vor den historischen Königen eine »Vorgeschichte« mit ganzen Dynastien von Göttern und Halbgöttern ansetzt. Dieser abgeschlossenen, archivierten Vergangenheit stehen die »Millionen Jahre« einer offenen Zukunft gegenüber.

Angesichts solcher Zeiträume erschien die einmalige Lebenszeit auf Erden schon dem Ägypter wie ein flüchtiger Traum, dem keine Dauer beschieden ist. Aber er wußte auch, daß es letztlich nicht auf die Quantität, sondern auf die Qualität von Zeit ankommt, auf erfüllte und sinnvoll angewandte Zeit, nicht auf leere Dauer. Auf einer Priesterstatue der 22. Dynastie aus Karnak wird der Wert des Augenblicks in nicht mehr zu überbietender Weise verherrlicht:

Ein Augenblick, da man die Strahlen der Sonne sieht, ist wertvoller, als ewig Herrscher der Unterwelt zu sein.

Das sind erstaunliche Worte für eine Kultur, die ihre Werke nach unserem Eindruck, aber auch nach ihrem eigenen Bekenntnis »für die Ewigkeit« geschaffen hat, vor deren Bauten »sogar die Zeit sich fürchtet« (al-Jamani), scheinen sie doch durch ihr ruhiges Dastehen inmitten aller Vergänglichkeit die Zeit selbst zu überwinden.

Aber hier liegt wohl eines der Geheimnisse altägyptischer Kultur und ihrer Wirkung auf die Nachwelt. Was es an leerer, ungenutzter Zeit gegeben hat, ist spurlos verweht; was an erfüllter, gestalteter Zeit bewahrt blieb, ist immer noch überwältigend. Daher sind dem Ägypter auch die Anfänge so wichtig, der immer neue Anfang der Zeit beim Jahreswechsel, Thronwechsel oder Erneuerungsfest, jeder eine wiederholte Schöpfung mit der Chance, die Zeit neu und besser zu nutzen, sie zu »füllen«, wie er sagt.

Die weisen Lehrer mahnen dazu, richtig zu füllen – nicht zu knapp und nicht so, daß es überläuft, das gilt auch für die Zeit, und Ptahhotep prägt seinem Schüler ein (11. Maxime), auf das tägliche »Bestellen des Haushaltes« nur das nötigste zu wenden, die übrige Zeit aber »dem Herzen zu folgen«. Also nicht leere Betriebsamkeit, sondern sinnvolles Tun, wie es das Herz uns eingibt!

Aus der gleichen Haltung entspringt die Mahnung der Harfnerlieder zu intensivem Lebensgenuß, wie sie seit der Amarnazeit immer wieder ertönt, zur Freude an den Dingen des Diesseits, gerade wegen seiner Vergänglichkeit und Flüchtigkeit, die diese Lieder beklagen. »Feiere einen Festtag« lautet der Refrain – der Augenblick wird festlich erhöht, die Zeit wird Gefäß für eine erfüllte Gegenwart. Die Wirkung, die bis heute von dem ausgeht, was im Altertum am Nil geschaffen wurde, beruht nicht zuletzt auf dieser bewußten Gestaltung der Zeit.

Im Zauber strebt der ägyptische Mensch nach Allmacht, nach Aufhebung und Überschreitung aller Grenzen. Damit gerät er in Konflikt mit den bei der Schöpfung gesetzten Horizonten, die das Sein gliedern und umschließen. Und wenn sein Anspruch in der Drohung gipfelt, die Welt zu vernichten, die Schöpfung wieder aufzuheben, schreckt er gedanklich nicht davor zurück, auch die letzte vorstellbare Grenze zu übersteigen und aufzulösen.

Das aber ist eine extreme und einmalige Verneinung der Begrenztheit alles Seienden, das der Ägypter sonst sehr klar sieht und annimmt. Denn der Schöpfergott hat die Welt als eine endliche und gegliederte aus dem Unbegrenzten herausgehoben (Kapitel 2); ihr Bestand ruht darauf, daß ihre Grenzen nicht aufgelöst werden. Im vorigen Kapitel sahen wir, daß auch der Vorrat an Zeit zwar unabsehbar und nahezu unerschöpflich ist, aber letztlich an der Ewigkeit seine Begrenzung findet.

Wie für den Begriff der Zeit, arbeitet das ägyptische Denken bei seiner Vorstellung und Umschreibung von Grenzen mit zwei verschiedenen Begriffen, die sich im Gegensatz zu *Neheh* und *Djet* jedoch klar unterscheiden und definieren lassen. Mit *tasch* bezeichnet es dehnbare, überschreitbare Grenzen, die innerhalb der Welt von Menschen oder Göttern gesetzt werden; dagegen meint *djer* die unverrückbare Grenze, die zur Struktur des Kosmos gehört. Um diese Unterscheidung auf moderne Verhältnisse zu übertragen: *tasch* ist die Geschwindigkeitsbeschränkung in Ortschaften, *djer* die Lichtgeschwindigkeit.

Was der Ägypter *tasch* nennt, ist ein Mittel der Gliederung und Ordnung in allen Bereichen der Welt; *tasch* ist die Grenze eines Ackers, eines Grundstücks, die Grenze eines Gaues oder eines Staates, und in der ägyptischen Spätzeit, im 1. Jahrtausend v. Chr., meint *tasch* auch ein »Gebiet«, das abgegrenzt und durch seine Grenzen definiert ist. Dieser Begriff hat mit Zählen und Rechnen zu tun und erhält deshalb in der Schrift das Deutzeichen der gekreuzten Stäbe, während *djer* mit dem Zeichen des Weges determiniert wird.

Auf *tasch*-Grenzen stößt man überall in der Welt; man nimmt sie hin, oder man versucht sie zu ändern.

Jeder Pharao, der zur Herrschaft gelangt, findet in allen Bereichen gesetzte Grenzen vor; die staatlichen Grenzen Ägyptens übernimmt er von seinem Vorgänger, aber auch Gaue und andere Verwaltungseinheiten, Tempelbezirke, Städte und religiöse Stiftungen haben ihre überkommenen Grenzen. Zunächst wollen wir die Staatsgrenzen Ägyptens genauer ins Auge fassen und danach fragen, wie und wie klar sie definiert sind. Ägypten hat ja ringsum natürliche Grenzen: im Norden das Mittelmeer, im Osten die Sinai-Halbinsel mit ihrem Wüstengebirge, dazu das Rote Meer, im Westen die Unendlichkeit der Libyschen Wüste und im Süden die für die Nilschiffahrt nur schwer überwindbare Granitbarriere des Ersten Nilkataraktes.

Das alles sind klare, natürlich gegebene, im Prinzip aber nicht unübersteigbare Grenzen. Ein Volk, das vom Meer eingegrenzt ist, kann über das Meer hinweg zu fernen Küsten greifen (Griechen, Wikinger); ein Volk, das von Wüsten umgeben ist, kann sich, wie Araber und Mongolen, über fruchtbare Gebiete jenseits dieses Todesgürtels ausdehnen.

Durch Expeditionen, die sorgfältig geplant und mit großem Aufwand durchgeführt wurden, haben die Ägypter schon seit dem Alten Reich immer wieder über die natürlichen Grenzen ihres Landes hinausgegriffen; sie durchzogen die angrenzenden Wüstengebiete in Libyen, Nubien und dem Sinai, segelten über das Meer nach dem Libanon und nach fernen afrikanischen Küsten (Punt). Das »Öffnen« und Erschließen neuer Wege diente dem Handel, es führte erst in einem zweiten, viel später vollzogenen Schritt zum Setzen neuer politischer Grenzen. Erst im Mittleren Reich werden ständige Stützpunkte in Nubien errichtet, im Neuen Reich geraten Syrien, Libanon und Palästina zeitweise unter ägyptische Verwaltung.

Diese neuen, weiter ausgreifenden Staatsgrenzen des ägyptischen Imperiums werden von den Königen feierlich »festgesetzt« und markiert. Sesostris III. stellt in Nubien Grenzstelen auf und bekräftigt im Text der Inschrift, daß kein Nubier »zu Schiff oder zu Lande« sie überschreiten dürfe, außer zu Handelszwecken. Ebenso feierlich werden die Nachfolger auf diese Grenze verpflichtet, denn »ein wahrer Feigling ist, wer sich von seiner Grenze verdrängen läßt«. So verkündet der König:

»Jeder Sohn von mir, der diese Grenze, die Meine Majestät festgesetzt hat, halten wird, der ist mein Sohn und Meiner Majestät geboren. Vorbildlich ist der Sohn, der seinen Vater schützt und die Grenze seines Erzeugers hält. Wer sie aber verfallen lassen und nicht um sie kämpfen wird, der ist nicht mein Sohn und ist mir nicht geboren.«

Auf Befehl des Königs wird an dieser nubischen Grenze eine Statue von ihm aufgestellt, wie es auch an anderen Grenzpunkten geschieht; solche Statuen sollen die ständige und wachsame Anwesenheit Pharaos an den Endpunkten des Landes sichtbar vor Augen führen und mögliche Feinde vom Verletzen der Grenze abhalten. Im Neuen Reich stellen Thutmosis I. und Thutmosis III. mit der gleichen Absicht Stelen am Ufer des Euphrats auf, um diese am weitesten ausgreifende Bastion ihres Hoheitsgebietes zu kennzeichnen.

Im Text solcher Grenz- und Siegesstelen werden allen, welche die Grenze nicht respektieren, Bestrafung und Vernichtung angedroht. Am Beginn eines Feldzuges steht gewöhnlich die Meldung, Feinde hätten die Grenzen Ägyptens verletzt; durch die Notwendigkeit, auf eine solche Herausforderung zu reagieren, vermeidet Pharao den Anschein eines Angriffskrieges. Seine Grenzen sind sakrosankt, sind wie die Grenzen religiöser Stiftungen feierlich geschützt gegen jeden Versuch, sie zu verändern.

Die Festlegung solcher Grenzen führt uns Echnaton bei der Gründung seiner neuen Residenz Achetaton (Tell el-Amarna) vor Augen. Durch insgesamt 14 Grenzstelen wird im 5. und 6. Jahr seiner Regierung der Stadtbezirk auf beiden Nilufern genau festgelegt, und der König verpflichtet sich durch einen feierlichen »Eid der Wahrheit«:

»Die südliche Stele, welche auf dem Ostberg von Achetaton steht, sie ist eine Stele von Achetaton, die ich an ihrem Platz lassen werde. In alle Ewigkeit werde ich nicht nach Süden über sie hinausgehen«, mit entsprechenden Formulierungen für die westliche, östliche und nördliche Stele. Diesen Eid hat man früher so verstehen wollen, daß Echnaton sich für alle Zeit in den Grenzen seiner neuen Hauptstadt eingeschlossen und gelobt habe, sie niemals zu verlassen. Aber sein Text fährt mit genauen Maßangaben und mit der Zuweisung des Gebietes an den Aton fort: auf beiden Nilufern ist durch die äußersten Stelen jeweils eine Strecke von über sechs ägyptischen Meilen abgesteckt, und das Gebiet zwischen diesen Stelen »gehört mit Bergen, Wüsten, Feldern, mit neuem Land, Hochland und frischem Land, mit Äckern, mit Wasser und mit Ortschaften, mit Uferland, mit Menschen und Vieh, mit Bäumen und mit allen anderen Dingen« Echnatons Gott und »Vater«, dem Aton. Dieser neue Residenzbereich ist demnach eine religiöse Stiftung für einen Gott, deren Grenzen ein für alle Mal festgelegt sind und nicht verändert werden sollen. Das ist der Sinn des feierlichen Königseides, der im Hieroglyphentext der Grenzstelen von Amarna sichtbar für alle Zukunft Geltung haben soll.

Das geographische Gebiet, das der Ägypter überblickt und teilweise beherrscht, hat wie der gesamte Kosmos eine symmetrische Struktur. Es gibt ein »Gottesland« im Norden (Libanon) und ein entsprechendes im Süden (Punt), es gibt ein unter- und ein oberägyptisches Heliopolis, ein ebensolches Behedet oder Busiris und so weiter. Dem Himmel über uns entspricht ein »Gegenhimmel« unter der Erde, und die Landschaft der ägyptischen Unterwelt (Kapitel 6) ist ein getreues Spiegelbild der irdischen Landschaft, mit Nilstrom, Kanälen, fruchtbaren Äckern und Wüstenregionen. Selbst die Facharbeiter in der Siedlung von Deir el-Medine, die in den Königsgräbern und in anderen staatlichen Bauten arbeiten, sind auf zwei symmetrische »Hälften« verteilt, jede mit einem eigenen Vormann an der Spitze, und der Aufbau der gesamten Verwaltung nimmt auf die Dualität der beiden Landeshälften von Ober- und Unterägypten Rücksicht.

Diese Symmetrie zweier Hälften, die einander entsprechen, prägt auch die ägyptische Kunst. Die Tempel in Ägypten und Nubien sind meistens Axialtempel, symmetrisch auf eine Achse bezogen, an der sich alle Bauteile hintereinander und gespiegelt aufreihen, beliebig zu vervielfältigen (Kapitel 7). Doch auch dann, wenn wir eine Stele, Scheintür, Statue oder Sargdekoration betrachten, haben wir das Gefühl einer vollkommenen Symmetrie, die jedoch kaum jemals starr und leblos wirkt.

Die lebendige Wirkung strenger Bezogenheit erklärt sich dadurch, daß nur auf den ersten Blick vollkommene Symmetrie scheint, was sich schon auf den zweiten Blick als raffinierte und wohldurchdachte Abweichung davon zu erkennen gibt. Das hat man bereits im vorigen Jahrhundert gesehen. Sir Gardner Wilkinson sprach von einer »Symmetrophobia« der Ägypter, die er negativ bewertete, während Fürst Pückler-Muskau darin eine besondere Stärke und Meisterschaft der ägyptischen Künstler erkannte.

Diese Erkenntnis ging jedoch wieder verloren, und in der wissenschaftlichen Literatur wurden Abweichungen von der Symmetrie als »Fehler« oder »Nachlässigkeit« des ägyptischen Schreibers oder Künstlers erklärt. Erst Alfred Hermann hat seit 1940 wieder darauf hingewiesen, daß hier eine bewußte »Vermeidung toter Leere« oder »mechanischer Wiederholung« vorliegt. Sein Ausgangspunkt war die Berliner »Zierinschrift« aus Krokodilopolis im Fajûm, für König Amenemhât III. in der 12. Dynastie angefertigt. Hier stimmen beide Hälften, welche die Mittelzeile flankieren, spiegelbildlich überein, bis auf eine kleine Ausnahme: die Zeichengruppe »geliebt« erscheint in der rechten Hälfte in »falscher« Schriftrichtung.

Seitdem sind viele ähnliche Beispiele bekanntgeworden – nicht nur Umstellung einer einzelnen Zeichengruppe in symmetrischen Schriftzeichen, sondern auch Hinzufügen oder Fortlassen eines einzelnen Zeichens, um die schematische Symmetrie in Richtung auf lebendige Ausgewogenheit zu durchbrechen. In größeren Zusammenhängen beobachten wir bewußte Abweichung auch bei alternierenden Beischriften oder Darstellungen, wo die strenge Regelmäßigkeit des Wechsels an irgendeiner Stelle durchbrochen wird. Noch in ptolemäischer Zeit zeigen die reich verzierten Säulenkapitelle im Pronaos des Tempels von Edfu eine einzige Abweichung von der sonst durchgehaltenen symmetrischen Anordnung.

Man kann in solchen Fällen nicht länger an »Zufall« oder »Fehler« glauben. Im Katalog der Ausstellung ›Symmetrie in Kunst, Natur und Wissenschaft‹ in Darmstadt (1986) hat Sylvia Schoske auch für das ägyptische Rundbild die bewußte Durchbrechung der Symmetrie herausgearbeitet. Bei guten Bildwerken stehen die Achsen von Augen und Nase nicht im rechten Winkel zueinander, ist der Mund verschoben, sind die Kopftuch-Hälften verschieden breit und so weiter. Vor allem zeigt sich, daß ein Bildniskopf desto por-

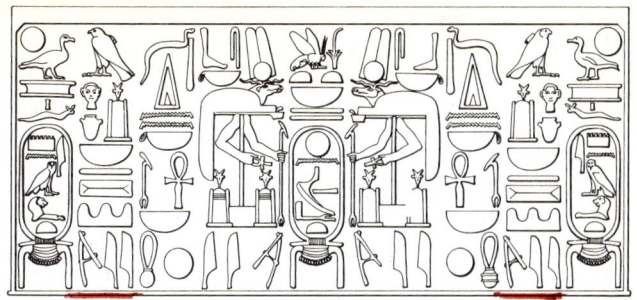

Abb. 13: »Zierinschrift« Amenemhâts III. Zeichnung A. Brodbeck nach
H. Brunner: Hieroglyphische Chrestomathie, Wiesbaden 1965, Taf. 12.

träthafter wirkt, je asymmetrischer er aufgebaut ist. Eine
mechanische, starre Symmetrie scheint es in der ägyptischen
Kunst nur außerhalb ihrer Blütezeiten zu geben, in Perioden
des Niedergangs und des Verfalls.

Denn die Vermeidung strenger Symmetrie ist Teil eines
umfassenderen Grundprinzipes, das wir in den verschiedensten Bereichen der altägyptischen Kultur am Werke sehen.
Wir sind ihm bereits in der Schrift begegnet (Kapitel 1), die
zwar gewisse Konventionen, aber keine verbindliche Orthographie kennt und sich niemals zu einer reinen Alphabet-
schrift durchringen konnte. Durch graphische und farbliche
Dissimilation, durch fortgesetzte Abwechslung wird dort,
bis in die Gestaltung der einzelnen Zeichen hinein, jede Eintönigkeit vermieden, so wie die bildende Kunst auch bei
langen Aufreihungen und Wiederholungen von Motiven immer wieder für Abwechslung sorgt. Ohne Grenzen scheint
der Variationsreichtum der ständig wiederkehrenden Bildmotive, aber nicht anders verfährt man bei der Komposition
von Sonnenhymnen und in der metrischen Gestaltung der
Texte.

Der Ägypter entzieht sich jedem Schema und jeder festgelegten Regel, also gerade jenen Ordnungsprinzipien,
welche die moderne Wissenschaft anstrebt; daher geraten
moderne Erklärungsmuster, wenn sie zu schematisch angelegt sind, fortgesetzt in Konflikt mit den altägyptischen
Quellen und führen zu keinem echten Verständnis. Dabei

hütet sich der Ägypter ebenso vor dem anderen Extrem, der reinen Willkür und der Auflösung aller Form und gestaltenden Ordnung. Lebendige, behutsame Abwandlung des Vorgegebenen und Gültigen bleibt sein Ideal, das sich aufs engste mit der Idee einer fortwährenden Regeneration berührt.

Bewahrung und Veränderung des Bestehenden müssen im Gleichgewicht sein, wenn es sinnvollen Fortschritt geben soll. Daraus entspringt ein weiteres Prinzip ägyptischen Denkens und Handelns, das uns zu den Vorstellungen über die Grenze zurückbringt. Dabei hatten wir zuletzt gesehen, daß man Grenzen feierlich festsetzt und ihre Verletzung mit Strafe bedroht. Daneben aber gibt es ein bewußtes und programmiertes Überschreiten der Grenze. Pharao, der jeden davor warnt, seine Grenzen zu verletzen, führt im Neuen Reich das häufige Beiwort »Der die Grenzen Ägyptens erweitert«. Damit ist er nicht nur Bewahrer, sondern auch Mehrer des überkommenen Erbes. Die Inschriften malen noch genauer und eindringlicher aus, wie jeder König im Prinzip über alles hinausgeht, was seine Vorgänger erreicht und geschaffen haben.

Diesen Impuls, der auch ganz real das Wirken Pharaos in der Welt bestimmt, nenne ich das Prinzip von der »Erweiterung des Bestehenden«. Obwohl es am deutlichsten in den Quellen des Neuen Reiches hervortritt, war es ohne Zweifel bereits im Alten Reich wirksam und läßt sich an der Entwicklung der königlichen wie der nichtköniglichen Grabanlagen ablesen. Dabei deutet eine scheinbar rückläufige Tendenz, wie die schwindende Größe der Pyramiden seit der späten 4. Dynastie, eher auf eine Verlagerung des Akzentes; es wird dann in einem ganz anderen Bereich erweitert, etwa bei den Kultanlagen und ihrer Dekoration.

Seit der Ersten Zwischenzeit wird der Wille zur »Erweiterung des Bestehenden« von ägyptischen Königen ausdrücklich formuliert. Der Vater des Teilkönigs Merikarê (10. Dynastie) wünscht sich einen Nachfolger, der ihn übertrifft und der »das vermehrt, was ich getan (oder: erreicht) habe« – daß der Nachfolger einen übertreffen soll, ist heute, viertausend Jahre später, ein wohl sehr selten formulierter Wunsch! Sesostris III. in der 12. Dynastie kann von sich sagen: »Ich habe das vermehrt, was mir vererbt worden ist«, und Thutmosis I. in der 18.: »Ich tue mehr als das, was andere Könige, die vor mir gewesen sind, getan haben«; selbst der junge Tutanchamun »ging über das hinaus, was seit der Zeit der Vorfahren gemacht worden war«.

Das sind feststehende Formeln, die aber selbst bei Tutanchamun, der so früh verstarb, einen Bezug zur konkreten Wirklichkeit haben. In der Inschrift seiner »Restaurationsstele«, aus der wir gerade zitierten, gibt er Weisung, die Zahl der Tragstangen für das Prozessionsbild des Gottes Amun von bisher elf auf dreizehn zu erhöhen. So kann es beim Auszug aus dem Tempel, von Priestern dahingetragen, noch prächtiger erscheinen, und für das Götterbild des Ptah wird die Zahl der Stangen sogar von sieben auf elf erhöht, da seine Bedeutung jetzt der des Amun immer näher kommt.

Solche Feinheiten mögen uns heute belanglos erscheinen, aber die Vermehrung der Tragstangen, wie die Vermehrung der festgelegten Opfer und das Hinzufügen neuer Festtage für die Götter, spielt für das kultische und das religiös geprägte staatliche Leben des Pharaonenreiches eine wichtige Rolle. Hier wird, wie wir sehen, die ideologische Forderung nach »Erweiterung des Bestehenden« konkret und nachprüfbar angewandt.

Ungleich großartiger geschieht die Erweiterung beim Tempelbau, wobei der ägyptische Axialtempel schon von seinem Grundriß her auf stetige Erweiterung angelegt und niemals abgeschlossen ist (Kapitel 7). Jeder Pharao ist bestrebt, zum Werke seiner Vorgänger etwas hinzuzufügen. Das geschieht oft in sehr bescheidenem und eher symbolischem Ausmaß, aber die starke Konzentrierung der Bautätigkeit auf die ersten Regierungsjahre eines Königs zeigt, wie mächtig dieser Impuls gewirkt hat. Er zeigt sich auch in den rituellen Feldzügen zu Beginn einer Regierung, auf die wir unter dem Stichwort »Geschichte als Fest« (Kapitel 9) zurückkommen.

Eines der deutlichsten Beispiele für die Anwendung unserer Regel bieten die königlichen Felsgräber des Neuen Reiches. Die ältesten Anlagen im Tal der Könige, die mit Thutmosis I. um 1490 v. Chr. einsetzen, haben sehr bescheidene Ausmaße und bestehen nur aus wenigen Räumen. Aber von Regierung zu Regierung nehmen sie an Größe, Zahl der Räume, Zahl der Pfeiler und Reichtum der Dekoration zu, bis hin zu den »Grabpalästen« der Ramessidenzeit, die über hundert Meter tief in den Kalksteinfelsen führen und vollständig mit bemaltem Relief ausgeschmückt sind.

Bei genauer Analyse der Grundrisse, der Dekoration und der verwendeten Maße wird deutlich, daß am Anfang jeder Regierungszeit die Ausgestaltung des Königsgrabes neu durchdacht und zugleich systematisch erweitert wurde. Dabei bildete sich ein fester Kanon »königlicher« Maße heraus, der in keinem nichtköniglichen Grab verwendet werden durfte, so wie auch bestimmte Elemente der Dekoration dem Königsgrab vorbehalten bleiben und nicht einmal von der Königin übernommen werden. Ein Pfeiler im Königsgrab mißt exakt 2×2 Ellen, die Korridore haben seit Amenophis III. einen quadratischen Querschnitt von 5×5 Ellen; dabei liegt eine »Königselle« von 52,3 cm zugrunde. Wenn Pfeiler in anderen Grabanlagen zugelassen werden, dann müssen ihre Abmessungen einen deutlichen Abstand zu denen im Königsgrab halten.

Die Grabanlage der Königin Tausret (um 1190 v. Chr.) reagiert auf jede Veränderung in der offiziellen Stellung dieser Frau. Als »normale« Königin unter Sethos II. beginnend, wird sie unter dem jugendlichen Siptah Regentin des Landes und schließlich regierender Pharao. Entsprechend beginnt ihr Grab als reines Königinnengrab, erhält dann aber eine Sargkammer mit Pfeilern und königlicher Dekoration, jedoch noch ohne die königlichen Maße; diese werden erst in einer zweiten, unfertig gebliebenen Sargkammer verwirklicht.

Mehr als dreihundert Jahre lang versucht jeder Pharao in seiner Grabanlage neue Elemente mit dem traditionellen Grundbestand zu verbinden. Dabei wird auch der Kanon der verbindlichen Maße immer wieder verändert, die Sargkammern werden größer, die Korridore länger und höher, während zugleich die Zahl der Räume und die Fülle der Dekorationsmotive stetig zunehmen. Mit Ramses III. aber sind die »Grenzen des Wachstums« erreicht – das Königsgrab war so aufwendig geworden, daß eine weitere Steigerung nicht mehr möglich oder nicht mehr sinnvoll schien. Ramses IV. (um 1150 v. Chr.) entschließt sich zu einer radikalen Verkürzung der Grabanlage; er beschränkt sich auf wenige Räume, verzichtet auf Pfeiler und auf viele wesentliche Elemente der Dekoration. Aber auch er kann sich dem

Zwang zur »Erweiterung des Bestehenden« nicht entziehen. Seine Lösung besteht darin, Breite und Höhe der Korridore in einem deutlichen Schritt zu vergrößern. So ist sein Grab zwar insgesamt kleiner als die vorangehenden, wirkt aber durch seine Korridore geräumiger und heller; Champollion, Fürst Pückler-Muskau und andere Reisende des 19. Jahrhunderts haben es über viele Wochen als Quartier benutzt und als komfortabelstes »Hotel« in ganz Ägypten gepriesen.

Die Entwicklung der Gräber im Tal der Könige zeigt uns, wie eine Grenze, die zunächst tastend gesetzt wird und dazu herausfordert, sie fortgesetzt zu verbessern und zu erweitern, mit der Zeit zu einer endgültigen und nicht mehr übersteigbaren wird. Zwar versuchen ägyptische Planer mit großem Geschick jeden noch vorhandenen Spielraum auszunutzen, aber alle Bemühung von Menschen muß früher oder später an letzte, unerbittliche Grenzen stoßen, die zur Struktur der Welt gehören und ägyptisch als *djer* bezeichnet werden, als »Ende«. So wird die Grenze in ihrer Erweiterung zugleich auch bestätigt, und das gilt völlig analog im ethischen Bereich, wo die erreichbaren Grenzen durch das Prinzip der Maat bestimmt sind (Kapitel 8).

Der Wunsch, alles Frühere zu übertreffen und einmalige Spitzenleistungen zu vollbringen (»niemals ist gleiches geschehen seit der Zeit der Schöpfung«), tritt in der 18. Dynastie in einer sonst nicht erreichten Intensität hervor. Er führt zum Aufbau eines ägyptischen Weltreiches, zur Monumentalität in Architektur und Plastik, doch ebenso zu sportlichen Höchstleistungen Pharaos, die Wolfgang Decker bereits in die Nachbarschaft des modernen Rekordbegriffs stellt, denn sie werden unter Zeugen vollbracht (»angesichts des ganzen Landes«), genauestens vermessen und der Nachwelt überliefert.

Dieser Prozeß der Erweiterung erfaßt sogar die mythischen Grenzen der Welt, die sich dem ausgreifenden Horizont des Neuen Reiches anpassen, so wie sich die Grenzen des Kosmos in der modernen Naturwissenschaft fortgesetzt erweitern. Könige der 18. Dynastie nennen in offiziellen Inschriften gern konkrete, geographisch faßbare Grenzen ihres Reiches. So ist Amenophis III. ein König, »dessen südliche Grenze bis Karoi (beim 4. Nilkatarakt), dessen nördliche bis Naharina (Syrien) reicht«, und sein Vorgänger Thutmosis I.

konnte als Nordgrenze stolz den Euphrat nennen (für die Ägypter »das umgedrehte Wasser«, weil er entgegengesetzt wie der Nil fließt), den er tatsächlich als erster Pharao erreicht hat.

Weitaus beliebter sind jedoch mythische Vorstellungen, um die Grenzen von Pharaos Herrschaft zu umschreiben – so das »Horn der Erde« im Süden und die »Sumpflöcher Asiens« im Norden. Das nubische Bergland und die Lagunen im nördlichen Nildelta sind natürliche Grenzen Ägyptens, die in der verwendeten Formulierung zu idealen Grenzen der Welt geworden sind. Sie werden topographisch nicht genauer bestimmt, und die »Sumpflöcher« rücken für den Ägypter mit der Erweiterung seines Weltbildes immer weiter nach Norden, vom Delta bis nach Kleinasien und damit in Gegenden, die mit »Sumpflöchern« nichts mehr zu tun haben.

Andere Formulierungen des Neuen Reiches lassen den Herrschaftsbereich »bis zum Wind« im Süden (das heißt: so weit, wie der Nordwind weht) und »bis zum Ende des Meeres« im Norden reichen, oder »bis zur Urfinsternis« und »bis zu den Stützen des Himmels«. Die Welt wird hier deutlich bis zu den Grenzen des Seins abgesteckt, wie in der häufigen Formel »Das, was die Sonne umkreist«, worin die Vorstellung von der gesamten Welt in einfachster Weise zum Ausdruck kommt. Man kann auch sagen »bis zur Höhe des Himmels, bis zur Weite der Erde, bis zur Tiefe des Meeres«, wie der nubische Vizekönig Seni seine Verehrung für den Gott Chnum umschreibt. Von diesen Weiten kann allerdings erst der Verstorbene vollen Gebrauch machen, denn das Leben der Toten umspannt für den Ägypter den gesamten Kosmos, erschließt gegenüber dem Leben im Diesseits neue und weitere Dimensionen (Kapitel 6).

Daß die fernsten Grenzen letztlich unbekannt sind, auch für die Götter und die Toten, sagt eine Himmelsbeschreibung des 13. Jahrhunderts v. Chr., die als ›Nutbuch‹ bekannt ist. Dieser Text spricht von »fernen Gegenden«, welche der Lauf der Sonne niemals berührt, die in ewiger Finsternis liegen und damit zur Welt vor der Schöpfung gehören. Die letzte Grenze kann nur das Unbegrenzte sein. Finsternis, Urozean und abgründige Erdtiefe sind nur Umschreibungen für das Ungeformte, Ungegliederte und Unbegrenzte, aus dem die Welt entstanden ist. So grenzt die geschaffene Welt überall, räumlich wie zeitlich, an das Ungeschaffene, Nichtseiende. Sichtbar gemacht ist dieses Umringtsein der Welt von Nicht-Welt im Bilde des *Uroboros* – der Schlange, die sich in den Schwanz beißt und so in sich zurückläuft.

Es liegt im Wesen dieser Art von Grenze, daß sie diffus und letztlich nicht faßbar, eben »unbekannt« ist. Der Sonnengott Re fährt auf dem Urgewässer *Nun* dahin, aber dasselbe Gewässer begrenzt auch allseitig seinen Lauf, umschließt die Welt und erstreckt sich überall ins Unendliche. Nicht anders die Finsternis; die Sonnenfahrbahn in der Unterwelt wird jede Nacht erleuchtet und von der Finsternis abgehoben, doch gilt die ganze Unterwelt als finster – »ganz tief, ganz finster, ganz unendlich« wird sie im 175. Spruch des Totenbuches umschrieben. Ihr Herrscher Osiris ist daher im Höhlenbuch (Einleitung zum 6. Abschnitt) ein Gott, »dessen Kopf in der Finsternis und dessen Hinterteil in der Finsternis ist«, also völlig von Finsternis eingehüllt.

Urgewässer und Urfinsternis waren schon vor der Schöpfung, aber sie sind keine fernen Horizonte, sondern zum Greifen nahe; das »dunkle« Wasser der Nilüberschwemmung kommt ebenso von dort wie die nächtliche Dunkelheit, und der Schläfer taucht hinab in Tiefen, in denen er Göttern und Verstorbenen begegnet. Mitten in der uns vertrauten Welt erscheint das Unvertraute jenseits aller Grenzen. Die geschaffene Welt ist gegen das Unerschaffene keineswegs klar und eindeutig abgesetzt, in uns selbst ist der Übergang immer wieder fließend, dauert der Schöpfungsprozeß an, wirkt das Unbegrenzte heilend und bedrohend.

Im alten Ägypten treffen wir die Sehnsucht nach Begrenzung und neben ihr die Sehnsucht, alle Grenzen zu überwinden und aufzulösen. Beides ist zutiefst menschlich, und die Ausgeglichenheit dieser Kultur entsprang auch der Fähigkeit, beidem gerecht zu werden. In allen Bereichen wurde die Welt streng gegliedert und mit Grenzen versehen, die es zu respektieren gilt; in der Ethik ist Maat das Prinzip, das Grenzen und Regeln menschlichen Miteinanders bestimmt (Kapitel 8). Sinnvolle Grenzen aber entspringen der Erfahrung, nicht der Willkür; sie engen nicht ein, sondern tragen und helfen.

Immer bleibt im Ägypter das Bewußtsein lebendig, daß die Welt schöpferisch verändert werden kann, daß sich jeder negative und unvollkommene Zustand in Richtung auf die ursprüngliche Vollkommenheit der Schöpfung verbessern läßt. Daraus entspringt die eindrucksvolle Dynamik der altägyptischen Kultur, die jedem Fatalismus, jedem Hinnehmen eines gegebenen Zustandes fernsteht.

Sie hat auch den Tod nicht als Grenze akzeptiert, sondern als Schwelle des Übergangs zu einem neuen Dasein mit erweiterten Möglichkeiten gesehen. Er ist kein Ende des Lebens, denn auch die Verstorbenen gelten als »Lebende«, ihr Herrscher Osiris als »König der Lebenden«, und die Formel »Leben nach dem Sterben« wird als häufiger Wunsch verwendet.

Der Verstorbene tritt in die Welt der Götter ein, »vermischt« sich mit ihnen und wird selber ein Gott; er lebt und handelt wie ein Gott in den Weiten des Himmels und in den Tiefen der Erde. Statt der engen Grenzen, die ihm auf Erden gezogen sind, fallen seine Grenzen mit denen des Seins zusammen. Ägyptische Jenseitstexte schildern, wie der Verstorbene im Gefolge des Sonnengottes bis an jene letzten Grenzen vorstößt, die der Sonnenlauf berührt und die zugleich der Anfang des Nichtseienden sind.

6. Blick in jenseitige Welten

Ausgangspunkt einer Reise zu den Toten ist der abendliche Sonnenuntergang. Die Sonne entschwindet unserem Blick, verläßt die diesseitige Welt und trägt ihr Licht in unsichtbare Tiefen hinab. Ihre Nachtfahrt durchquert das Reich der Toten, dem sie jeden Morgen verjüngt und erneuert wieder entsteigt. Daraus konnte der altägyptische Mensch die beruhigende Gewißheit schöpfen, daß der Tod nur einen Durchgang zu neuem, verjüngtem Leben darstellt und daß die Verstorbenen jede Nacht ihren Anteil am Licht der Sonne erhalten.

Die Nachtsonne leuchtet den Toten und weckt sie zu neuem Leben auf. In ihrem Licht wird es möglich, einen Blick in jene sonst verschlossenen und dunklen Räume unter der Oberfläche der Welt zu werfen, die Tiefenstruktur dieses »Weltinnenraumes«, wie Rilke ihn nennt, ein Stück weit auszuloten. In diesem Bemühen haben die Ägypter wohl als erste Tiefenpsychologie getrieben und das Unbewußte als tragenden, regenerierenden Grund der Welt erfahren. Sie wußten, daß auch der Schlafende und Träumende in jener Tiefe weilt, die zumindest als psychische Realität erlebt werden kann, wo es tatsächlich möglich wird, Göttern und Verstorbenen zu begegnen.

Schläfer und Tote weilen im *Nun*, dem ägyptischen Urozean (Kapitel 2), der auch die nächtliche Fahrbahn des Sonnenbootes bildet. Die Tiefe, in welcher die Sonne am Abend im Westhorizont versinkt, erscheint den Ägyptern unter drei ganz verschiedenen Aspekten: als Wassertiefe des Urozeans, als Erdentiefe der Unterwelt und als Himmelstiefe hoch über uns. Die Himmelsgöttin Nut verschlingt die Sonne am Abend und läßt sie bis zur morgendlichen Neugeburt durch ihren Leib wandern, aber gleichzeitig durchquert das Gestirn auch die gesamte Unterwelt, das Reich der Erdgötter (Aker, Geb, Tatenen), und nimmt seinen Weg durch die Fluten des Nun, was man auch als Fahrt durch den Leib eines Krokodils, des mächtigsten Wassertieres, deuten kann. Hier sieht ägyptisches Denken und Gestalten keinen Widerspruch, sondern sich ergänzende Darstellungsweisen der gleichen Nachtfahrt durch die bedrohliche und zugleich regenerierende Tiefe der Welt.

Die Quellen, die uns über diesen Abstieg oder Aufstieg genauer berichten, stammen aus allen Epochen der ägyptischen Geschichte, von den Pyramidentexten des Alten Reiches bis zu den Texten der griechisch-römischen Zeit; aber sie erreichen eine besondere Dichte und eine geradezu systematische Durchdringung des Themas in einer Gruppe von religiösen Büchern des Neuen Reiches – den Unterweltsbüchern, die man früher auch als »Jenseitsführer« bezeichnet hat. Ihr altägyptischer Gattungsname »Bücher von dem, was in der Dat ist« umreißt ihre Absicht: Auskunft zu geben über die *Dat,* die Unterwelt, über ihre Bewohner und ihre Topographie. Diese Auskunft geschieht in Wort und Bild, denn alle diese Bücher sind reich illustriert und damit auch frühe Zeugnisse der ägyptischen Buchmalerei, die im Neuen Reich ihre erste Blüte erlebt.

Die Unterweltsbücher sind königliche Totentexte, die eigentlich nur für das Grab eines Königs bestimmt sind; erst um 1000 v. Chr., im thebanischen »Gottesstaat des Amun« der 21. Dynastie, eignen sich die höheren Amunspriester von Theben dieses königliche Privileg für ihre eigenen Särge und Totenpapyri an – ein Prozeß der »Demokratisierung«, der sich schon einmal bei den Pyramidentexten am Ende des Alten Reiches vollzogen hatte. Vermerke betonen, daß es

Abb. 14: Der Sonnengott in seiner Barke (Pfortenbuch). Nach A. Piankoff und N. Rambova: The Tomb of Ramesses VI, New York 1954, S. 145, Fig. 32.

sich um esoterische Schriften handelt, die nicht für alle Welt bestimmt sind; nur Pharao, Sohn des Sonnengottes und irdische Sonne (vgl. Kapitel 9), kennt alle Geheimnisse des Sonnenlaufes und der Unterwelt. Während die Sprüche des Totenbuches praktische Hilfen für das Dasein im Jenseits an die Hand geben, breiten die Unterweltsbücher das Wissen der Ägypter über die Nachtseite des Lebens aus.

Hier wird der Versuch gemacht, den Lauf der Sonne von ihrem Untergang bis zu ihrem neuen Aufgang zu begleiten und dabei einen Weg zu gehen, der in Raum und Zeit rückwärts führt; die Sonne muß auf ihrer Nachtfahrt von Westen nach Osten zurückwandern, und sie verjüngt sich dabei vom »Greis« zum »Kind«. In ihrem Licht werden Dinge und Wesen der finsteren Unterwelt sichtbar, das Licht des Bewußtseins läßt Inhalte des Unbewußten hervortreten; aber die Texte sprechen dazu sehr deutlich von Bereichen jenseits der Sonnenbahn, in die niemals ein Lichtstrahl des Bewußtseins fällt, die in ewiger Finsternis ruhen.

Die älteren Unterweltsbücher (Amduat und Pfortenbuch) geben eine sehr klare Gliederung des Jenseitsraumes in zwölf Abschnitte, die den zwölf Stunden der nächtlichen Sonnenfahrt entsprechen. Dabei ist jeder Stundenabschnitt durch gewaltige, von Schlangen und furchterregenden Dämonen bewachte Tore in sich abgeschlossen und übersichtlich in drei Register eingeteilt, wobei im Mittelregister der Sonnengott in seinem Boot dahinfährt. In den jüngeren Büchern (Höhlenbuch, Buch von der Erde) wird der Aufbau immer lockerer, und die Sonnenbarke ist durch die Sonnenscheibe ersetzt, die in den meisten Szenen die Anwesenheit des Gestirnes andeutet.

Die Tiefe unter dem Horizont ist dreigeteilt. Eine oberste, dünne Schicht, welche die Sonne in der ersten Nachtstunde durchläuft, ist eine Art Zwischenreich zwischen Diesseits und Jenseits, bevor man, durch ein Spalier jubelnder Paviane und anderer Wesen, das erste Tor der Unterwelt erreicht. Im ›Amduat‹ werden für die Bereiche der drei ersten Nachtstunden noch genaue Maße in Meilen gegeben, als ließe sich dieser Tiefenbereich eine Strecke weit ausloten, bevor man auf Messung ganz verzichten muß.

Auf das erste Zwischenreich (dem ein zweites vor Sonnenaufgang entspricht) folgt die eigentliche Unterwelt, die *Dat,* die in der Mitte vom jenseitigen Strom durchflossen wird. Dieser Strom ist als Teil der Urflut *Nun* gesehen; er bildet die Fahrbahn der Sonne und entspricht als Hauptverkehrsweg dem irdischen Nil. Auf seinen Ufern begleiten Götter und selige Verstorbene die Fahrt, jubeln der Sonne zu und fassen am Zugseil ihrer Barke mit an. Der Sonnengott, von einer schützenden Schlange umringelt, ist als Mensch mit Widderkopf dargestellt. Diese Art der Darstellung kennen wir zwar auch für Amun, Chnum und andere widdergestaltige Götter, aber hier im Jenseits deutet sie hieroglyphenartig an, daß der Gott als ein *Ba,* als »Seele« in die Tiefe steigt, um sich dort mit seinem Leib zu vereinen.

Begleitet wird er im ›Amduat‹ von einer ganzen Schar von Gottheiten, unter denen Upuaut als »Öffner der Wege« voransteht, aber auch Hathor als »Herrin« der Barke und Horus als Steuermann hervortreten. Im Pfortenbuch sind es nur die beiden Schöpferkräfte Sia und Heka, »Erkenntnis« und »Zauber«, mit deren Hilfe der Sonnengott die nächtliche Unterwelt in sein Schöpfungswerk einbezieht. Er hat die Welt nicht nur am Anfang geschaffen (Kapitel 2), sondern erneuert sie täglich auf seiner Fahrt. Die Anwesenheit der Maat (Kapitel 8), die in den ramessidischen Königsgräbern den Verstorbenen schon im Eingang des Grabes begrüßt, deutet darauf, daß der Schöpfergott auch im Reiche der Toten die richtige Ordnung der Dinge verwirklicht.

Allerdings nur eine Strecke weit. Denn tief unter jener Region, die der Gott durchfährt und mit seinem Licht wie mit seinem Schöpferwort erfüllt, liegt als dritte und tiefste Schicht die »Stätte der Vernichtung« (*hetemit*). Sie ist unsichtbar, von keinem Lichtstrahl erhellt; nur ihre »Arme« deuten an, daß sie in die sichtbare Unterwelt hinaufwirkt. Hier stehen wir über dem bodenlosen Abgrund der Welt, der in Goethes ›Faust‹ als »Reich der Mütter« beschrieben wird, jenseits des Entstandenen, als das »Nicht zu Betreten de«:

> Nichts wirst du sehn in ewig leerer Ferne,
> Den Schritt nicht hören, den du tust,
> Nichts Festes finden, wo du ruhst ...

Ganz ähnlich sprechen altägyptische Aussagen über die Welt vor der Schöpfung davon, daß der Schöpfer noch keinen Platz gefunden hatte, an dem er stehen konnte. Nach einer Formulierung in Spruch 175 des Totenbuches ist die Unterwelt »ganz tief, ganz finster, ganz unendlich«; ihre äußerste Tiefe ist von der Urfinsternis ausgefüllt, die vor der Schöpfung war.

»Stätte der Vernichtung« heißt diese tiefste Region, weil sie erfüllt ist von Mächten der Vernichtung, die alles zerstören und auflösen, was in ihren Bereich gelangt. Das Werk der Vernichtung wird in den Unterweltsbüchern in zahllosen Szenen der Bestrafung von »Feinden« ausgebreitet, bevorzugt in den unteren Registern, die der Tiefe am nächsten liegen. Hier lebt sich die destruktive Phantasie ohne Schranken aus.

Feindliche Wesen, die »Böses getan« haben und deshalb vom Totengericht verurteilt sind, werden gefesselt, geköpft und verbrannt; das Herz wird ihnen aus dem Leib gerissen, der Kopf vor die Füße gesetzt, und mit ihren Körpern werden auch ihre Ba-Seelen vernichtet, ihre Schatten ausgelöscht, ihre Namen dem Nichtsein überantwortet. In einer Szene des Pfortenbuches setzt der »Feurige«, eine feuerspeiende Riesenschlange, die gefesselten Sünder vor ihm in Flammen, und auf solche feuerspeienden Schlangen stößt man in der ägyptischen Unterwelt beinahe bei jedem Schritt.

In anderen Szenen sehen wir feuergefüllte Gruben oder den ominösen »Feuersee« der Tiefe, dessen rotgemaltes Wasser den Verdammten als Feuerglut entgegenschlägt, den Seligen aber kühlende Erfrischung bedeutet und belebenden Trank spendet. Das Feuer bewirkt die völlige Vernichtung von Leib und Seele, es führt die zerstörenden und alles auflösenden Kräfte dieser Tiefe am klarsten vor Augen.

Im Höhlenbuch heizen messerbewehrte Dämonen oder feuerspeiende Kobraschlangen Kessel an, in denen die Verdammten oder die bereits aufgelösten Teile ihrer Persönlichkeit schwimmen, damit sie für den Zustand des Nichtseins gargekocht werden. Eine Darstellung aus römischer Zeit verbindet diese Bestrafung im Kessel mit dem Bilde des Totengerichts, und das Kesselmotiv lebt, wie so viele andere ägyptische Höllenstrafen, im christlichen Mittelalter weiter.

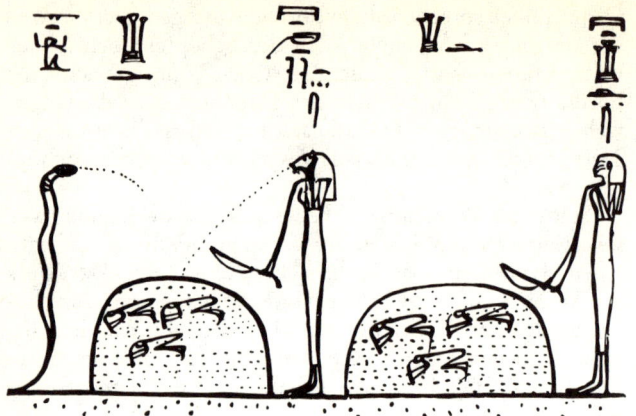

Abb. 15: Strafgruben in der 11. Nachtstunde des Amduat. Nach
E. Hornung: Altägyptische Höllenvorstellungen, Berlin 1968, S. 23,
Abb. 4.

Die an sich sehr alte Vorstellung von einem Totengericht,
das zwischen Rechtfertigung und Verdammung entscheidet,
wird erst in der 18. Dynastie verbildlicht, mit dem Symbol
der Waage, auf der die Maat und das Herz des Menschen im
Gleichgewicht stehen sollen. Seit der Amarnazeit hockt neben der Waage der »Totenfresser« als drohendes Monstrum
und sichtbarer Schlund der Hölle – bereit, alles Verworfene
zu verschlingen. In einer einzigen Gestalt, die aus Löwe,
Nilpferd und Krokodil gemischt ist, verkörpert er die na-
menlosen Gefahren, die jeden bedrohen, der in diese Tiefe
hinabsteigt. Die Jenseitstexte sprechen von furchtbaren Wesen, »die Köpfe abschlagen und Hälse abtrennen, die Herzen
ergreifen und aus der Brust reißen, die ein Blutbad anrich-
ten« (*Sonnenlitanei*). Nach einem fiktiven Brief des Osiris an
das Göttergericht in Heliopolis ist sein Reich, die Unterwelt,
»voll von Boten mit wilden Gesichtern, die nicht Gott noch
Göttin fürchten«, und er verbindet damit die schreckliche
Drohung, diese Gewalten auf die Erde zu senden, in die
Helle des Bewußtseins.

An den Straforten, in denen keine Sonne leuchtet und kein
Lebenshauch weht, wo Hören und Sehen vergeht und das

Sein selber zugrundegeht, stehen wir der Gefahr der endgültigen Vernichtung gegenüber – dem Abgrund und »Schwarzen Loch«, in dem sich am Ende der Zeit die Welt wieder auflösen wird. In der Hieroglyphenschrift dient ein schwarz ausgefüllter Kreis als Zeichen für »Nichtsein«! Aber Auflösung und Zerstörung sind zugleich Vorbedingung jeder neuen Schöpfung, und der Ägypter war sich bewußt, daß erneuertes Leben auf vorangehenden Zerfall angewiesen ist. Vor diesem Hintergrund gewinnen für ihn selbst Fäulnis und Verwesung einen positiven Wert: Horus entsteigt ja dem verwesenden Leib des Osiris und bezeugt damit die Kontinuität des Lebens, die Weitergabe des Lebenskeimes über die Schwelle des Todes.

So zeigt die jenseitige Welt ein Doppelgesicht. Sie ist ein Reich unendlicher Verheißung, in welchem auch das Unmögliche möglich wird, eine Quelle fortwährender Regeneration alles Seienden, und zugleich ein Abgrund voller Schrecken und Grauen, eindringlich beschrieben in Spruch 99 B des Totenbuches als »dieses schlimme Land, in welchem die Sterne umgestürzt auf ihre Gesichter fallen und nicht wieder aufzustehen wissen«.

In der Gestalt des Osiris, der von seinem Bruder Seth ermordet und zerstückelt wurde, begegnet das Todesgeschick in seiner brutalsten Form. Und Osiris, der durch sein Wiederaufleben zum Herrscher der Unterwelt und zum Vorbild aller Toten wird, verkörpert in seinem Schicksal Hinfälligkeit und Triumph des Körperlichen, der Materie. Sie löst sich auf und wird zu Staub, aber in der Zeugung des Horus durch einen bereits Gestorbenen und im jährlichen Wiederaufleben der Vegetation überwindet sie den Tod.

Es kennzeichnet den ägyptischen Jenseitsglauben, daß er wie kein anderer gerade das körperliche Fortleben miteinbezieht und zu sichern sucht. Alle die lebensfrohen Darstellungen in ägyptischen Gräbern entspringen aus diesem Bestreben. Zum Jenseits gehören auch Essen und Trinken, Musik und Tanz, die Freuden der Liebe und freie, ungehinderte Bewegung. Jenseits des Todes hofft der Ägypter auf erneuertes Leben voller Aktivität, auf produktive Arbeit in den Gefilden des Jenseits, die ihm auch dort den Lebensunterhalt sichern soll. Nur von der lästigen Fronarbeit, vom ewigen

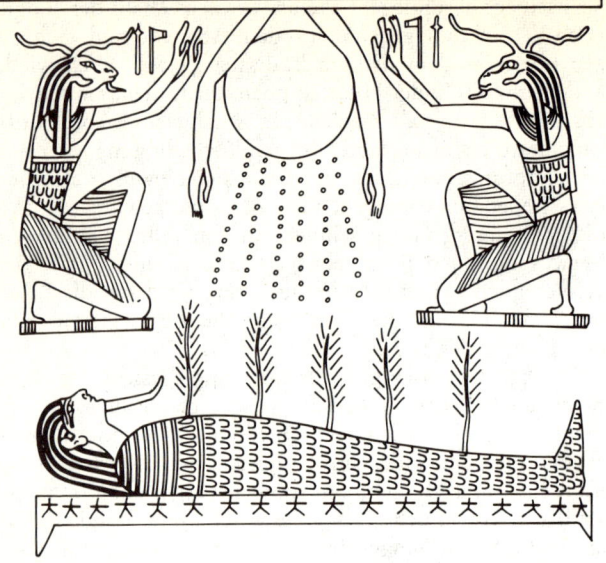

Abb. 16: Die Strahlen der Sonne wecken neues Leben aus der Mumie des Osiris. Zeichnung A. Brodbeck nach einem Sarg der 21. Dynastie in Cambridge.

Bewässern und Bearbeiten der Felder, möchte er dort erlöst sein; dazu hat er als Beigabe seine *Uschebti* – kleine Totenfiguren, die ihm, magisch aktiviert, diese Arbeiten abnehmen, damit er mühelos säen, pflügen und ernten kann.

Zur Sicherung der körperlichen Fortexistenz erfanden die Ägypter schon zu Beginn des Alten Reiches die Mumifizierung. Drei Jahrtausende lang, noch im frühen Christentum fortwirkend, wurde der Leib für das Begräbnis aufwendig präpariert und als Mumie hergerichtet. Trotzdem werden die Verstorbenen nur in seltenen Fällen als Mumien dargestellt, denn man wollte nicht in dieser Gestalt, die den gewickelten Körper einengt und behindert, weiterleben. Vielmehr hoffte man auf einen »verklärten« Leib, der dem irdischen gleicht und ihn doch an Größe, Fähigkeiten und Möglichkeiten übertrifft. Dieser jenseitige Leib ist wieder voll funktionstüchtig und zugleich von allen Unzulänglichkeiten des Diesseits befreit, immer wieder fähig, »sich im Grabe zu verjüngen«. Alle Altersbeschwerden, die ägyptische Texte so drastisch schildern können, sind von diesem regenerierten Leib überwunden, fehlende Glieder erneuern sich, und selbst ein abgetrennter Kopf fügt sich wieder dem Rumpf an.

Die unbegrenzte Fähigkeit zur Wandlung und Regeneration ist der Felsen, auf den der ägyptische Jenseitsglaube gebaut ist; sie ist wichtiger als Pyramiden und Totentempel. Mit dieser Hoffnung oder Einsicht konnte auch die Mehrheit der Bevölkerung leben, die sich den Aufwand eines dekorierten Grabes und einer sorgfältig hergerichteten und eingesargten Mumie mit reichen Beigaben nicht leisten konnte. In der Literatur regt sich immer wieder der Zweifel am Sinn der großen materiellen Vorkehrungen für das Jenseits, und selbst in den königlichen Unterweltsbüchern wird in einer mehrfach gestalteten Szene der Aufwand für Begräbnis und Fortleben relativiert.

In der zehnten Stunde des ›Amduat‹ und ebenso in der neunten Stunde des Pfortenbuches erblickt man ein großes, blau ausgemaltes Wasser-Rechteck; es stellt die Urflut Nun dar, die auch die Unterwelt allgegenwärtig erfüllt und der Sonnenbarke als Fahrbahn dient. Die Körper, die nackt und hilflos in ihr dahintreiben, sind nicht mumifiziert, haben keine Beigaben und sind jeder ordentlichen Bestattung entzogen. Aber durch den Nil und die Urflut gelangen sie direkt in die Unterwelt, werden gerettet und vor dem endgültigen Zerfall bewahrt. Die ägyptische Spätzeit kennt eine förmliche »Vergöttlichung durch Ertrinken«, die in der Errichtung von eigenen Heiligtümern für im Nil Ertrunkene und in der feierlichen Kultstiftung für Antinous, den Liebling Hadrians, gipfelt. Was Herodot (II 90) über die Sitte berichtet, klingt wie ein Kommentar zu den Szenen der Unterweltsbücher:

»Findet man einen Toten, ob einen Ägypter oder einen Fremden, dem man ansieht, daß er von einem Krokodil gerissen oder durch den Fluß selber umgekommen ist, so sind die, bei deren Stadt er angeschwemmt ist, streng gehalten, ihn einzubalsamieren und prächtig auszustatten und in heiligen Grüften beizusetzen... Die Priester des Niles selber bestatten ihn mit eigenen Händen, da er mehr sei als nur ein toter Mensch.«

Ihr Dahintreiben im Nil oder im Nun bedeutet zugleich die Regeneration in der Urmaterie, die vor jeder Schöpfung war und die auch dem Sonnengott als nächtlicher Aufenthalt dient. Und diejenigen Verstorbenen, die unmumifiziert in den Sand der Wüste gebettet werden, »schwimmen« durch diese andere Form der Urmaterie direkt in die Unterwelt hinab, wie es eine singuläre Darstellung im Grabe Ramses' IX. andeutet.

So hat der Ägypter immer wieder darauf vertrauen können, daß der Aufwand für das Begräbnis nicht die entscheidende Voraussetzung für ein seliges Weiterleben darstellt. Aber es blieb ein Gebot der Vorsorge, sich rechtzeitig ein Grab, ein »Haus für die Ewigkeit« zu errichten und seinen Leib den Balsamierern anzuvertrauen, die ihn zu einer sicheren, bleibenden Hülle für die lange und gefahrvolle Reise zu den Stätten des Jenseits umformten. Moderne Untersuchungen an Mumien zeigen, wie menschlich auch bei diesem Handwerk gepfuscht worden ist; oft verdeckt die äußere Hülle ein Durcheinander von einzelnen Gliedern, die sich nur durch Zauberkraft wieder zu einem neuen Körper zusammenfügen.

Die Regeneration, die man sich im »Weltinnenraum« des Jenseits erhofft, beruht auf einer physikalischen Unmöglichkeit, auf der Umkehr der Zeit. Sie wird als psychische Möglichkeit erfahren, als Erneuerung in den Tiefen des Unbewußten, im Dahintreiben durch die Urmaterie. Dort gelingt es, den unabänderlichen Alterungsprozeß der Welt zum Stillstand zu bringen, ihn sogar zeitweilig umzukehren.

Dieser erstaunliche Prozeß ist am eindrucksvollsten in der letzten Nachtstunde des ›Amduat‹ in Wort und Bild bewußt gemacht. Dort werden der Sonnengott und mit ihm alle Götter und seligen Toten durch den Leib einer riesigen Schlange hindurchgezogen, und zwar in verkehrter Richtung – sie treten in den Schwanz ein und kommen aus dem Maul der Schlange heraus. Entscheidender noch: Sie alle treten als Greise, Altersschwache, Grauhaarige und Ehrwürdige ein, die ihre Zeit durchlebt haben, und sie kommen als »kleine Kinder« heraus, in verjüngter Gestalt. Die Schlange, die hier als »Weltumringler« bezeichnet ist, haben wir in Kapitel 4 als Bild der Zeit kennengelernt.

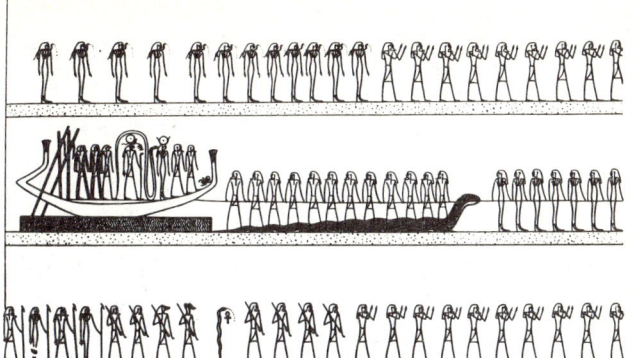

Abb. 17: Die letzte Nachtstunde des Amduat. Nach A. Piankoff und
N. Rambova: The Tomb of Ramesses VI, New York 1954, Fig. 87.

Das Pfortenbuch wandelt die Szene ab und versetzt sie in die
dritte Nachtstunde; doch wird die Sonnenbarke auch dort
durch ein langgestrecktes, schlangenähnliches Gebilde hindurchgezogen, das die ganze Unterwelt mit ihren beiden
Eingängen (als Stierköpfe) meint. Denn die Verjüngung vollzieht sich ja während der nächtlichen Fahrt der Sonne durch
die Unterwelt, diese bildet in Raum und Zeit den Tunnel,
der zum Anfang zurückführt. So begnügen sich die jüngeren
Unterweltsbücher mit einer symbolischen Andeutung, indem sie die Sonnenbarke auf den Rücken des doppelköpfi-
gen Erdgottes Aker setzen, der hier die Unterwelt vertritt.
    Am Ende ihrer Unterweltsfahrt wird die Sonne im ›Am-
duat‹ von den Armen des Gottes Schu zum Himmel empor-
gehoben, damit sie wieder in dieser Welt erscheint und ihre
Tagesfahrt neu beginnt. Das Pfortenbuch macht daraus eine
sehr komplexe Szene, welche die Sonnenbarke auf den »Armen des Nun« zeigt, also ihr Herauskommen aus dem Urgewässer meint; von oben streckt dort die Himmelsgöttin Nut
ihre Arme der Sonne entgegen, aber noch weiter erblickt
man Osiris, der die Unterwelt umschließt und die Sonne am
Abend wieder in Empfang nimmt. So ist im Pfortenbuch

99

zum ersten Mal der gesamte tägliche Sonnenlauf in einem einzigen Bilde zusammengefaßt.

Nach der Amarnazeit (um 1350 v. Chr.) werden solche Bilder des Sonnenlaufes auch in die Totenbücher aufgenommen. Die unsichtbaren Kräfte, welche die Sonne bewegen und vor dem Absturz in die Tiefe bewahren, helfen dem Toten, die Gefahren der Unterwelt zu bestehen. In vollständigen Gestaltungen des Motivs sind es zwei Armpaare, zwischen denen die Sonne sich rastlos hin- und herbewegt. Die von unten, aus der Tiefe wirkende Kraft ist fast ausnahmslos männlich dargestellt, während die von oben helfende meist durch weibliche Brüste gekennzeichnet wird. Dabei ist keineswegs nur an die Himmelsgöttin Nut gedacht, sondern auch an die Westgöttin und an Hathor, deren Arme sich aus dem Westgebirge der Sonne entgegenstrecken. Die Tiefe aber, ob als Finsternis, Urflut, Erde oder Osiris gesehen, ist nicht mütterlich-bergend, sondern zeugend, formend und umgestaltend.

Wie die Sonne, gehört der Mensch beiden Bereichen an. Seine vogelgleiche Seele, der *Ba,* wird vom Himmel angezogen, Körper und Schatten sind der Erde verhaftet. Entscheidend ist, daß nichts von allem, was den Menschen ausmacht (dazu Kapitel 11), verlorengeht; was der Tod vorübergehend trennt, muß sich im Jenseits wieder vereinen, denn ein Wiederaufleben ist nur für den ganzen, unverkürzten Menschen möglich. Auch diese Vereinigung, aus der das neue Leben entspringt, macht allein der Sonnenlauf möglich. Denn der Sonnengott, der selber als ein Ba in die Tiefe steigt, bringt mit sich die Bas aller Götter und seligen Toten hinab, damit sie ihre stofflichen Hüllen neu beseelen.

Diese Vorstellung öffnete den Theologen des Neuen Reiches eine Möglichkeit, das allezeit problematische Verhältnis von Re, der als Nachtsonne in der Unterwelt weilt, und Osiris, dem Herrscher dieser Unterwelt, überzeugend zu deuten. Danach ist Re selber der Ba des Osiris, der sich jede Nacht mit dem Leib des Gottes vereint, ihn ganz mit seinem Licht durchdringt und damit zu neuem Leben erweckt. Beide sind vorübergehend zu einer einzigen Gottheit geworden, die »mit einem Mund spricht«, wie es die Texte und seit dem Grab der Nefertari auch Darstellungen betonen. Die Sonnenlitanei nennt dieses Doppelwesen den »Vereinigten«,

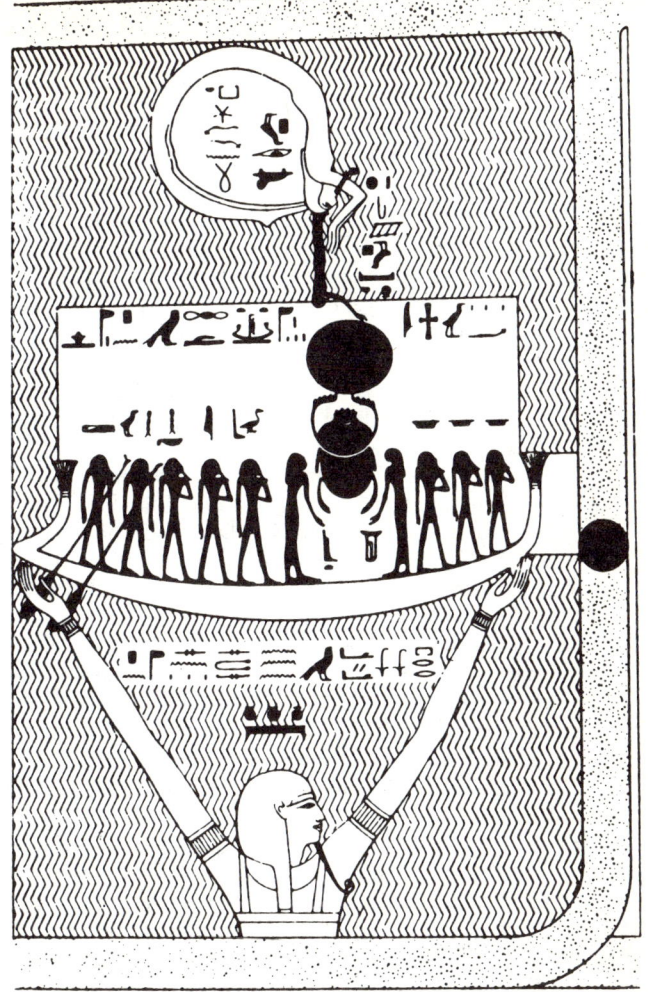

Abb. 18: Das Schlußbild des Pfortenbuches, das den ganzen Sonnenlauf zusammenfaßt. Nach H. Schäfer: Zeitschrift für ägyptische Sprache und Altertumskunde 71, 1935, S. 20, Abb. 2 (Sarkophag Sethos' I.).

und ein Papyrus der 21. Dynastie verbindet es mit dem Armpaar, das die Sonne in ewiger Bewegung hält, immer neu durch Himmel und Unterwelt dahintreibt, wie es der Hintergrund (Sterne und gepunktete Wüste) andeutet.

Damit ist Osiris in den täglichen Lauf der Sonne einbezogen, mit ihm zugleich alle seligen Toten, die ja im Tode zu einem »Osiris« werden – der Gottesname steht schon in den Pyramidentexten wie ein Titel vor dem Namen des verstorbenen Königs, später dann vor dem Namen eines jeden Verstorbenen. Der Sonnenlauf führt dem Ägypter sichtbar vor Augen, daß eine Regeneration des Lichtes in der Finsternis und damit auch eine Regeneration des Lebens durch den Tod möglich sind. Er versucht im Neuen Reich Grundriß und Dekoration der Grabanlagen so zu gestalten, daß der Lauf der Sonne durch das Grab hindurchführt und damit den Toten in seinem Sarkophag wieder auf die Bahn des Lebens führt.

Schon die königlichen Sargkammern der 18. Dynastie weisen sich durch ihren anfangs ovalen Grundriß als ein getreues Abbild der Unterwelt aus. Die nächtliche Fahrt der Sonne durch diesen »Verborgenen Raum« vollzieht sich an den Wänden rings um den Sarkophag, die mit einem vollständigen Exemplar des Unterweltbuches Amduat bemalt sind. In den Königsgräbern der Ramessidenzeit, die durchgehend vom Eingang bis zur Sargkammer und ihren Nebenräumen mit bemaltem Relief ausgeschmückt sind, zieht sich das Motiv der Sonne und ihrer Bahn durch die gesamte Dekoration, das Auge gleitet von einer »solaren« Szene zur anderen. Den Toten noch enger umschließend, wird die Sonnenbahn jetzt auch auf dem Sarkophag abgebildet, erstmals beim Alabastersarg Sethos' I.; die nächtliche Fahrt beginnt am Fußende und endet am Kopfende mit dem Emporheben aus der Tiefe. Über dem Sarkophag wölbt sich eine mit Sternbildern oder mit der Himmelsgöttin Nut bemalte Decke als Himmel, zu dem der Ba des Verstorbenen direkt emporsteigen kann, um am Tageslauf der Sonne teilzuhaben.

Die Beamten versuchen, wo immer möglich, dem königlichen Vorbild in ihren Gräbern nachzueifern. Auch für sie geht es um die Wiedervereinigung von Ba und Körper und um die Teilhabe am Sonnenlauf, der diese Vereinigung in sich schließt und damit das umfassendere Symbol darstellt.

Abb. 19: Die weibliche Kraft, welche die Sonne aus dem Westgebirge heraus bewegt. Nach A. Piankoff und N. Rambova: Mythological Papyri, New York 1957, S. 41, Fig. 25 (Grab Theben 336).

Auf den Priestersärgen der 21. Dynastie ist in der Regel direkt hinter dem Kopf der Mumie ein Bild des Ba-Vogels gemalt, doch begegnet im Austausch damit auch das Symbol der beiden Armpaare mit der Sonne.

Das Übergewicht der Sonnensymbolik in den königlichen Unterweltsbüchern darf nicht darüber täuschen, daß auch der Mond im ägyptischen Jenseitsglauben einen festen Platz hat. Sein Schwinden und wieder Zunehmen ist ein weiteres Zeugnis der Todesüberwindung. Es scheint zwar, daß er im Vergleich mit den älteren Pyramiden- und Sargtexten in den Jenseitstexten des Neuen Reiches eher abnehmend ist, aber dafür steckt zum Beispiel der Grabschatz des Tutanchamun voller Mondsymbolik; eine gründliche Untersuchung dieses Themas steht noch aus.

»Du bist eingetreten in den Himmel, du folgst dem Sonnengott und bist vermischt mit Sternen und Mond. Und du
ruhst (auch) in der Unterwelt wie die, die darin sind, zur
Seite des Osiris, des Herrn der Ewigkeit. Deine beiden Arme
treideln Atum (in seiner Barke) im Himmel und in der Erde,
wie die Unermüdlichen und Unvergänglichen, indem du am
Bug des Sonnenschiffes stehst. Wenn Re am Himmel aufgeht, ruhen deine Augen auf seiner Schönheit; wenn Atum
in die Erde eintritt, bist du in seinem Gefolge.«

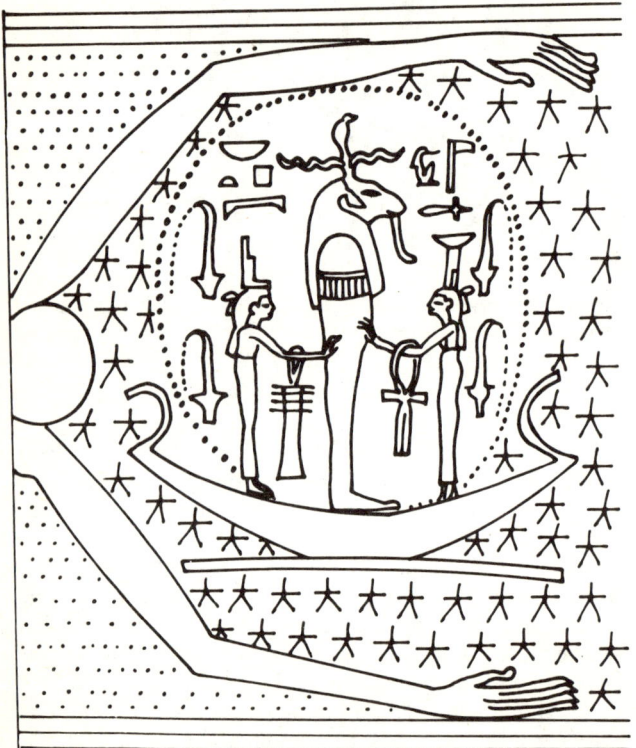

Abb. 20: Die »vereinigte« Gestalt von Re und Osiris in ewiger Bewegung. Zeichnung A. Brodbeck nach einem Papyrus der 21. Dynastie
(A. Piankoff, Egyptian Religion 4, 1936, S. 67, Fig. 5).

So ruft Ramses II. in seiner großen Weihinschrift in Abydos seinem verstorbenen Vater Sethos I. zu, und dieser antwortet ihm:

»Ich bin in der Unterwelt, ich, dein wahrhafter Vater, der ein Gott geworden ist. Ich bin vermischt mit den Göttern, während ich der Sonne folge, und ich kenne den, der in seiner Barke ist (den Sonnengott).«

Hier ist in knappster Form zusammengefaßt, was man sich vom Dasein im Jenseits erhofft: Eintritt in die Welt der Götter, Schauen und Wissen. Dies ist die geistige Seite, aber »Vermischung« mit den Göttern bedeutet selbstverständlich auch, daß die materielle Versorgung gesichert ist. Die Nahrung des Toten ist die der Götter.

Jenseitiges Dasein vollzieht sich am Himmel und in der Unterwelt, nicht als erneuerte Existenz im Diesseits. Zu einem Gott geworden, wohnt der Verstorbene dort, wo die Götter wohnen, und darf ihnen unmittelbar begegnen, von Angesicht zu Angesicht, während er sich hier auf Erden einer Gottheit nur in Bild und Gleichnis nähern kann. Ein solches sichtbares Gleichnis ist auch die sichtbare Sonne. Erst in den Tiefen der Unterwelt kann man dem Sonnengott leibhaftig begegnen.

Diesen Augenblick, das überwältigende Schauen des Gottes, hält eine Szene in der elften Nachtstunde des Pfortenbuches fest. Dort wird »das Gesicht des Re« durch die Unterwelt gezogen und wendet sich voll dem Betrachter zu, was in der ägyptischen Flachkunst eine eher seltene Ausnahme bildet, aber hier den direkten Kontakt betonen soll. Der Verstorbene kennt und schaut den Gott und sein »Geheimnis«, er ist ein »Eingeweihter« im Sinne der späteren Mysterienweisheit, die viele ihrer Geheimnisse aus altägyptischen Vorstellungen über Tod und Jenseits schöpft. Doch während dort ein begrenzter Kreis von Auserwählten durch einen symbolischen Tod die »Einweihung« gewinnt, ist es in pharaonischer Zeit der wirkliche Tod, durch den jeder in die Welt der Götter versetzt wird und die Geheimnisse des Jenseits schauen darf.

Das Wissen über das Jenseits, wie es die Unterweltsbücher ausbreiten und ständig weiter vertiefen, ist keine Geheimlehre, auch wenn es voller Geheimnisse ist, ist kein Mysterienkult, sondern Wissenschaft, die sich lebendig weiterentwik-

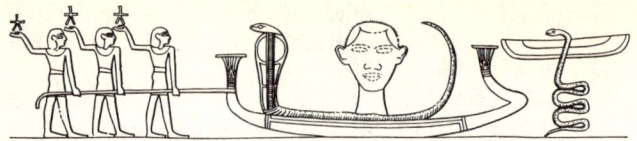

Abb. 21: Das Gesicht des Sonnengottes, das durch die Unterwelt gezogen wird. Nach A. Piankoff und N. Rambova: The Tomb of Ramesses VI, S. 208, Fig. 64.

kelt und immer neue Details erarbeitet. So wird das tägliche Wiederaufleben der Toten in eine Abfolge von mehreren Phasen zerlegt, die in Wort und Bild beschrieben und auf mehrere Nachtstunden verteilt sind. Am Anfang liegen die mumiengestaltigen Körper starr und unbeweglich in verschlossenen Schreinen, die das Licht und der Zuruf des Sonnengottes aufspringen lassen. Die Mumien beginnen sich zu regen, wenden sich um und erheben sich endlich, die Mumienhülle fällt von ihnen ab und läßt einen neuen, »verklärten« Leib hervortreten, mit dem eine neue »Lebenszeit« für die Toten beginnt.

Ist sie abgelaufen, sobald die Sonne zur nächsten Nachtstunde weiterzieht, dann kehrt die Finsternis zurück, und die Körper müssen aufs neue ihre schützende und bewahrende Mumienhülle aufsuchen. Noch einmal klagen sie, »wenn die Türen über ihnen zufallen« und sie in Todesschlaf versinken, während ihre Ba-Seelen dem Sonnengott folgen. Aber dieser Klage folgt sogleich der Jubel, den die Bewohner der nächsten Nachtstunde beim Erscheinen des Gottes anstimmen.

Vom Jubel der gesamten Schöpfung ist der morgendliche Sonnenaufgang begleitet, der die Jenseitsfahrt beendet. Die verjüngte Wiederkehr des Gestirns beweist, welche regenerierenden Kräfte und Fähigkeiten die Tiefe besitzt, der die Sonne sich nachts anvertraut. Sie versinkt, aber helfende Arme bewahren sie davor, in den Abgrund der »Vernichtungsstätte« zu stürzen. Diese Arme geben dem Sonnenlauf immer wieder neuen Anstoß und wecken zugleich eine Ahnung davon, was uns alle von der Tiefe her trägt.

Das Pfortenbuch schildert, wie vier Paviane am Ende der Nachtfahrt das Himmelstor aufstoßen und der jubelnden

Welt das Wiederaufleuchten der Sonne verkünden. Sie tritt aus der Finsternis hervor, begleitet von acht Göttinnen, die auf Schlangen reiten, Sterne in der Hand tragen und mit lauter Stimme das Sonnenkind preisen. Die Schöpfung der Welt wiederholt sich, die Morgenfrische des Anfangs kehrt zurück – »der Himmel ist Gold, das Wasser Lapislazuli, die Erde ist mit Türkis bestreut«.

Es hat in der langen Geschichte des ägyptischen Jenseitsglaubens auch andere Stimmungen gegeben, düstere und skeptische. Nach der Amarnazeit wird in der Totenklage und in den Harfnerliedern der materielle Aufwand für das Jenseits in Frage gestellt, wird die Unterwelt als Land ohne Licht und ohne Wiederkehr gesehen, allen genauen Beschreibungen zum Trotz letztlich doch unbekannt, denn »keiner kommt von dort (zurück), daß er ihren Zustand beschreibe und von ihren Bedürfnissen Kunde gebe, daß er unser Herz beruhige« (›Anteflied‹, vgl. Kapitel 12).

Und doch konnte der Ägypter immer wieder einen Zeugen namhaft machen, der täglich dorthin geht und wieder zurückkehrt: die Sonne! »Wer auf die Sonne schaut, dem erschließt sich das Wesen der Finsternis«, heißt es in Spruch 115 des Totenbuches, und so gibt jene zauberhafte, fremdartige Welt im Licht der Nachtsonne einen Teil ihrer Geheimnisse preis. Wenn das Tor des Horizontes sich öffnet, fällt der Blick in die Tiefe der Welt. Dort brennt das Feuer, das vernichtet und zugleich erneuert, das die Sonne zu neuer Leuchtkraft entzündet. Die regenerierenden Kräfte dieser Tiefe sind unverzichtbar. Wer sich ihnen anvertraut, findet helfende Arme; er kann nicht zugrunde gehen, denn die Finsternis trägt ihn.

7. Der Tempel als Kosmos

Durch den Spalt der Himmelstür war es möglich, einen Blick in jenseitige Welten zu tun. Im Horizont (ägyptisch *achet*, »Lichtung«) berühren sich Diesseits und Jenseits, wechselt die Sonne zwischen beiden Bereichen; dort findet auch der Verstorbene den Einstieg in die Welt der Toten. Cheops hat sein gewaltiges Pyramidengrabmal als »Horizont« bezeichnet und damit, wie in der Namensgebung seiner Söhne, ein erstes deutliches Bekenntnis zum neuen Sonnenglauben abgelegt, der künftig den Jenseitsglauben immer stärker bestimmt.

Aber nicht nur die Sonne, jeder Gott hat seinen »Horizont«, in dem er sich niederlassen und der Welt erscheinen kann. Das ist sein Tempel, ägyptisch das »Gotteshaus«, doch immer wieder auch als »Horizont« bezeichnet, denn Tempel sind Nahtstellen zwischen dieser Welt und dem jenseitigen Reich der Götter und der Toten. Sie werden gebaut als Wohnstatt der Gottheit, die dort im Kultbild des Allerheiligsten anwesend ist und zugleich eine Prozessionsstraße erhält, auf der sie in die irdische Welt hinausziehen und den Menschen erscheinen kann. Dazu spiegelt der Tempel den gesamten Kosmos, der von göttlichen Kräften durchwaltet ist.

Abbildungen von Heiligtümern besitzen wir bereits aus der Frühzeit, aber es handelt sich dabei um sehr bescheidene Anlagen, in denen sicher kein Stein verwendet wurde, sondern Ziegel, Holz und Matten. Der Gott Min besitzt ein altes Zelt-Heiligtum, und der Tempel auf Elephantine entwickelt sich aus einem Höhlenheiligtum zu Beginn der Geschichte. Noch das ganze Alte Reich hindurch bleiben die Heiligtümer für Götter in ihrer Architektur und ihrer Ausschmückung bescheiden, während sich die königlichen Totentempel zu immer gewaltigeren und reich dekorierten Anlagen entwickeln.

Erst das Mittlere Reich bringt eine Akzentverschiebung. Jetzt können wir über die Dekoration von Göttertempeln Aussagen machen, etwa am Beispiel des reizvollen Stationsheiligtums (»Kiosk«), das Sesostris I. in Karnak für Amun-

Westen

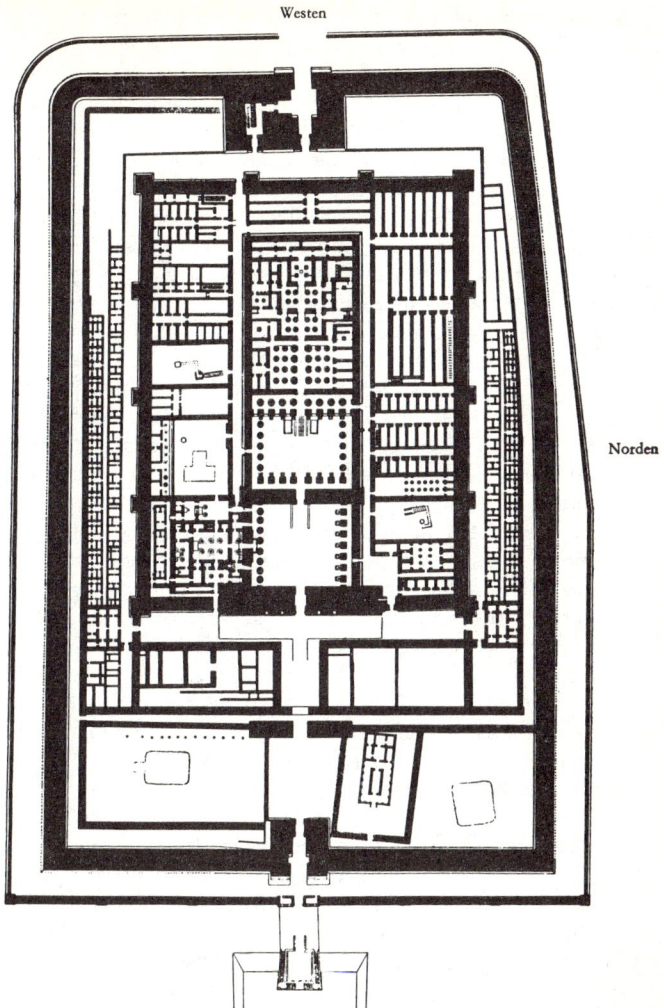

Norden

Abb. 22: Grundriß der Tempelanlage von Medinet Habu. Nach
U. Hölscher: Die Wiedergewinnung von Medinet Habu im westlichen
Theben, Tübingen 1958, S. 17.

Kamutef errichtet hat, oder des Tempels von Medinet Maâdi im Fajum. Zur repräsentativen baulichen Gestaltung bildet die »Erfindung« des Pylons einen wichtigen Schritt – der monumentale Doppelturm, der den Eingang in den Tempel umrahmt und nach außen hin die Fassade bildet.

Im Neuen Reich wird die endgültige Form des Axialtempels erreicht, mit festen Elementen, die sich jedem Grundriß ablesen lassen: Pylon, offener Tempelhof, Säulensaal, Opfertischsaal, Barkenraum und Allerheiligstes. Das Tempelhaus ist jetzt aus Stein errichtet, eingefaßt von einer hohen Umfassungsmauer aus Ziegeln und durch Priesterwohnungen, Magazine und andere Wirtschaftsgebäude ergänzt; zum festen Bestand gehört auch ein Heiliger See innerhalb der Umfassungsmauer. In der Spätzeit erfolgen noch Erweiterungen nach oben, durch kleine Heiligtümer auf dem Dach, und durch Krypten, in die man hinabsteigt, nach unten; damit wird die Bühne für den Kult auf mehrere Ebenen erweitert.

Kennzeichnend für diesen Axialtempel ist nun, daß jedes Element seiner Architektur nahezu beliebig wiederholbar ist, so daß sich die großen Tempelanlagen in ständiger Erweiterung befinden und niemals abgeschlossen sind. Der Amuntempel von Karnak mit seinen zehn Pylonen ist ein extremer Fall, aber eine beträchtliche Zahl von Tempeln weist zumindest eine Verdoppelung von Hof und Pylon auf. Für das immer wieder erstrebte Erweitern der Grenzen und Hinausgehen über alles früher Gewesene (Kapitel 5) bietet der Tempelbau die beste Gelegenheit.

Maße und Proportionen des heiligen Bauwerks sind nicht beliebig. Bevorzugt werden Ellenmaße, die durch zehn teilbar sind: der Große Säulensaal von Karnak mißt 200 × 100 Ellen, der Pylon des Tempels von Medinet Habu ist 130 Ellen breit, der des kleinen Chonstempels in Karnak 60 (eine Elle = 52,3 cm). In Edfu geben die Tempeltexte selber genaue Maße an und »erklären« sie durch mythologische Bezüge. Dort ist der Tempel, wie auch in Luxor, parallel zum Nil orientiert; sonst bevorzugt man eine Ost-West-Achse, die auf den nordwärts fließenden Nil zuläuft. An bestimmten Orten scheint eine astronomische Orientierung die Achse zu bestimmen; sie ist in Abu Simbel und in den Heiligtümern Echnatons auf den Sonnenlauf ausgerichtet, in

Elephantine auf die Sothis (unseren Sirius, dessen Frühaufgang die Nilschwelle ankündigt).

Die feierliche Gründung eines Tempels ist für den Ägypter eine Wiederholung der Schöpfung. Die Baugrube erreicht mit dem Grundwasser die Urflut Nun, eine Sandschüttung läßt den Urhügel des Anfangs (Kapitel 2) aufs neue erstehen. Zugleich wird der heilige Bezirk abgegrenzt und allseitig gesichert. In vielen Tempeln wird das Gründungsritual dargestellt, vor allem das »Strickspannen«, das der König mit der Göttin Seschat vornimmt, und die abschließende »Übergabe des Hauses an seinen Herrn«, den hier verehrten Hauptgott. In der Spätzeit wird auch das Mundöffnungsritual auf den Tempel angewandt, um seine Kultbilder und Wandbilder mit Leben zu erfüllen und in Tätigkeit zu setzen.

Die Umfassungsmauer aus Ziegeln umzieht den ganzen Bezirk, durch mehrere Portale aus Stein unterbrochen. Ihre Ziegellagen verlaufen nicht gerade, sondern wellenförmig, denn auch diese Mauer symbolisiert die Urflut, das Chaos, das den geordneten Kultbezirk allseitig umschließt. Der Tempel wächst aus dem Nun und ist in ihm gegründet; wer die Mauer durchschreitet, badet sich in der Urflut, betritt gereinigt und verjüngt die Götterwohnung.

Gewaltig und blockhaft, ist das Tempelhaus selber durch hohe Mauern abgeschirmt, die jetzt, im inneren Bezirk, aus Stein sind. Seine Fassade wird im Neuen Reich und später als *Pylon* gestaltet, als Doppelturm, der sich in Karnak bis zu 43,5 m Höhe erhebt und meist durch Treppen im Inneren begehbar ist. Die Dekoration des Pylons und der Außenmauern ist ganz auf die Abwehr feindlicher Mächte abgestellt, also *apotropäisch* (»übelabwehrend«). Hier begegnet vor allem das zeitlose Bild vom »Niederschlagen der Feinde« durch Pharao (Kapitel 9); bei Sethos I. und seinen Nachfolgern wird es durch aktuellere Szenen ersetzt, die auf Kämpfe gegen Hethiter, Syrer, Libyer und Seevölker Bezug nehmen. Aber auch Jagdszenen werden auf Pylonen angebracht, um Feinde in jeglicher Gestalt vom Heiligtum fernzuhalten; den gleichen Schutzzweck erfüllen die löwenköpfigen Wasserspeier rings um das Tempelhaus.

Vor vielen Pylonen stehen noch heute kolossale Statuen ihres königlichen Bauherrn, um seine Macht und Wirkung, wieder zum Schutze des Heiligtums, zu vergegenwärtigen. Verschwunden sind dagegen die Flaggenmasten, die ursprünglich in den Nischen der Pylontürme gestanden haben, um die Anwesenheit göttlicher Mächte anzuzeigen. Abbildungen der Tempelfassade im Relief und in Malerei zeigen sie neben den Statuen, und die Texte sprechen davon, daß sie »bis zu den Sternen reichen« und den Himmel berühren. Während die meisten Tempel vier Masten vor dem Pylon aufweisen, standen vor dem Amuntempel von Karnak acht; Echnaton entschloß sich daher, für den großen Atontempel in seiner neuen Hauptstadt Achetaton ihre Zahl auf zehn zu erhöhen.

Paarweise treffen wir das alte Sonnensymbol der Obelisken vor den Pylonen der Göttertempel; bei den königlichen Totentempeln des thebanischen Westufers fehlen sie. Sonnenlauf und Sonnensymbolik spielen nicht nur für das Grab (Kapitel 6), sondern auch für den Tempel eine bedeutende Rolle. Aus ptolemäischer Zeit besitzen wir klare Aussagen,

Abb. 23: Darstellung der Tempelfassade (Pylon, Obelisken, Statuen und Flaggenmasten) im Tempel von Luxor. Nach L. A. Christophe: Annales du Service des Antiquités de l'Égypte 55, 1958, S. 17, Fig. 3.

daß man die beiden Pylontürme als Isis und Nephthys gedeutet hat, die zwischen sich die Sonne erheben. E. Graefe konnte das Motiv des Sonnenaufganges im »Horizont« des Pylons, verbunden mit einer morgendlichen »Reinigung« der Sonne in der Urflut, bis zum Grabschatz des Tutanchamun zurückverfolgen, und es wirkt noch auf Münzen der römischen Zeit weiter. Die Bahn der Sonne zieht sich von diesem »Horizont« ihres Erscheinens in das Innere des Tempels, vor allem im Bilde der geflügelten Sonne, das über jedem Durchgang wiederkehrt; dazu traten gesonderte Räume oder Höfe für den Kult des Sonnengottes.

Die Architekten der Hatschepsut haben den Zugang zum Tempel von Deir el-Bahari als Sphinxallee gestaltet, und diese Neuerung hat sich bald allgemein durchgesetzt. Damit war die Tempelachse über den Pylon hinaus verlängert, die Idee des Weges noch klarer herausgearbeitet; bereits an der Landestelle empfangen einen jetzt die steinernen Wächterfiguren, durch deren dichtes Spalier man auf den schmalen Durchgang im »Horizont« der wuchtigen, abweisenden Pylontürme gewiesen wird.

Hinter diesem Eingang öffnet sich der große Festhof, der ägyptisch als »Hof der Menge« bezeichnet wird. Nicht für den täglichen Ablauf des Kultes, aber für die großen Götterfeste konnte hier die Öffentlichkeit einbezogen werden und die Erscheinung der Gottheit miterleben. An den Festen zieht das Götterbild auf den Schultern der Priester aus, zeigt sich der Öffentlichkeit und wird damit unmittelbar für deren Anliegen erreichbar. Durch Orakelfragen kann man den Willen der Gottheit erkunden – sei es, um einen Dieb zu überführen oder um eine Priesterstelle neu zu besetzen. Die Prozessionen der Götterbilder in ihren Kultbarken steigern sich bis zu gegenseitigen »Besuchen« von Gottheiten, wie der Hathor von Dendera und des Horus von Edfu in ptolemäischer Zeit.

In Medinet Habu, dem Totentempel Ramses' III., ist der erste Hof noch ganz von Szenen des königlichen Triumphes beherrscht; auf seiner Südseite dient der Erscheinungsbalkon als Verbindung zwischen Tempel und Palast, hier konnte sich Pharao als »lebendiges Bild« einer Gottheit der Menge zeigen und ihren Jubel entgegennehmen. Erst der zweite Hof ist der eigentliche Festhof, mit den Darstellungen von

Minfest und Sokarfest. Hier beginnt die Welt der Götter und endet jede Öffentlichkeit des Kultes, der im Tempelhaus nur noch eine Angelegenheit zwischen Priester und Gottheit ist. Aber Jubel und Anbetung der ganzen Welt sind bildlich auch noch im Tempelhaus gegenwärtig – vertreten durch die Kiebitzvögel (*Rechit*) auf den Säulen, denen ein Stern als Zeichen für »Anbetung« beigefügt ist. Andauernde Verehrung der Gottheit durch das gesamte »Volk« (*Rechit*) ist hier gemeint, und noch konkreter wird in Musik- und Tanzszenen der Jubel über die Heimkehr der »fernen Göttin« in ihren Tempel gefeiert und verewigt. Aus der Helligkeit des offenen Hofes tritt man in das Dämmerlicht des Säulensaales, und mit dem Licht wechselt auch die Szenerie. Die nach außen wirkenden Szenen, die das Tempelhaus schützen und es in die festlichen Prozessionen einbeziehen, werden von den Darstellungen des Kultes abgelöst. Auf den ersten Blick geschieht hier überall das gleiche: der König, in wechselndem Ornat, steht anbetend oder darbringend vor den Gottheiten des Tempels. Der Idee nach geht jede Kulthandlung allein von ihm aus, nur Pharao ist fähig, mit den Göttern umzugehen und im Kraftfeld ihrer Wirkung standzuhalten. Der Priester, der in Wirklichkeit den Kult vollzieht, muß sich vor der Gottheit als Vertreter des Königs ausweisen – »der König ist es, der mich sendet, den Gott zu schauen«.

Das einheitliche Schema darf nicht darüber täuschen, daß diese Vielzahl der Szenen sorgfältig ausgewählt und angeordnet, vielfältig aufeinander bezogen ist und auch mit der Funktion der Räume zu tun hat, in denen die Darstellungen angebracht sind. Unter dem Stichwort »Wandbild und Raumfunktion« hat D. Arnold entscheidende Grundlagen für ein Verständnis der Komposition gelegt. Derchain, Winter und andere Kenner der späten Tempelanlagen sprechen sogar von einer *grammaire du temple* und suchen die Syntax und Orthographie dieser »Grammatik« aufzuhellen; dabei ist nicht nur die Anordnung der Szenen, sondern auch die Wahl der hieroglyphischen Schreibung betroffen, Lautzeichen werden mit vielfachem Symbolgehalt angereichert, wie es in der Spätphase der ägyptischen Schrift weitgehend üblich ist (Kapitel 1). Die bisherigen Ergebnisse ermutigen zu weiterer Forschung, warnen aber auch vor einem allzu starren Schematismus, der etwa festlegen möchte, welche Krone

Pharao bei welcher Kulthandlung trägt – auch hier gilt bis in die spätesten Tempel das Prinzip der Variation, das ägyptische Bildkompositionen fortwährend bestimmt und jede Eintönigkeit vermeidet.

Aber zurück zur Architektur des Säulensaales! Die Säulen, die nur wenig Raum zwischen sich lassen, haben keine wirklich tragende Funktion, auch wenn sich über sie mit den Deckbalken ein künstlicher Himmel legt, mit der Darstellung von Sternen und Sternbildern. Hier bilden steingewordene Papyruspflanzen – im Mittelgang mit offenem Kapitell, das die Papyrusdolde nachbildet, an den Seiten mit geschlossenem – einen Sumpf, durch den der Weg zum Allerheiligsten führt; dieses stellt den Urhügel dar, der sich bei der Schöpfung aus Wasser und Sumpf erhoben hat. Daher führt der Weg, der geraden Mittelachse folgend, langsam ansteigend über Stufen und Rampen empor, während zugleich die Decken immer niedriger und die Räume immer dunkler und enger werden. Wenn der Nil am höchsten stand, überschwemmte er in vielen Tempeln den Säulensaal und machte die Illusion des Ursumpfes vollkommen.

Die ägyptische Säule ist immer Pflanzensäule, ob als Papyrus, Lotos oder Palme. In der ptolemäischen und römischen Zeit schwelgt man in »Kompositkapitellen«, die ganz verschiedene pflanzliche Elemente miteinander kombinieren und immer neu abwandeln. Der Stamm der Säule kann sich auch mit dem Kopf der Göttin Hathor oder mit der Gestalt des Gottes Bes verbinden, um die Funktion des Bauwerkes anzudeuten. Wenn wir auf Pfeiler stoßen, hat diese Funktion etwas mit dem jenseitigen Fortleben zu tun; dabei hat man, neben den eigentlichen »Totentempeln«, auch in den Göttertempeln Bauteile errichtet, die dem Totenkult dienten oder der ständigen Erneuerung des Königs im Sedfest.

Die Säulen-Pflanzen sprießen aus der Erde oder aus dem Überschwemmungswasser, und die fruchtbaren, nährenden Kräfte dieser Sphäre beherrschen, zum Fries geordnet, die Basisdekoration des Tempels. Hier treffen wir in langen Reihen die »Nilgötter« mit ihren Gaben und ihren üppigen Körperformen, die Fülle und Überfluß verheißen. Ohne ihr rastloses Wirken, ohne den jährlich wiederkehrenden Segen der Nilüberschwemmung würde dem Tempelkult die materielle Basis fehlen, die er braucht.

Erst über diesen nährenden und belebenden Kräften der Tiefe erhebt sich, die Wände lückenlos ausfüllend, die geordnete, klar gegliederte Welt des Kultes. Sie besteht aus festgelegten Handlungen zwischen Mensch und Gott, in denen das Eingespieltsein der Welt faßbar wird. Kult ist die Antwort des Menschen auf die Existenz der Götter. Er ist ein Dialog, der sich auf zwei Ebenen abspielt, im Wort und in der Handlung.

Zu jeder Kultszene, die ein Darbringen von Gaben durch den König als Vertreter der Menschen vor Augen führt, gehören Beischriften zu beiden Partnern. Sie kennzeichnen den Akt, den Pharao ausführt (»Wein spenden der Hathor, der Herrin des Himmels«) und geben die Verheißung der Gottheit an ihn und damit an die gesamte Menschheit (»ich gebe dir alles Leben, Heil und Gesundheit immerdar«). Auch diese Gabe der Gottheit kann im Bild erscheinen, indem sie dem König das Lebenszeichen an die Nase hält oder ein kombiniertes Szepter, das aus den Zeichen für Leben, Heil und Dauer gebildet ist.

In der Regel aber erscheinen Gott und Göttin in völliger Ruhe, werden stehend oder thronend und dabei rein empfangend dargestellt. Pharao agiert, er betet, opfert, jubelt und tanzt sogar vor dem Gott; von diesem aber gilt, was Rilke angesichts der unzähligen Opferszenen in den Tempeln in seinem Karnak-Gedicht formuliert hat: »Seinem Heiligtume geht nie der Atem aus, er nimmt und nimmt ... «

Wir befinden uns im Orient, wo die Gastfreundschaft heilig ist. Gott weilt als Gast bei den Menschen, im Tempel empfängt ihn eine irdische Wohnung, die zum Verweilen einladen soll. Er ist bei den Menschen eingetreten, und seine Gegenwart überschwemmt sie mit Wohltaten, mit Atemluft und mit Leben, das ägyptische Gottheiten als Attribut in ihren Händen tragen. Vor Gäste mit solchen Gastgeschenken darf man nicht mit leeren Händen treten. Alle materiellen Gaben, die Pharao darbringt, sind ein Ausdruck des Dankes, den die Menschen den Göttern für ihre Gegenwart schulden.

Dieser Dank artikuliert sich auch im Wort, in der hymnischen Lobpreisung der Gottheit, im Jubel der ganzen Schöpfung, in den auch die Tiere mit einstimmen. »So hoch der Himmel, so weit die Erde, so tief das Meer ist« (Kairoer

Abb. 24: Kaiser Trajan tanzt als Pharao vor den Göttinnen Menhit und Nebtu im Tempel von Esna. Nach S. Sauneron: Esna III, Kairo 1968, S. 359.

Amunhymnus) preist alle Kreatur ihren Schöpfer. Im Festjubel wird diese Resonanz auf die Gegenwart der Götter noch gesteigert; sie tönt auch von den Tempelwänden, in deren Darstellungen gejubelt, musiziert und getanzt wird. Vor allem in den Tempeln von Philae und Dendera ist der Festjubel, der die Heimkehr der »Fernen Göttin« in ihr Heiligtum feiert, immer noch sichtbar und spürbar, gerinnt zu Stein in den Sistrum-Säulen des Pronaos von Dendera oder im lautenspielenden Affen des Hathortempels von Philae. Dazu muß man sich vorstellen, daß die großen Flächen von Wandreliefs und Säulen einstmals in leuchtender Farbigkeit strahlten, wie wir sie in den Gräbern noch bewundern können; so gab sich auch das Kolossale heiter und aufgelockert.

In der Rückkehr und jubelnden Anbetung der »Fernen Göttin«, die im Zorn in die Wüste geflohen war und dort als wilde Löwin hauste, wird eine andere Seite des Kultes sichtbar. Denn nicht nur Spender von Wohltaten sind die Götter, auch Zorn und Strafe gehen von ihnen aus und finden im Kult ihre Antwort. Dann wird er zum Mittel der Besänftigung und zum Versuch, die gefährliche und drohende Seite der Gottheit fernzuhalten, die Menschen davor zu schützen. Schon das erste Morgenlied, das man vor dem Götterbild singt, hat den Refrain »Erwache in Frieden ... «, und alle Kulthandlungen zielen darauf ab, göttliche Wesen gnädig zu stimmen. Hier hat der Rauschtrank, hat auch die Musik eine wichtige Funktion, und in extremen Fällen müssen Zauber und Beschwörung als Waffe dienen, um sich zu schützen oder sein Ziel zu erreichen (Kapitel 3).

Kult ist in Ägypten immer Staatskult. Die Tempel sind staatliche Einrichtungen und dienen der staatlichen Verwaltung, die Priester werden von Pharao eingesetzt oder durch Gottesorakel bestimmt. So kann es keine »Kirche« neben dem Staat geben; nur vorübergehend (21. Dynastie) entsteht ein »Gottesstaat«, in welchem die Priesterschaft zugleich die politische Macht ausübt. Erst die ptolemäische und römische Zeit bringt eine starke Verselbständigung der einzelnen Tempel, die sich gegen die andauernde Fremdherrschaft auf ihre eigenen Traditionen besinnen und nur noch lose in die staatliche Verwaltung eingebunden sind. Aber bis zum Sieg des Christentums wird im Kult und in der Dekoration aller Tempel immer noch auf »Pharao« Bezug genommen, er bleibt auch als makedonischer oder römischer Fremdherrscher der unverzichtbare Vertreter der gesamten Menschheit gegenüber der Welt der Götter, in seinem Namen vollziehen die Priester ihre vorgeschriebenen Pflichten.

Wer nicht Priester ist, kann allenfalls bei den großen Götterfesten eine Strecke weit am offiziellen Staatskult teilnehmen, denn der regelmäßige Alltagskult vollzieht sich im Dunkel des Allerheiligsten, ergänzt durch Opferzeremonien in anderen Räumen des Tempelhauses. Aber schon im Mittleren Reich, als die Bedeutung der Göttertempel gegenüber dem Alten Reich deutlich zunimmt, kommt die Sitte auf, daß Beamte und Priester Statuen von sich im Tempel aufstellen lassen; auf diese Weise können sie, sicher mit königlicher Erlaubnis, ständig am Tempelkult teilhaben und von den Opfern und Gebeten profitieren. Der Tempelkomplex von Karnak muß in der Spätzeit förmlich übersät gewesen sein mit solchen privaten Bildwerken, die man schließlich abräumte und in der berühmten »Cachette« von Karnak zu Tausenden in den Boden versenkte.

Solche Tempelstatuen und damit den unmittelbaren Kontakt mit dem Staatskult konnten sich nur höhergestellte Beamte leisten. Alle übrigen mußten ihre Hoffnung auf Pharao als ihren Patron setzen, wenn ihr Anliegen die Götter erreichen sollte. Versagte das Königtum, dann traten andere Mittlerwesen in den Vordergrund – Verstorbene, die bereits in der Welt der Götter weilen (Kapitel 6), oder heilige Tiere, die als lebendige Bilder einer Gottheit gelten (Kapitel 10); auch unscheinbare Amulette können ihrem Träger das Gefühl göttlicher Nähe und Geborgenheit vermitteln.

Zwischen dem kostbaren Kultbild im Allerheiligsten, das der Priester betreut, und dem billigen Fayencefigürchen am Halse einer Dienerin besteht nur ein gradueller Unterschied, wie zwischen den staatlichen Denksteinen, auf denen Pharao vor die Götter tritt, und den Zeugnissen einer »Persönlichen Frömmigkeit«, auf denen sich ein einfacher Beter den Göttern zu nähern sucht. Die »offiziellen« Denkmäler und Kultbilder dienen dem Wohle aller, die privaten dem des Einzelnen. Mit dem Lobgesang der Priester hört Gott auch den Notschrei des Betrübten und den Dank des Geretteten.

Für das Wohl des ganzen Landes ist der staatliche Kult unverzichtbar. Was geschieht, wenn er vernachlässigt wird, schildern vor allem Texte aus der Zeit nach Echnaton: die Götter verlassen Ägypten und kommen nicht mehr, wenn man sie ruft, die verfallenden Tempel sind leer von göttlicher Gegenwart. In ähnlichen Formulierungen schildert noch die hermetische Schrift ›Asklepios‹, wie Ägypten von aller Göttlichkeit verlassen wird und nicht länger »voll von Tempeln« ist, sondern »voll von Gräbern«, nicht mehr »voll von Göttern, sondern von Leichnamen« (Codex Nag Hammadi VI 70).

So ist es notwendig, daß dieser steinerne Bau vom Leben des Kultes erfüllt wird – nicht nur in den Darstellungen der Wände, sondern in der Realität des Kultvollzuges, im Umgang der Priester mit dem Götterbild. Dazu gehört ein großer materieller Aufwand, es müssen Opfer bereitgestellt, Vorräte und Kultgeräte aufbewahrt, viele Angestellte versorgt werden. So ist der ägyptische Tempel auch ein Wirtschaftsbetrieb und ein wichtiger Teil der staatlichen Verwaltung, mit zahlreichen Wohnungen, Speichern, Magazinen und anderen Nebenbauten, die alle aus Ziegeln errichtet sind. Ihr Grundbesitz reicht durch ganz Ägypten und wird durch Landschenkungen Pharaos immer weiter vermehrt; auch der Hauptteil der Kriegsbeute kommt dem Amuntempel und anderen Heiligtümern zugute. Wohl die meisten der Kunstwerke, die uns erhalten blieben, sind in den Werkstätten der Tempel angefertigt worden, und im tempeleigenen »Haus des Lebens« wurden Schriften aufbewahrt, kopiert oder neu angefertigt; so müssen wir in den Tempelbezirken auch Zentren für Kunst, Literatur und Wissenschaft sehen.

Man hat diesen so lebendigen Tempel immer wieder mit einem physischen Organismus verglichen, der den Leib des Menschen bis in alle Einzelheiten nachbilde. Symmetrieachse und Proportionen des ägyptischen Tempels bieten dafür vielfache Ansätze, aber zugleich ist die Gefahr groß, Übereinstimmungen auch dort zu sehen, wo sie für den Ägypter nicht bestanden. Sicher hat er nicht nur das Kultbild selbst, sondern das ganze Tempelhaus als einen physischen Leib empfunden, mit dem sich der psychische *Ba* des Gottes vereinen konnte, so wie er sich nachts in der Unterwelt mit seinem »wirklichen« Leib vereint. Als personifizierte, göttliche Wesenheiten können Tempel in menschlicher Gestalt als Göttin dargestellt werden, vor allem in der Ramessidenzeit.

Die Bedeutung des Physischen, Materiellen zeigt sich vor allem in der Praxis, ältere Bauteile in jüngeren wiederzuverwenden und so eine dichte Kette der Tradition von den Vorfahren herüberzuführen bis in die aktuelle Gegenwart. Diesem Bestreben sind vor allem in Karnak, aber auch an vielen anderen Orten ältere Bauteile zunächst zum Opfer gefallen und abgerissen worden; gerade dadurch aber blieben sie für uns erhalten, ohne die üblichen Zerstörungen durch Steinräuber und Kalkbrenner. Als Amenophis III. den reizvollen kleinen Kiosk Sesostris' I. zerlegte und in seinem dritten Pylon verbaute, bewahrte er Darstellungen und Namen des Amun-Kamutef vor Echnaton und späteren Bilderstürmern.

Amenophis III. gibt in einigen seiner Bauinschriften sogar

die genaue Menge der edlen Materialien (Gold, Bronze, Halbedelsteine) an, die er für den Tempelbau verwendet hat, und betont dadurch die Leiblichkeit des Tempels, der wie ein Götterleib aus edlem Material geformt ist. Von dem Glauben, daß auch in seiner gewöhnlichen Steinmaterie göttliche Kräfte wirken, die heilen und helfen können, zeugen die vielen Abschabungen, die man überall an Tempelmauern erblickt.

Die Architektur des Gotteshauses wird durch die Tatsache mitbestimmt, daß es in Ägypten eigentlich keinen Tempel gibt, der nur für einen einzigen Gott gedacht wäre; der Hauptgottheit in ihrem Sanktuar steht eine ganze Göttergemeinschaft zur Seite. Das erfordert zusätzliche Schreine oder Kultstätten, bis hin zu selbständigen kleinen Heiligtümern innerhalb des größeren Tempelkomplexes (zum Beispiel Anubis- und Hathorkapelle im Totentempel der Hatschepsut oder die Sonnenkultstätten in vielen Tempeln). Die im Neuen Reich so beliebte Bildung von Götterdreiheiten (*Triaden*) erzwingt auch eine Dreiheit von Sanktuaren, mit dem Hauptgott in der Mitte und der Göttergemahlin zu seiner Rechten.

Die Vielfalt des Pantheons spiegelt sich vor allem in den Kultszenen der Wände. Ein Text in Edfu beschreibt, wie sich die Götter freudig mit ihren Abbildern vereinen, die sie überall im Tempel vorfinden, und damit das Gotteshaus mit ihrer Gegenwart erfüllen. Hier ist der Himmel, der ihnen in Ägypten bereitet ist und sie zum Verweilen einlädt. Und wie sie in Barken über den Himmel fahren, steht ihr Bild im Schrein einer Kultbarke. In den Darstellungen bleibt dieser Schrein stets verhüllt, das Kultbild verborgen; aber Bug und Heck tragen das gekrönte Haupt der jeweiligen Gottheit und machen sie dadurch sichtbar.

Bei den Festprozessionen schwebt die Barke über den Köpfen der Priester, die sie tragen, und zeigt sich der Menge vor dem Tempel. Für gewöhnlich aber ruht sie auf einem Untersatz, der als Himmel gestaltet ist. Seit dem Tempel Thutmosis' III. in Deir el-Bahari belegt, stellt man den König als Träger dieses Himmels dar; er ist damit als »Stütze« des Kultes gezeigt und berührt mit seinen Händen die Sphäre der Götter. Im dunklen Allerheiligsten hinter dem Barkenraum darf er oder der ihn vertretende Priester den verschlossenen Schrein öffnen, das Siegel lösen und den Riegel wegziehen, das Kultbild und damit die Gottheit schon als Lebender schauen.

Eindrücklicher als alle die Opferszenen, in denen Pharao den Göttern reiche Gaben darbringt, ist eine Szene im Sanktuar des Tempels von Luxor. Dort steht der König – es ist Amenophis III. – ohne eine aktive Kulthandlung in ruhigem Anschaun des Gottes da. Allein mit Amun-Re, faßt er sein Staunen und seine Andacht in die Worte *neferui ubenek:* »Wie schön ist dein Erscheinen!« Nur andeuten kann er damit, sprachlos und überwältigt, wie die göttliche Gegenwart hier im innersten Raum des Tempels wirkt.

8. Maat – Gerechtigkeit für alle?

Zu den bedeutsamsten Kultszenen, die in ägyptischen Tempeln abgebildet werden, gehört das Motiv vom »Darbringen der Maat«. Dabei reicht der König einer Gottheit die kleine Figur einer hockenden Göttin dar, die sich durch das Schriftzeichen der Feder auf ihrem Haupt als personifizierte Maat zu erkennen gibt.

Die Beischriften zu der Szene sind, wie üblich, sehr knapp gehalten, sie sprechen nur ganz allgemein vom »Darbringen« oder »Darreichen« der Maat durch Pharao. Aber ein Hymnus, der in das Amunsritual und in das Ritual der Mundöffnung Aufnahme gefunden hat, sagt uns ausführlicher, was diese Kultszene meint. Sprecher ist wiederum Pharao, und seine Worte richten sich hier speziell an den Sonnengott Re:

»O Re, Herr der Maat! O Re, der von der Maat lebt! O Re, der über die Maat jubelt! O Re, der die Maat liebt! O Re, der sich mit der Maat vereinigt! ... Ich bin zu dir gekommen. Ich bringe dir die Maat. Du lebst von ihr. Du jubelst über sie. Du nährst dich von ihr. Du bist stark durch sie. Du dauerst durch sie. Du bist heil durch sie. Du schmückst dich mit ihr. Du gehst auf mit ihr. Du leuchtest mit ihr. Du gehst unter mit ihr. Sie vereinigt sich mit deiner Stirn, sie vereinigt sich mit dir. Sie wirft deine Feinde zu Boden. Froh ist dein Herz, wenn du sie siehst! Deine Mitgötter jubeln, wenn sie Maat in deinem Gefolge sehen ... «

Ein ganz ähnlicher Hymnus ist in das tägliche Ritual der Tempel eingefügt worden, wie wir es für den Gott Amun überliefert haben. Dort stellt sich der amtierende Priester als Thot vor, als der Gott der Weisheit, der Gerechtigkeit, des Maßes, den wir noch öfter in enger Beziehung zur Maat antreffen werden, und rezitiert einen »Spruch für das Darreichen der Maat«, das er hier in Vertretung des Königs zelebriert. Darin heißt es unter anderem:

»Maat ist gekommen, damit sie bei dir sei, Maat ist an allen deinen Stätten, so daß du ausgestattet bist mit Maat, ... das Kleid deiner Glieder ist Maat, ... Atem für deine Nase ist Maat, ... dein Brot ist Maat, dein Bier ist Maat ... «

Es scheint so, daß Maat die Speise der Götter ist, ohne die sie nicht leben können. Aber auch die Menschen leben von ihr und durch sie. Sogar von den seligen Verstorbenen heißt es im Pfortenbuch: »sie leben von Maat«, parallel zu ihrer Versorgung mit Brot und Bier. Als Lebenselement ist sie nicht nur für die Götter, sondern für alle Wesen so unentbehrlich, wie es Essen und Trinken sind. Hatschepsut sagt in einer Inschrift: »Ich habe die Maat, die er (der Gott Amun) liebt, dargebracht, denn ich weiß, daß er von ihr lebt. Sie ist auch mein Brot, und ich nähre mich von ihrem Tau.« Viele Könige, darunter Echnaton, führen den Beinamen »Der von Maat lebt«.

Immer wieder wird die Maat als »Tochter des Re« bezeichnet. Wörtlich genommen, wäre sie damit Schwester des Königs, der sich ja in seiner Titulatur »Sohn des Re« nennt. Und in der Tat: seit Amenophis II. erscheint sie in Darstellungen hinter dem König, so wie Isis und Nephthys hinter dem Thron ihres Bruders Osiris stehen. Nach der Amarnazeit wird sie geflügelt dargestellt – passend zu Formulierungen, wonach sie Luft gibt und atmen läßt.

Nach späteren Überlieferungen ist die Maat bei der Schöpfung vom Himmel auf die Erde herabgestiegen oder »geschaffen« worden. Sie ist so alt wie die Schöpfung, davor gab es keine Maat. Seitdem aber wohnt sie bei den Menschen, ist von den Göttern im Himmel zu ihnen herabgekommen und ihnen anvertraut; im Akt des »Darbringens der Maat« kehrt sie zu den Göttern zurück, hier schließt sich der Kreis. Ein Text in einem thebanischen Grabe (Nr. 49) meint dieses Geben und Nehmen, wenn er den Sonnengott Re anspricht:

> O Re, der die Maat geschaffen hat,
> ihm wird die Maat dargebracht.
> Gib du Maat in mein Herz,
> damit ich sie emporführe zu deinem Ka.
> Ich weiß ja, daß du von ihr lebst,
> du bist es, der ihren Leib geschaffen hat.

In manchen Darstellungen steht hinter dem Gott, dem die Maat dargebracht wird, die gleiche Göttin noch einmal. So wird im Bilde sichtbar, daß er bereits und fortgesetzt über

Abb. 25: Sethos I. beim »Darbringen der Maat«. Nach A. M. Calverley: The Temple of King Sethos I. at Abydos IV, London 1958, pl. 10. Zeichnung H. Keel-Leu.

sie verfügt. Othmar Keel hat in seiner reizvollen Untersuchung »Die Weisheit spielt vor Gott« mehrere Szenen besprochen, in denen die Maat als Tochter des Sonnengottes vor ihm steht, ihn erheitert und mit ihm scherzt.

Denn sie ist nicht nur bei der Schöpfung auf die Erde herabgestiegen, sie ist das Lieblingskind des spielenden und vergnügten Schöpfers, das immer um ihn ist und ihn erheitert. Sie beglückt den Schöpfer und mit ihm alle Welt, in den Texten ist immer wieder vom Jubel über die Maat die Rede. »Küsse deine Tochter Maat, halte sie an deine Nase«, wird Atum in den Sargtexten (II 35) aufgefordert, und im Neuen Reich zieht man Vergleiche zwischen ihr und der Königin: Wie die Königin immer um den König ist, so ist Maat um den Sonnengott.

Wer ist diese Göttin, und was sagt der Begriff der Maat aus, den sie verkörpert?

Wir erwähnten bereits das Schriftzeichen der Feder, das sie als Göttin auf dem Haupte trägt. Eine Straußenfeder kann auch bei Darstellungen des Totengerichtes für den Begriff der Maat stehen, aber das ist eine rein lautliche Schreibung, die über das Wesen der Maat keine verbindliche Aussage gibt. Wichtiger ist ein anderes Bildzeichen, mit dem man Maat schreibt: eine abgeschrägte Basis, auf welcher zum Beispiel der Thron von Gottheiten steht. Von hier aus gesehen, ist Maat dasjenige, was der ausgewogenen Ordnung der Schöpfungswelt zugrunde liegt, die Basis, auf die sich jedes kosmische und soziale Leben gründet. Schon damit erweist sich die zeitlose Aktualität dieses Begriffes.

Schöpfen ist für den Ägypter ein Setzen von Maat. Wenn Tutanchamun die Maat in Ägypten wieder verwirklicht, dann ist das Land »wie in der Urzeit«, wie unmittelbar nach der Schöpfung. Bereits die Mahnworte des Ipuwer aus der Ersten Zwischenzeit sprechen davon, daß die Maat beim Schöpfergott weilt, zusammen mit den beiden Schöpferkräften Hu und Sia, »Ausspruch« und »Erkennen« (Kapitel 2). Wie jene, begleitet sie den Gott bei seiner nächtlichen Fahrt durch die Unterwelt. In ptolemäischen Tempeltexten spricht man von der Herabkunft der Maat und der Begründung einer paradiesischen Urzeit durch sie.

Damit sie unter den Menschen bleibt, muß man Maat tun und Maat sprechen – dazu wird seit den Texten der Ersten

Zwischenzeit immer wieder aufgerufen. Das Richtige, das Vernünftige tun und das Richtige sagen, darauf kommt es an. Es genügt nicht, sich passiv in eine vorgegebene Ordnung einzufügen, sie zu befolgen und zu respektieren; vielmehr muß sie immer wieder neu gesetzt und erschaffen, aktiv verwirklicht werden. Durch richtiges Verhalten und aktives Handeln wird »Weltordnung überhaupt erst konstituiert und realisiert« (H. H. Schmid). Daß dies nicht selbstverständlich ist, haben die Ägypter spätestens beim Zusammenbruch des Alten Reiches erfahren; diese erste Blütezeit Ägyptens ging zu Ende, weil nicht mehr das Richtige getan und gesagt worden war.

Dabei spielt der Begriff der Maat und seine Personifikation als Göttin bereits im Alten Reich eine wichtige Rolle, jedoch vorwiegend in Personennamen und Titeln. Immerhin sehen wir, daß es eine sehr alte Vorstellung ist, die bis an den Anfang der ägyptischen Geschichte zurückreicht. In den Pyramidentexten wird die Maat schon aufs engste mit dem Sonnengott verbunden, doch betont auch der verstorbene König, daß er Maat gesprochen oder an die Stelle von Unrecht gesetzt habe.

Aus der »Auseinandersetzungsliteratur« der Ersten Zwischenzeit und des Mittleren Reiches stammen die ersten klaren Aussagen darüber, daß Maat vertrieben und Unrecht an ihre Stelle getreten sei. Maat ist nicht mehr selbstverständlich gegeben, sondern muß gegen starke Gegenkräfte neu errungen werden. Sie ist so notwendig wie die Atemluft – »Odem für die Nase ist es, Maat zu tun«, sagt der Oasenmann in seiner dritten Klage und preist den Verwalter Rensi, an den er die Klagen richtet, als den, »der Lüge vernichtet und Maat entstehen läßt«.

Die Autoren dieser Zeit erheben ihre Stimme gegen Lüge und Gemeinheit, denn »wer die Lüge vermindert, fördert die Maat«, heißt es wiederum beim Oasenmann (sechste Klage). Sie zitieren als »herrliches Wort, das aus dem Munde des Sonnengottes selbst hervorging: ›Sprich die Maat und übe die Maat aus, denn sie ist groß, gewaltig und dauernd‹« (achte Klage). In der gleichen Klage vernehmen wir noch: »Die Maat bleibt bis in Ewigkeit. Sie geht mit dem, der sie übt, hinab ins Reich der Toten. Er wird eingesargt, und er wird mit ihr bestattet, sein Name wird nicht ausgewischt auf Erden.«

Gegenbegriffe zur Maat sind *isfet*, ein Wort unklarer Grundbedeutung, das etwa »Unrecht, Unordnung, Unvernunft« bedeutet (de Buck wollte es geradezu mit »Chaos« übersetzen), daneben *gereg*, »Lüge«, und *chab*, »das Krumme«. Daraus ergeben sich für Maat Bedeutungen wie »Wahrheit, Gerechtigkeit, Echtheit, Richtigkeit, Ordnung, Geradheit«. Sie ist die Norm, die alles Tun bestimmen sollte, an der alles gemessen wird. Aber es entspricht ägyptischer Ethik, daß man auch diese richtige Norm nicht übertreiben und zur starren Schablone machen soll. Im Oasenmann steht die bildhafte Mahnung, Maat nicht zu knapp zu füllen, aber auch nicht so, daß sie überläuft (sechste Klage), und Ptahhotep fordert in seiner Lehre: »Halte dich an die Maat, aber übertreibe sie nicht.«

Ein konkretes Beispiel für »Übertreibung« der Maat nennt die Dienstanweisung für den Wesir, den höchsten Beamten, im Grabe des Rechmire in Theben: Ein früherer Wesir hat aus ängstlicher Sorge, nur ja maatgemäß zu handeln, seine Angehörigen bewußt benachteiligt, aus Furcht, er könne als parteiisch gelten. Dies paßt nicht zum ägyptischen Ideal der Ausgewogenheit, das auch für die Anwendung der Maat und ihrer Normen gilt.

In seiner universalen Bedeutung hat der Begriff Maat, soweit ich sehe, in keiner anderen Sprache eine wirkliche Entsprechung, vielleicht am ehesten im Sanskrit-Wort *rta*. Daher sind in moderner Zeit immer wieder ausführlichere Definitionen versucht worden. Für Bonnet ist sie die »Richtigkeit« im Sinne einer immanenten Gesetzmäßigkeit der natürlichen und gesellschaftlichen Ordnung, dazu auch die sakrale Ordnung, indem das »Darbringen der Maat« Inbegriff jeder Kulthandlung ist. Morenz vermutet, daß sie am Anfang einen rein physikalischen Begriff der »Geradheit« oder »Ebenheit« darstellt, der dann immer reicher mit komplexen Inhalten befrachtet wird. Für Westendorf bedeutet das Verbum *maa* »Dingen eine Richtung geben«, und Maat ist danach die »Lenkerin« oder »Leiterin«.

Vieles, was Rudolf Anthes in seiner kleinen, aber gewichtigen Schrift ›Die Maat des Echnaton von Amarna‹ sagt, hat auch für die anderen Epochen der ägyptischen Geschichte Geltung. So Seite 31:

»Die Maat hält diese kleine Welt zusammen und macht sie

zum Bestandteil der Weltordnung. Sie ist die Ablieferung der Ernte; sie ist die Rechtschaffenheit des Menschen in Gedanken, Wort und Tat; sie ist die treue Führung der Verwaltung; sie ist Gebet und Opfer des Königs an den Gott. Maat umfaßt alle Kreatur, die Menschen, den König, den Gott; sie durchdringt Wirtschaft, Verwaltung, Gottesdienst, Recht. All dieses Strömen mündet in den einen Kreuzungspunkt, den König. Er lebt von der Maat und gibt sie weiter nicht nur nach oben, zum Sonnengott, sondern auch nach unten, zu seinen Untertanen.«

Die Ägypter selber haben uns nirgendwo eine wirkliche Definition ihres Maat-Begriffes überliefert. Aber sie wußten natürlich, was Maat ist, und sie waren der festen Überzeugung, daß Maat lehrbar sei – allerdings nicht durch die Weitergabe von Definitionen, sondern durch das Lehren und Vorleben von richtigem Verhalten, kurz: durch das Verwirklichen der Maat.

Diesem Ziel dienen die ägyptischen Weisheitslehren, besser Lebenslehren genannt, wie wir sie vom späten Alten Reich bis in römische Zeit in großer Zahl und in meist sehr breit gestreuter Überlieferung besitzen, denn es waren überwiegend beliebte Schultexte, die in den Schulen immer wieder abgeschrieben wurden. Ziel ihrer Unterweisung ist es, in der älteren Zeit ganz pragmatisch, das richtige Verhalten in bestimmten Situationen zu regeln: auf der Straße, im öffentlichen Disput, in der Amtsstube, als Gast und Hausfreund, im eigenen Haushalt, gegenüber Ehefrau, Vorgesetzten, Freunden und Dienern. Das kann in königlichen Lehren bis zu Anweisungen zum richtigen politischen Handeln gehen, bleibt aber sonst häufig auf der Ebene eines Anstandsbuches, der Sitten und Gebräuche.

Dieses alles gehört zur Maat, und das Wissen um sie kommt »durchgeseiht« oder »durchgeknetet« (Lehre für Merikarê), also immer wieder neu gestaltet und aktualisiert, zum Schüler, den es von einem Unwissenden zu einem Wissenden machen will. Wer kein Wissen hat, kann die Maat nicht erkennen und ausüben, und nur durch Hören und Gehorchen kann man sich dieses Wissen aneignen.

In der Ramessidenzeit breiten sich allerdings Zweifel aus, ob Maat wirklich lehrbar und allein durch Wissen zu vermitteln ist – vor allem im Dialog, der die Lehre des Ani beschließt, werden solche Zweifel vorgetragen. Nun wird sie mit dem unberechenbaren Willen Gottes verbunden, und in der Lehre des Amenemope heißt es von ihr, sie sei »die große Traglast Gottes. Er gibt sie, wem er will«, der Mensch kann eigentlich nichts mehr dazu tun.

Auch hier ist mit dem anonymen »Gott« wohl vor allem an den Sonnengott als Schöpfer gedacht. Er ist eine der wenigen Gottheiten, denen die Maat »dargebracht« werden kann. Im Großen Säulensaal von Karnak wird sie nur den drei Göttern Amun, Re-Harachte und Ptah dargereicht, also der sogenannten »Reichstriade«, die an die Stelle von Echnatons einzigem Gott Aton tritt. Man kann die Maat auch Osiris, dem Jenseitsherrscher, oder dem Gott Thot darbringen, dem Hüter aller gesetzlichen Ordnung; Maat gilt als seine Gemahlin und als seine Nachfolgerin in der ersten Götterdynastie. Aber undenkbar ist es wohl, daß man sie dem Seth oder dem Kriegsgott Month darreicht.

Als einer Göttin kommt der Maat auch kultische Bedeutung zu. Doch ist es auffällig, daß sie im Gegensatz zu anderen großen Gottheiten so gut wie überhaupt nicht mit anderen Göttinnen verbunden wird. Die einzige Göttin, mit der sie förmlich gleichgesetzt wird, ist Tefnut, die als erste Göttin aus Atum hervorging, dem anfänglich Einen, so daß sie wie Maat bei der Schöpfung entstanden ist.

Auch Personennamen zeugen seit alter Zeit von der kultischen Wirklichkeit der Maat, und zumindest aus dem Neuen Reich kennen wir mehrere Tempel der Göttin mit einer eigenen Priesterschaft; sogar ein »Rindervorsteher der Maat« und Viehherden ihres Tempels sind bezeugt. So wird ihr als einer Göttin selber ein Kult dargebracht, aber unvergleichlich größer ist ihre allgemeine kultische Bedeutung, die im Akt des »Darbringens der Maat« zum Ausdruck kommt. Nicht nur kultische Reinheit, sondern Einklang mit der Maat ist von jedem gefordert, der vor eine Gottheit tritt, und ebenso vom Verstorbenen, der sich im Totengericht den jenseitigen Mächten stellt.

Dieser Akt des »Darbringens«, das Vorweisen der Maat vor den Göttern, ist der mögliche Beitrag des Einzelnen, um die Maat in der Welt noch vollständiger zu machen. Im geschichtlichen Bereich kann eigentlich nur der König sie verwirklichen (Kapitel 9), der die Maat gegenüber äußeren

Feinden durchsetzt. Aber in seinem engeren Lebenskreis muß jeder Einzelne Maat tun und Maat sprechen, um ihre Wirklichkeit zu vermehren und zu befestigen. In der Ramessidenzeit wird es möglich, einen Beamten beim »Darbringen der Maat« darzustellen und damit diese eigentlich rein königliche Szene zu verallgemeinern. Allerdings stammen die Belege aus unterirdischen, nicht zugänglichen Grabkammern in Theben und orientieren sich wahrscheinlich am Vorbild des Königsgrabes.

Mit ihrer Vorstellung von der Maat haben die Ägypter einen universalen Begriff geschaffen, der sich als tragende Grundlage für jegliches Ordnungsgefüge in Natur- und Menschenwelt verwenden läßt. Maat meint auch die Ordnung und das Gleichgewicht in Natur und Umwelt, sie hat mit Musik und Dichtung, mit Kunst ganz allgemein zu tun. Sie ist die Harmonie der Töne, der Wohlklang und das richtige Maß, auch in der Architektur, die Ausgewogenheit gegenüber jeder Unmäßigkeit. Messen, Wägen und Rechnen haben aufs engste mit Maat zu tun.

Es gibt bisher keinen Hinweis darauf, daß dieser Begriff am Anfang der Geschichte eine andere und engere Bedeutung gehabt hätte; er tritt uns seit Anbeginn in universaler Ausformung entgegen, Sozial- und Naturordnung in gleicher Weise umgreifend, jegliches Werk des Schöpfergottes und des Menschen. Sicher haben die großen Umwälzungen der Ersten Zwischenzeit zu einer Neuorientierung über Sinn und Bedeutung der Maat geführt und ihr Gewicht für den sozialen Bereich wie für die Rechtsprechung verstärkt.

Mit der Rechtspflege muß die Maat schon im Alten Reich eng verbunden gewesen sein, trägt doch der Wesir als höchster Justizbeamter seit der 5. Dynastie den Titel »Priester der Maat«. In der bereits erwähnten Dienstanweisung für ihn heißt es: »Merke, du wirst in deinem Amte erfolgreich sein, wenn du die Maat tust ... Merke, der Wesir ist ihr Hüter seit der Urzeit.« Er ist in der Öffentlichkeit für das Ausüben der Maat verantwortlich, und seinen Bürochef nennt man ausdrücklich »Schreiber der Maat«. In der Spätzeit tragen die Wesire ein Amulett der Göttin um den Hals, Maat ist gewissermaßen ihr »Berufsnumen«, so wie die löwenköpfige Sachmet das »Berufsnumen« der Ärzte ist.

König Haremhab erläßt seine Dekrete, die präzise Strafbe-stimmungen enthalten, im Namen der Maat, »um *isfet* abzu-wehren und *gereg* zu vernichten«. Bei einer Gerichtsent-scheidung wird der Beklagte nicht als »schuldig« oder »un-schuldig« erklärt, sondern der eine Kontrahent ist im Recht, ist *maa*, der andere im Unrecht, wie im klassischen Fall des Götterprozesses über Horus und Seth und ihren Rechtsan-spruch auf das Erbe des Osiris. Dabei vermeidet der ägypti-sche Richter gern eine Schuldzuweisung, er sucht vielmehr den Ausgleich, der beide Kontrahenten vor Gericht zufrie-denstellt. So ist Maat der oberste Rechtsbegriff, dem alle anderen Termini, wie »Gesetz«, »Königserlaß« und so wei-ter, untergeordnet sind; sie ist das Recht schlechthin. Diesen universalen Anspruch bewährt sie im Totengericht, bei dem der Wesenskern des einzelnen Menschen der Maat gegen-übergestellt wird.

Als allgemeines Gefühl für Gerechtigkeit sorgt Maat für den Schutz der sozial Benachteiligten und für den Ausgleich zwischen Besitz und Armut. In ihren Biographien, die als Idealbild und bleibendes Lebensresultat im Grabe aufge-zeichnet wurden, betonen die Beamten immer wieder: »Ich gab Brot dem Hungrigen, Wasser dem Dürstenden, Kleider dem Nackten, ein Fährboot dem Schifflosen.« Je größer die Verantwortung für das Gemeinwesen, desto größer auch die Verpflichtung, Maat auszuüben; daher wird sie, neben den Totentexten, am häufigsten in den Königsinschriften ge-nannt. Pharao ist kraft Amtes derjenige, der Maat bringt und *isfet* vertreibt, der pointiert von sich sagen kann: »Ich habe die Maat in dieses Land gebracht, in dem es sie nicht gab«, oder: »Ich habe Maat eingeführt durch die Länder und *isfet* zu Boden gestochen.«

Aber die Lehren, in denen das Wissen um die Maat ausge-breitet wird, richten sich nicht nur an die Spitze von Staat und Verwaltung; die königlichen Lehren, die wir aus der 10. und 12. Dynastie besitzen, stellen ohnehin einen Sonderfall dar. Es kommt ganz entscheidend darauf an, daß auch der kleine Beamte in seiner Amtsstube ein Bild der Maat vor Augen hat und dieser Richtschnur folgt. Da sehen wir in den Akten der Ramessidenzeit nur zu deutlich, wie Ideal und Wirklichkeit auseinanderfallen, wie in allen Kreisen der Ver-waltung hemmungslos unterschlagen, manipuliert, Bestechung angenommen wird. Dies ist der reale Hintergrund, auf welchem die Beteuerung Pharaos, er habe Maat in ein Land gebracht, in dem es sie nicht gab, eine sehr aktuelle Bedeutung gewinnt.

Die Anklagen, die unter König Siptah gegen den Vorarbeiter Paneb erhoben werden, oder die Akten des »Elephantine-Skandals« unter Ramses IV./V. zeichnen ein erschütterndes Bild der wirklichen Zustände; die dort Betroffenen scheinen niemals etwas von Maat gehört zu haben. Das Neue Reich ist schließlich, wie vor ihm das Alte, an einem Fehlen von Maat zugrunde gegangen.

Aus solchen geschichtlichen Erfahrungen folgte für den Ägypter nicht Resignation, sondern das Bewußtsein, daß Maat immer neu auch eine Chance darstellt, daß auch die vertriebene Maat jederzeit wieder zurückkehren kann, sei es durch Anstrengung der Herrschenden oder des Einzelnen. Darin berührt sich der Begriff der Maat mit dem Symbol des Horusauges: es ist das Auge, das immer wieder verletzt und beeinträchtigt, aber auch immer wieder geheilt und ganz gemacht wird – darin Symbol einer stets gefährdeten und stets als Aufgabe neu gestellten Ordnung.

So hat das Darbringen des Horus- oder *Udjat*-Auges durch den König oder einen Priester im Grunde den gleichen Sinn wie das Darbringen der Maat; es meint den sichtbaren Beweis, daß alle Störung und Verletzung der Ordnung beseitigt ist, daß wieder Recht und Harmonie herrschen. Auf zwei Statuen findet sich die Formel »Meine Arme tragen das Udjat-Auge, ich bringe die Maat dar«. Gern stellt man dieses heilige Auge in den Händen eines Pavians dar, Anspielung auf den Gott Thot, der das Auge geheilt, den Streit geschlichtet und damit wiederum Maat verwirklicht hat. Auch als Richter und Wesir der Götter ist Thot dem Rechtsbegriff der Maat verpflichtet. Zudem ist er ein Mondgott und führt uns in die Welt der Gestirne; das verletzte und wieder geheilte Auge, das er hält und darbringt, ist der schwindende und wieder volle Mond. Wenn Thot als Pavian in der Sonnenbarke hockt und dem Sonnengott Re das Auge darreicht, so weist er damit auf die kosmische Ordnung der Gestirne, die unverrückbar ihre Bahn ziehen. Auch das war für den Ägypter Maat.

In der Realität ist es zweifellos nicht gelungen, die Maat

auf Dauer und ungetrübt zu verwirklichen, jedenfalls nicht im Diesseits. Aber Ptahhotep weiß in seiner Lebenslehre »Ist das Ende da, dann bleibt die Maat« (5. Maxime), er geht davon aus, daß sie die unerschütterliche Basis eines jenseitigen Daseins bildet. »Es dauert der Mann, welcher der Maat entspricht« (19. Maxime) – ein Grab und eine gesicherte Fortexistenz kann man nur durch Maat-Tun gewinnen.

Immer wieder treffen wir in Ägypten das Bewußtsein an, daß Bosheit, Unrecht und Unvernunft zwar vorübergehend Erfolg haben können, wie die Praxis lehrt, aber letztlich doch nicht »landen« und den sicheren Hafen gewinnen. All das hat keine Dauer, bringt keinen bleibenden, sondern allenfalls vorübergehenden Gewinn und ist von daher nutzlos und gefährlich. Denn es bewirkt spätestens im Jenseits negative Vergeltung, und für den Ägypter sind Diesseits und Jenseits ja ein Kontinuum ohne strikte Grenze (Kapitel 6).

Am eindrucksvollsten hat wieder der Oasenmann dieses letztliche Scheitern der Lüge vor Augen gestellt, wenn er in seiner bildhaften Redeweise sagt: »Wenn die Lüge einhergeht, so geht sie in die Irre, nicht kann sie mit der Fähre überfahren. Wer auf sie baut, hat keine Kinder, keine Erben hat er auf Erden. Wer mit ihr fährt, erreicht nie das Ziel, sein Schiff kann am Ufer nicht landen« (neunte Klage). Jahrhunderte später, in der neuen literarischen Blüte der Ramessidenzeit, schildert das Märchen von Wahrheit und Lüge sehr anschaulich, daß die Lüge sich durch die ihr innewohnende Übertreibung und Unwahrscheinlichkeit in Widersprüche verstrickt und damit selber richtet.

Es liegt also kein Segen auf dem, was nicht zur Maat gehört, und bezeichnend ist, daß noch im Koptischen, der Sprache der christlichen Ägypter, das Verbum für »segnen« (*CMOY*) vom alten Begriff der Maat abgeleitet ist, der sonst im Koptischen nur noch speziell die »Wahrheit« bezeichnet.

Maat ist das, was am Ende bleibt, aber sie ist für den Ägypter keine Utopie, wie ihm überhaupt soziale Utopien fremd sind, dazu ist er zu sehr Realist und Pragmatiker. Maat ist ein Leitbild, an dem er sich orientiert, ist der Soll-Zustand, an dem der Ist-Zustand immer wieder schonungs-

Abb. 26: Das Totengericht mit dem Herzen des Verstorbenen und der Feder der Maat in den Waagschalen. Nach E. Brunner-Traut: Gelebte Mythen, Darmstadt 1981, S. 74.

los gemessen wird; dann stellt sich in der Regel heraus, daß zu wenig Maat vorhanden ist. Die Szene des Darbringens zeigt, was notwendig ist: stete Bemühung, die bestehende Maat überall in der Welt zu vermehren, denn:

> Wer die Lüge vermindert, fördert die Maat,
> wer das Gute fördert, macht das Böse zunichte,
> wie Sättigung den Hunger vertreibt,
> Kleidung die Nacktheit bedeckt,
> wie der Himmel heiter ist nach heftigem Sturm,
> ... wie Feuer rohe Nahrung kocht,
> wie Wasser den Durst löscht
>
> (Oasenmann, sechste Klage).

In der »Negativen Konfession« des Totengerichtes schwört der Verstorbene allen Handlungen ab, die zu *isfet* und nicht zu Maat gehören. Durch jede Ableugnung kommt er der Maat einen Schritt näher, bis er sich ganz und gar im Zustand der Maat befindet, so wie bei der »Gliedervergottung« jeder Teil seines Körpers göttlich wird.

Hier, im Bemühen um eine Mehrung der Maat, liegt die Aktualität und pragmatische Bedeutung dieses Begriffes. Es kann ja nicht darum gehen, Lüge, Unvernunft und Gemeinheit in der Welt vollständig auszurotten. Es wird sie geben, solange es Menschen gibt, sie sind ein Teil des »menschlichen Versagens«, der Unzulänglichkeit, die in einer Welt technischer Perfektion nur immer spürbarer wird. Der Mensch kann beinahe alles, aber er kann sich nicht ändern. Gegen diese Realität hat der Ägypter sein bescheidenes Ideal gesetzt: Vermehrung der Maat. Aktueller gesagt: Wer die Zerstörung der Umwelt mindert, und sei es auch nur in bescheidenstem Maße, der fördert das Überleben und die Qualität des Überlebens; er mindert die Maat nicht, sondern mehrt sie.

Die moderne Gesellschaft hat bereits viele ethische Leitbilder aufgestellt und wieder verwerfen müssen, weil sie sich als nicht tragfähig erwiesen. Ob Maximierung des Nutzens oder Solidarität, ob rechte oder linke Utopien, ob Rechtsstaat und Sozialstaat – das Problem »Gerechtigkeit für alle« ist nicht gelöst. Die Maat aber erweist sich als tragendes Prinzip, das diesem Ziel am nächsten kommt. Dieses Prinzip kann und will die sozialen Unterschiede nicht beseitigen, aber es verpflichtet alle sozialen Schichten. Es dient nicht den Interessen einer einzelnen Gruppe, sondern greift über die Sozialordnung hinaus, schließt alle Lebewesen und die ganze Natur mit ein. Es ist das universalste und gerechteste ethische Prinzip, das von Menschen aufgestellt wurde.

Die Maat hat aufs engste mit dem Sinn der Ägypter für Maß und Ausgewogenheit zu tun. Sie, die als Göttin auch zur Welt der Himmlischen gehört, jenseits der Menschenwelt, tritt uns nicht mit übertriebenen Ansprüchen und absoluten Forderungen entgegen; sie mißt mit menschlichen Maßen. Maat ist ein Weg des Maßes, der zwischen den Extremen verläuft.

Verlangt ist ein Minimum an Wohlstand, denn »ein Armer spricht nicht nach der Maat« (Lehre für Merikarê), da es ihm einzig um das Überleben geht. Aber Maat bedeutet nicht Maximierung des Wohlstandes und des Nutzens, sie warnt vor jedem Übermaß und ganz besonders vor der Habgier als einem Grundübel, das in den ägyptischen Lebenslehren immer wieder angeprangert wird. Sie strebt nach Gerechtigkeit in der Verteilung und Nutzung des Vorhandenen. Sie deckt sich weitgehend mit dem, was wir vernünftiges und vorausschauendes Handeln nennen können.

Die gesteigerten Möglichkeiten, die unendlichen Verlockungen der modernen Welt machen es dem Menschen, diesem eigentlich vernunftbegabten Wesen, offensichtlich immer schwerer, Verzicht zu üben – Verzicht auf sinnentleerten Konsum, Verzicht auf Nutzen, der andere schädigt, Verzicht auf Machbarkeit, die neue Gefahren heraufbeschwört. Rückbesinnung auf das Prinzip Maat kann dazu helfen, solche notwendigen Verzichte einsichtiger und tragbarer zu machen; in größerem Zusammenhang gesehen, gehören auch sie zur Ordnung der Welt. Wer die Maat darbringt und ihr folgt, wer den Blick immer wieder auf diese Göttin gerichtet hält, der kann nicht fehlgehen.

Wenn in einer großzügigen Definition »Dasein in seinem Sein geschichtlich« ist (Heidegger), weil es Raum und Zeit mitbringt und sich in ihnen vollzieht, dann hebt sich von einem Hintergrund mit so weitem Horizont deutlich das geschichtliche Denken des Menschen ab; denn es trifft aus der Fülle des Geschehens eine Auswahl und überliefert das Ausgewählte als Geschichte. Im Vergleich zu den Jahrmillionen der Natur- und Entwicklungsgeschichte ist dieses Denken in geschichtlichen Kategorien jung; seine Entstehung und seine Wesenszüge lassen sich an ägyptischen Denkmälern der Zeit um 3000 v. Chr. zum ersten Mal deutlich beobachten.

Die Vorgeschichte hat ihre Weltschau auch in Ägypten in den frühen Werken der bildenden Kunst verewigt, aber kein Geschehen überliefert, das man als geschichtlich ansprechen darf. Jagd- und Kampfbilder zeigen das Weltgeschehen in einem noch ungeordneten Zustand ohne Raum- und Zeitkomponenten, durchwaltet von unberechenbaren Mächten, die einander bekämpfen und sich verbrüdern, aber keinem erkennbaren Gesamtplan gehorchen. Erst durch Standlinie, Zeilengliederung, Bedeutungsmaßstab und Schrifterfindung wird es möglich, Geschehen zu gliedern, zu kennzeichnen und als Geschichte zu überliefern.

Die ersten unverwechselbar geschichtlichen Denkmäler Ägyptens sind mit dem Namen des Königs »Skorpion« verbunden, der um 3000 v. Chr., noch vor der 1. Dynastie, über Oberägypten und Teile des Deltas geherrscht hat. Die »Städtepalette« dieses Königs (Ägyptisches Museum Kairo) hält in Raum und Zeit ein einmaliges Geschehnis fest und hebt es aus dem Fluß der Dinge, aus der gleichbleibenden Allgemeinheit von Kampf und Kult heraus. Dazu bedarf es eines Geschichtsbewußtseins, das sich in der Schrift verewigen kann. Wenige Schriftzeichen genügen: eines überliefert den Königsnamen »Skorpion« und datiert das Denkmal damit in seine Zeit, ein anderes kennzeichnet die lange Reihe der Tiere und Bäume auf der Rückseite als »libysche«, das heißt im Westdelta gewonnene Beute. Der Verankerung im Rau-

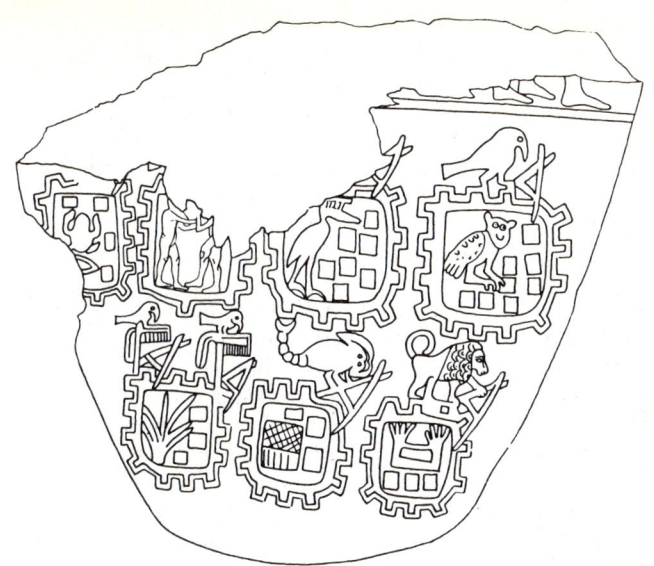

Abb. 27: Die »Städtepalette«. Nach W. B. Emery: Archaic Egypt, Harmondsworth 1961, S. 117, Fig. 74.

me dienen auch die Städtenamen der Vorderseite, die vielleicht in Form einer Litanei alle den gleichen Ort »Buto« meinen. Mauer-Rechtecke, Tiere und Bäume sind bereits sorgfältig in Zeilen aufgereiht, und die Figuren im abgebrochenen oberen Teil der Palette waren, wie die Tiere, auf Standlinien gestellt.

Die geschichtliche Aussage, mit bescheidensten Hilfsmitteln formuliert, lautet etwa: »König ›Skorpion‹ hat einen wichtigen Ort des Westdeltas erobert und dabei reiche Beute eingebracht.« Daß wir dieses Ereignis als einen Raum/Zeit-Punkt im Geschehen nicht nach Jahr und Tag unserer heutigen Zeitrechnung festlegen können, tut seiner Geschichtlichkeit keinen Abbruch; für altorientalische Geschichtsüberlieferung genügte weitgehend die Nennung des Königsnamens. Auch eine gewisse Vieldeutigkeit haftet diesen ältesten, allzu knappen historischen Informationen an, erst im Laufe der Zeit gewinnen sie an Umfang und Genauigkeit; so hat man das

Ereignis auch als Gründung einer Stadt deuten wollen und streitet darüber, ob die dargestellten tiergestaltigen Mächte den König oder Gottheiten meinen.

Etwa eine Generation später läßt sich das entstehende Geschichtsbewußtsein noch deutlicher auf der Prunkschminktafel des Königs Narmer greifen, auch sie ist im Museum von Kairo und ursprünglich Weihgabe im Tempel von Hierakonpolis. Auf ihrer Rückseite erschlägt der König mit erhobener Keule einen niedergesunkenen Feind. Diese typische Szene vom »Niederschlagen der Feinde« begegnet bereits in der Vorgeschichte und bleibt bis in die römische Zeit Ägyptens im Grundgedanken unverändert. Den ältesten Beleg gibt uns eine vorgeschichtliche Grabmalerei aus Hierakonpolis. Dort steht am Rande des beziehungslos durcheinanderwogenden Weltgeschehens ein Mann, sicher der Häuptling, der drei (also »viele«) gefesselte Feinde ergriffen hat und sie mit erhobener Keule erschlägt. Mag hier auch wirkliches Geschehen »erzählt« werden, es wird für uns nicht zum Ereignis. Denn Jagd und Kampf, Verbrüderung der Mächte und Niederschlagen der Feinde sind zeitlose Bilder des Weltgeschehens, die auch der Mythos gebraucht.

Wie anders, und nicht nur künstlerisch durchgebildeter, erscheint die gleiche Szene auf der Narmerpalette! Knappe, aber präzise Beischriften holen das dargestellte Geschehen aus der Zeitlosigkeit mythischer Aussage in die Geschichte, in die Kategorien von Raum und Zeit; und erst die Geschichte verleiht ihm eine Einmaligkeit, die ihm sonst fehlen würde. Nun ist es der bestimmte König X, der in einem festgelegten Jahr seiner Regierung den bestimmten Feind Y besiegt hat. Anders gesagt: die Größen X/Y/Z – König, Feind, siegreicher Kampf – sind als unbestimmte Größen vorgegeben; Mythos und Märchen können sie unmittelbar als Bausteine für allgemeine Gleichungen verwenden, die Geschichte aber ersetzt sie durch feste, genau definierte Größen.

Noch ein letztes Beispiel möge diesen Übergang vom Mythisch-Allgemeinen zum Geschichtlich-Besonderen im erwachenden Geschichtsbewußtsein Ägyptens verdeutlichen. Die frühesten ägyptischen Könige tragen nur einen einzigen Titel – sie bezeichnen sich als »Horus«, als irdische Inkarnation des falkengestaltigen Himmelsgottes. Schon einige Ob-

Abb. 28: Rückseite der »Narmerpalette«. Nach J. E. Quibell: Zeitschrift für ägyptische Sprache und Altertumskunde 36, 1898, Taf. 13.

jekte aus dem Ende der Vorgeschichte tragen als Besitzmarke diesen Horus-Titel, jedoch zunächst noch anonym, ohne den Namen eines Königs. Das Schriftzeichen des Titels zeigt den rechteckigen Grundriß der Palastanlage, in den die Voransicht, die Fassade mit den Toren und der Nischengliederung, hineingesetzt ist; darüber hockt der Horusfalke, der nach ägyptischer Zeichenweise nicht über, sondern »im« Palast zu denken ist. Als Lesung des ganzen Zeichens bietet sich »Der Horus im Palast« an, eine Erscheinungsform des Gottes Horus und damit eine mythische Größe.

König »Skorpion« schreibt als einer der ersten seinen Namen in den freien Raum zwischen Falke und Palastfassade, bezeichnet sich also als »Horus Skorpion«. Mit diesem Entschluß treten »Skorpion« und seine Nachfolger aus der vorgeschichtlichen Anonymität heraus, und der Gott wird zu einem »Horus NN«, wirkt als jeweils regierender Pharao nun in der geschichtlichen Welt mit ihrer raumzeitlichen Einmaligkeit. Den Gott Horus gibt es immer, und den »Horus im Palast«, also den König, ebenso. Aber der »Horus Skorpion« oder der »Horus Narmer« sind als geschichtliche Größen einmalig und nicht wiederholbar. Ein König, »der sich nicht wiederholen wird ewiglich« – so formulieren es die Inschriften späterer Pharaonen.

Das Gefühl für die Einmaligkeit von Personen oder Ereignissen läßt sich in der ägyptischen Geschichtsüberlieferung oft genug belegen, und in einzelnen Fällen wird sogar ein einmaliges Versagen Pharaos zugegeben, der sonst immer im Recht ist. Für das Geschichtsbild, wie es uns in den offiziellen Inschriften und Darstellungen entgegentritt, ist jedoch das Wiederkehrende und Typische bestimmend geworden – die Rolle, welche Personen und Dinge in der Welt spielen. Im Reliefschmuck der Narmerpalette und der anderen frühen Denkmäler hat der Ägypter den handelnden Mächten Rollen zugewiesen, deren Träger wechseln, deren Inhalt aber von nun an das Bild der Geschichte prägen soll. Stets ist der König als Verteidiger der Weltordnung ein rastloser Kämpfer und Überwinder des Gegners, immer gehört es zur Rolle der Götter, ihm die Feinde »unter seine Sohlen« zu geben, immer steht der Beamte loyal und helfend im Hintergrund, stets unterliegt der »Feind« und muß um Gnade flehen.

Zu einem solchen Spiel mit verteilten Rollen ordnet die offizielle Überlieferung das Weltgeschehen auch dann, wenn es in der »Wirklichkeit« nach unseren Kriterien völlig anders zugegangen ist. Wir werden wohl niemals mit Sicherheit wissen, wie jener folgenschwere Maitag des Jahres 1274 v. Chr. wirklich verlaufen ist, als Ramses II. bei der syrischen Stadt Kadesch am Orontes mit einer seiner vier Legionen in einen Hinterhalt der Hethiter und ihrer Verbündeten geriet. Die Ägypter entgingen knapp einer Katastrophe, räumten als Unterlegene das Schlachtfeld und wurden von ihren Gegnern noch eine Strecke weit verfolgt. Mit dem Bericht über diese Schlacht, den er in allen wichtigen Tempeln Ägyptens und Nubiens anbringen ließ, hat Ramses II. bewußte Friedenspolitik getrieben, die schließlich in einem Bündnis der beiden Großmächte gipfelte (Kapitel 1).

Es sind daher drei Komponenten, aus denen sich dieser Bericht zusammensetzt: das wirkliche Geschehen, das den Rahmen der Handlung und eine Reihe von Details bestimmt; die politische Absicht, welche die Akzente setzt, und das Geschichtsbild, das ein Grundmuster des Geschehens liefert. Nach diesem Grundmuster spielen alle Beteiligten, wie in einem kultischen Drama, eine festgelegte Rolle. Die Feinde, »wie Heuschrecken in ihrer Menge«, imponieren durch ihre Masse, aber fallen wehrlos unter die Hufe des anstürmenden Königsgespannes. Pharao ist die Sonne, und wo immer er sich zeigt, vertreibt er die Mächte der Finsternis. Selbst das Versagen seiner Armee wird nicht nur in politischer Absicht herausgestellt, sondern dient als Folie, von der sich die übermächtigen Gestalten Pharaos und seines Gottes Amun desto leuchtender abheben; sie sind, dem Text zufolge, wirksamer »als Millionen von Fußtruppen und Hunderttausende von Wagenkämpfern, als zehntausend Mann an Brüdern und Kindern, die einmütig zusammenstehen«.

Geschichte wird hier stilisiert, nicht verfälscht. Sie rückt in die Nähe des Kultes, der nach einem festgelegten Ritual zelebriert wird. »Historische« Inschriften und Darstellungen aus dem alten Ägypten sind nicht Erzählung von wirklichem Geschehen; sie führen hinein in eine kultisch-festliche Wirklichkeit, in der es nichts Zufälliges gibt, sondern nur das Notwendige geschieht. So hat es in Ägypten auch niemals eine wirkliche Geschichtsschreibung gegeben, im Sinne einer objektiven Erzählung von Vergangenem. Denn dieses ist nur dann interessant, wenn es zugleich auch Gegenwart ist und Zukünftiges sein kann.

Phiops II. (um 2254–2160 v. Chr.) kopiert bis in Einzelheiten eine über zweihundert Jahre ältere Darstellung seines Vorgängers Sahurê, die einen Sieg über die Libyer zeigt, obgleich er wahrscheinlich nie einen Feldzug gegen dieses Volk geführt hat, und noch der Äthiopenkönig Taharqa (690–664 v. Chr.) läßt die uralte Szene von seinen Künstlern nachbilden. Tutanchamun, der etwa achtzehnjährig gestorben ist, wird als Sieger über Neger und Asiaten vorgeführt, gegen die er sicher niemals zu Felde gezogen ist. Nach dem Vorbild von Ramses II. hat auch Ramses III. (1184–1153 v. Chr.) in seinem Totentempel von Medinet Habu den Kampf gegen die Hethiter darstellen lassen, obwohl dieser einstige Gegner Ägyptens inzwischen aus der politischen Wirklichkeit verschwunden war.

Wie in vielen anderen Beispielen, geht es hier nicht um die Überlieferung von historischen Ereignissen, sondern um den Vollzug eines Rituals, das immer auch zukünftig ist. Das wird noch deutlicher beim *Sedfest*, dem königlichen Erneuerungsfest, das von der Frühzeit bis zu den Ptolemäern bezeugt ist. Die Kräfte Pharaos verbrauchen sich im Laufe einer Generation, so daß sie nach dreißigjähriger Regierung im Ritual dieses Festes erneuert werden müssen. Nur wenige Könige regierten lange genug, um einen wirklichen Vollzug des Festes zu feiern und in den Annalen festzuhalten. Aber Darstellungen und Erwähnungen des Sedfestes gehören zum festen Dekorationsprogramm königlicher Bauten und verewigen es auch dort, wo es nie gefeiert wurde, sondern ideales Ziel blieb. Welche Sedfeste wirklich »historisch« sind, ist nicht immer mit Sicherheit zu entscheiden.

Zur ewigen Gegenwart des Kultes gehört es, daß Pharao den Göttern Opfer darbringt, daß er Feinde besiegt, Bauten errichtet und Erneuerungsfeste begeht; dieses alles bedeutet ein Verwirklichen der *Maat* (Kapitel 8). Schon im Alten Reich finden daher, neben den eigentlichen Kultszenen, Jagd- und Kampfbilder Eingang in die Tempel. Viele parallele Darstellungen zeigen, daß dabei Jagd und Kampf austauschbar sind. Pharao besiegt die feindlichen Mächte und

144

hält sie damit auch vom heiligen Bezirk des Tempels fern, und das blutige Tieropfer im Tempel meint ebenso eine rituelle »Vernichtung der Feinde«, die geschlachteten Tiere spielen die Rolle von mythischen Götterfeinden.

Diese Rolle kann ebenso von politischen Feinden übernommen werden, und wenn der König Gefangene oder Beute aus einem bestimmten Feldzug der Gottheit wie ein Opfer darbringt, wird die Grenze zwischen Kult und Geschichte wiederum fließend. So hat Ramses III. in Medinet Habu neben den bereits erwähnten Kopien von ahistorischen Hethiterkämpfen auch seine aktuellen Siege über Seevölker und Libyer abgebildet, durch die er historisch eine große Gefahr von Ägypten abgewandt hat; diesen Kampfszenen entsprechen die bekannten Jagdszenen mit Wildstieren und Wildeseln auf der Rückseite des südlichen Pylonturmes. Ramses II. hat die zeitlosen Bilder vom »Niederschlagen der Feinde« auf den Pylontürmen durch aktuelle Bilder der historischen Schlacht von Kadesch ersetzt, aber gemeinsam ist die Absicht, in *apotropäischer* (übelabwehrender) Weise alle denkbaren »Feinde« abzuschrecken, die den heiligen Ort bedrohen könnten.

In ägyptischer Sicht gestalten auch diese Bilder Wirklichkeit und gewinnen an Bedeutung, je weniger die politische Wirklichkeit des ausgehenden 2. Jahrtausends v. Chr. dem Ideal entspricht. Ähnlich verfährt man mit dem gesprochenen Wort und mit der vorgeschriebenen Handlung des Rituals – die Aufzeichnung im Grab oder im Tempel gibt ihnen Dauer und verstärkt ihre Wirksamkeit. An den Tempelwänden siegt Pharao noch heute über Völker, die längst untergegangen sind, und feiert Feste für Götter, an die niemand mehr glaubt. Was solche Darstellungen und ihre Texte an geschichtlichen Aussagen enthalten, erschließt sich nur einer kritischen Analyse, die das uns fremde Geschichtsbild in Rechnung stellt.

Dieses Geschichtsbild ist nicht ohne Wirkung auf die tatsächliche Geschichte geblieben und verdient auch deshalb die Aufmerksamkeit des Historikers. Die aus praktischen Gründen zweifellos recht objektive Überlieferung von Nilhöhen scheint immer dann Rekordwerte zu geben, wenn es sich um ein Sedfest-Jahr handelt: die Erneuerung des Königs verbindet sich mit einer allgemeinen Erneuerung der Natur, die Überschwemmung fällt besonders reichlich aus. Feldzüge, die gleich zu Beginn einer Regierung ausgeführt werden, entspringen eher einer rituellen, als einer militärischen oder politischen Notwendigkeit; sie sollen den Feinden Ägyptens die machtgeladene Anwesenheit und Aktivität Pharaos vor Augen führen und seine Rolle als Triumphator bestätigen. Solche Feldzüge setzen das Idealbild vom »Niederschlagen der Feinde« in geschichtliche Realität um.

Auch das Idealbild von Pharao als Schöpfer, der sich durch Bauten und andere »Denkmäler« bestätigt, gestaltet die Realität. Ramses II., dem bis zu seinem Tode 66 Jahre Königsherrschaft beschieden waren, hat uns aus seinem ersten Regierungsjahr mindestens drei große Bauinschriften hinterlassen und offenbar sogleich nach der Thronbesteigung mit mehreren gigantischen Tempelbauten begonnen: Abydos, Abu Simbel, das Ramesseum, dazu der Pylon des Tempels von Luxor, die Vollendung des Großen Säulensaales von Karnak und die Errichtung einer gewaltigen Grabanlage im Tal der Könige. Diese ungeheure Anspannung aller Kräfte zu Beginn einer Regierung läßt sich nur aus dem Geschichtsbild erklären und führt dazu, daß wir aus relativ kurzen Regierungen oft eine erstaunliche Fülle an Denkmälern besitzen.

Das Geschichtsbild, das hier die Wirklichkeit mitgestaltet, ist nicht allein durch äußere Parallelen mit der Sphäre von Kult und Ritual verbunden. Geschichte ist im alten Ägypten ein Kultdrama, an welchem die gesamte Menschheit Anteil hat, eine Steigerung der großen Feste, an welchen der kultische Vollzug aus der Abgeschiedenheit des Götterschreines im Sanktuar hinausgetragen wird in die Öffentlichkeit. Es ist kein Zufall, sondern entspricht dieser Wesensverwandtschaft, daß zugleich mit den »historischen« Schlachtenbildern die großen Festdarstellungen Einzug in die Tempeldekoration halten. Zugleich werden die großen Feste und ihre Begehung durch den König seit den frühesten Annalen auch als geschichtliche Ereignisse überliefert – eine Tradition, die sich bis in die Chroniken des Mittelalters fortsetzt.

Es schien mir deshalb sinnvoll, das altägyptische Geschichtsbild durch das Stichwort »Geschichte als Fest« zu kennzeichnen. Diese Formulierung hat Widerspruch gefunden, weil sie in ihrer Kürze nicht allen Aspekten und Wandlungen dieses Geschichtsbildes gerecht werden kann. Aber es geht ja um den Grundton, der immer wieder aufklingt, um den zeremoniellen Charakter, den Geschichte nicht nur im alten Ägypten, sondern in vielen anderen Kulturen hat, bis in unsere Tage hinein. So ist »Geschichte als Fest« auch als fruchtbarer Anstoß und als Schlüssel benutzt worden, um neue und bisher unzureichend erforschte Dimensionen der Geschichte aufzuschließen.

In dieser Sicht vollzieht sich Geschichte als ein festgelegtes Ritual, dessen Textbuch die Annalen sind. In den Annalen ist Geschichte als Vergangenes, Gegenwärtiges und Zukünftiges überliefert; sie zeigen und schreiben zugleich vor, was geschehen ist, geschieht und immer wieder zu geschehen hat. Als Ritualbücher werden sie zu Beginn jeder Regierung zugleich mit der Titulatur des neuen Königs, also seinem Regierungsprogramm, feierlich »festgesetzt«. Danach liegt im Grundmuster fest, was in der neuen Regierungszeit zu geschehen hat, und dem Weisen ist die Zukunft so vertraut wie die Vergangenheit.

Annalen werden in Ägypten seit Beginn der geschichtlichen Zeit geführt, zunächst als Summierung von Ereignissen, welche seit König Aha (um 2900 v. Chr.) die einzelnen, noch nicht fortlaufend gezählten Regierungsjahre eines Herrschers kennzeichnen. Solche Jahresnamen, wie »Schlagen der Asiaten«, »Fest des Horus-Stern-der-Götter«, »Bilden der Chontamenti-Statue«, »Schießen des Nilpferdes« und so weiter, finden wir auf Holz- oder Elfenbeintäfelchen, die man als Etikett den Ölgefäßen mitgab, später auch in die Gefäße eingeritzt. Im alten Vorderasien hat man noch länger daran festgehalten, die Jahre durch ein hervorstechendes Ereignis (oder durch mehrere) zu benennen. Auch in Ägypten konnte man weiterhin bestimmte Jahre so im Gedächtnis behalten, etwa als »Jahr, in dem man (aus Hunger) Hyänen aß«. Offiziell aber ging man im frühen Alten Reich zur Datierung nach regelmäßigen Steuererhebungen und schließlich nach Regierungsjahren über.

Dabei beginnt die Zählung mit jedem Regierungswechsel neu, bringt also zyklische Wiederkehr statt der geradlinig fortschreitenden Datierung nach einer Ära. Jeder König beginnt die Zeit aufs neue, setzt einen neuen Anfang und wiederholt zugleich, was vorher schon gewesen ist, so wie sogar

Abb. 29: Annalentäfelchen des Königs Dewen. Nach W. M. F. Petrie: The Royal Tombs of the First Dynasty I, London 1900, pl. XV, 16.

die jenseitige Existenz für den Ägypter eine »Wiederholung des Lebens« ist. Auch dieses Gefühl, daß man sich nicht geradlinig in der Zeit voranbewegt, ist prägend für das ägyptische Geschichtsbild.

Die alten Jahresnamen wurden, nach Regierungen geordnet, in Listen zusammengefaßt. Originale Listen sind uns nicht erhalten, aber Bruchstücke von Kopien auf Stein, die man in der Spätzeit angefertigt und in Tempeln aufgestellt hat. Der Annalenstein im Museum von Palermo umfaßte einstmals die ganze frühe Geschichte bis in die 5. Dynastie hinein. Die einzelnen Jahresfelder des Steines sind in waagerechten Kolumnen aufgereiht und enthalten mit der voranschreitenden Zeit eine immer größere Zahl von Ereignissen.

Das Geschehen, das hier überliefert wird, ordnet sich zu wenigen typischen Vorgängen: Bilden von Statuen, Errichten von Kultanlagen, Begehen der großen Staatsfeste, Regierungsantritte und Erneuerungsfeste, Schlagen von Gegnern und rituelle Jagden, dazu die jährlich notierte Höhe der Nilüberschwemmung, von der die Fruchtbarkeit des Jahres und die Höhe der Steuern abhingen. Diese festen Typen von

Ereignissen kehren mit monotoner Regelmäßigkeit alle paar Jahre wieder, und ihr zyklischer Charakter kann durch eine Ordinalzahl noch zusätzlich betont werden: »Erstes Mal des Schlagens des Ostens«, »Zweites Mal des Sokarfestes« und ähnlich.

Von dieser auswählenden und mit Wiederholbarkeit verbundenen Typisierung des Geschehens sind nicht nur die Annalen, sondern die offizielle ägyptische Geschichtsüberlieferung im ganzen geprägt. Bezeichnend ist die Schilderung der Schlacht von Megiddo (1458 v. Chr.), in der Thutmosis III. eine gefährliche Koalition asiatischer Fürsten zerschlug. In den ›Annalen‹ des Königs (eigentlich Auszüge aus seinem Kriegstagebuch) wird der Schlachtverlauf mit wenigen Versen abgetan:

> Da wurde Seine Majestät machtvoll gegen sie an der
> Spitze seines Heeres.
> Darauf erblickten sie Seine Majestät, wie er machtvoll
> gegen sie wurde,
> und sie stürzten in wildem Durcheinander davon,
> nach Megiddo (hinein), die Gesichter voller
> Schrecken.

Andere Details aus dem Kriegsverlauf sind allerdings weit ausführlicher geschildert, und über den Verlauf der knapp zweihundert Jahre späteren Schlacht von Kadesch erfahren wir von Ramses II. eine Fülle von Details. Daß die Typik des Geschehens im Vordergrund steht, bedeutet keine strenge Determinierung der Geschichte. Jederzeit kann sich, »zum Staunen des ganzen Landes«, etwas völlig Neues ereignen; »niemals geschah solches seit der Urzeit« ist eine beliebte Formel der königlichen Inschriften, und vor allem die Könige des Neuen Reiches betonen angesichts ihrer Leistungen, sie hätten in den Annalen nichts Vergleichbares gefunden. Dynamisch wirkt auch das Prinzip von der »Erweiterung des Bestehenden« (Kapitel 5) – der Wille, die Vorgänger zu übertreffen und über das hinauszugehen, was sie geschaffen haben.

Es ist nicht üblich, daß in den Annalen und Königsinschriften Beamte genannt werden. Um sie kennenzulernen, müssen wir sie in ihren eigenen Gräbern aufsuchen oder in zufällig erhaltenen Akten. Das individuelle Grab ist in Ägypten, stärker noch als in anderen Kulturen, ein Denkmal des eigenen Lebens für die Nachwelt. In den Grabinschriften werden künftige Generationen angesprochen, »die nach mir kommen werden in Millionen von Jahren«, wie es ein ramessidischer Verwalter von Memphis formuliert, um gleich mit dem entscheidenden Punkt fortzufahren: »Ich lasse euch wissen, wie angesehen ich bei Seiner Majestät war.« Die Biographien, die seit dem frühen Alten Reich in Beamtengräbern aufgezeichnet werden, wollen keine Chronik des Lebens geben, sondern der Leistung und dem Rang des Verstorbenen Dauer verleihen; dieser Rang wird bestimmt durch die Nähe zu Pharao und die erfolgreiche Durchführung königlicher Aufträge.

In manchen Biographien wird die aktive Teilnahme an den Kämpfen und Bauten Pharaos herausgestellt, aber andere Beamte verwenden die Formel »Ich sah … «, wenn sie ihre Teilnahme beschreiben wollen; sie stehen als Zuschauer den geschichtlichen Ereignissen ihrer Zeit gegenüber, nehmen als Zuschauer an dem festlichen Spiele teil, das allein der König zelebriert. Inene, der als Bürgermeister von Theben und als Bauleiter für mehrere Könige der 18. Dynastie tätig war, sagt in seiner Biographie: »Ich sah die großen Denkmäler, die er (Amenophis I.) in Karnak errichtete … ich sah, wie man die beiden großen Obelisken aufstellte … ich sah, wie man das erhabene Schiff zimmerte … ich sah, wie man das Felsgrab Seiner Majestät (Thutmosis I.) aushob in der Einsamkeit, ungeschaut, ungehört … «

Es gibt im kultischen Drama der Geschichte eigentlich nur Pharao und die »Feinde« als Rollenträger. In den zahllosen Kultszenen der Tempelwände ist der König allgegenwärtig (Kapitel 7), denn eigentlich darf nur er den Göttern gegenübertreten. Daher beherrscht er auch in der Darstellung der großen Staatsfeste das Geschehen in solchem Maße, daß Bleeker bei Gelegenheit des Minfestes bemerkt: »Es ist, als ob der Pharao dieses Fest allein für sich feiert.«

So feiert Pharao auch das Fest der Geschichte für sich allein, aber im Angesicht der Götter und im Beisein der Menschen. Aber Pharao hat viele Seiten, er ist Mensch und doch von den Göttern »nicht zu unterscheiden«, wie es auf einem der vergoldeten Schreine Tutanchamuns heißt. Die früher übliche Bezeichnung »Gottkönig« trifft daneben, denn die ägyptische Auffassung vom Königtum ist überaus differenziert und ausgewogen. Die vor allem von Hatschepsut und Amenophis III. in Bildzyklen überlieferte »Geburtslegende« erklärt den König zum Sohn eines göttlichen Vaters (Amun) und einer irdischen Mutter, der Königin, und als Sohn eines Gottes erscheint er bereits seit der 4. Dynastie in seinem Titel »Sohn des Re«. So mischt sich schon in seiner Herkunft Göttliches mit Menschlichem. Pharao gleicht den Göttern, ohne in seiner Person Gott zu sein; er ist irdisches, sichtbares »Bild« eines Gottes und spielt hier auf Erden die Rolle eines Gottes.

Dieser Gott ist der Sonnengott Re und damit zugleich der Schöpfer der Welt. Seit dem Anfang des Mittleren Reiches häufen sich Beinamen, die den König sonnenhaft sehen – als einen, »der die Beiden Länder erleuchtet«, als »Sonne der Menschen, welche die Finsternis von Ägypten vertreibt«, auch direkt als »Re der Fremdländer« oder »Re Ägyptens«, als »Sonne der Herrscher« und so weiter. Beamte des Neuen Reiches rufen ihm sogar zu: »Du bist Re!«, und diese völlige Wesensgleichheit ist im Bilde gestaltet, wenn Amenophis III., Tutanchamun und Könige der Ramessidenzeit ihren Namen in die Sonnenscheibe setzen.

Wie die Sonne die Mächte der Finsternis vertreibt, sobald sie sich zeigt, überwindet Pharao durch sein bloßes Erscheinen die Feinde Ägyptens. Seine Sonnenstrahlen sind die Pfeile, die sein Bogen entsendet, niemals ihr Ziel verfehlend, wenn er in seinem Wagen dahinstürmt. Und wie die Sonne bei jedem ihrer Aufgänge die Welt neu gestaltet und sichtbar macht, so »erleuchtet« er die Welt mit den Denkmälern und Bauten, die er errichtet, durch deren sonnenhaften Glanz Ägypten »überflutet« und »festlich gemacht« wird. Die leuchtenden Farben der Tempelreliefs, die Vergoldung einzelner Bauteile, die glattpolierten und kostbaren Steine der Statuen, sie alle tragen zu diesem Glanze, zu diesem Erleuchten und Festlichmachen der Welt bei. Sie schaffen einen irdischen Himmel, in welchem sich der König als Sonne bewegt.

Das Errichten von »Denkmälern« ist königliches Privileg, Pharao weist sich dadurch als Schöpfer aus und wiederholt, was der Schöpfergott am Anfang bewirkt hat; durch seine

Taten muß der Schöpfungsatem des Weltbeginnes spürbar sein. Die Erschaffung der Welt ist in Ägypten ja kein einmaliges Ereignis (vgl. Kapitel 2), sondern bedarf der ständigen Wiederholung und Erneuerung. So wird jeder Regierungsanfang als Neubeginn der Welt begrüßt, vor ihm herrscht immer das urzeitliche Chaos, aus dem die neue Schöpfung hervorgehen muß; das Motiv der »Anarchie beim Herrschertod« ist in ägyptischen Texten, wie in denen anderer Kulturen, gut zu belegen. Unrecht und Unordnung herrschen, bis der neue König den Thron besteigt und aufs neue die *Maat* als Basis aller Ordnung einsetzt (Kapitel 8). Dann lösen Jubel und Lachen die Trauer ab, gesetzlose Anarchie weicht einem Geist des Friedens und der Versöhnung, in welchem ein Mensch sogar »den umarmt, der seinen Vater erschlagen hat«.

All das hat mit der geschichtlichen Realität wenig zu tun, ein wirkliches Interregnum hat es nur selten zwischen Regierungen oder Dynastien gegeben. Aber die Hoffnung, mit einem Regierungswechsel werde alles neu und besser, bewahrt, wie oft auch enttäuscht, ihre Wirkung bis heute. In seiner Rolle als Schöpfer verwandelt Pharao Chaos in Ordnung, und die chaotische Fülle dessen, was geschieht, ordnet sich im ägyptischen Geschichtsbild, dessen Mittelpunkt er ist, zu klaren Linien. Wie in der Natur, so bestimmen auch in der Geschichte musterhafte Abläufe das Geschehen. Die Regelmäßigkeit, mit der alljährlich die Nilüberschwemmung das Land erneuert, mit der die Sonne täglich ihre Bahn zieht und der Mond seine Phasen durchläuft, wirkt beruhigend und bestätigend. Man kann sich auf die Wiederkehr solcher Vor-Gänge verlassen, in der Natur wie in der Geschichte; aber man weiß auch, daß es nicht eine ewige Wiederkehr des Gleichen ist, sondern im Detail immer wieder anders verläuft.

Aus der Tiefe dieses Ur-Vertrauens wächst der ägyptische Glaube an ein jenseitiges Fortleben, an eine regelmäßige Wiederholung der Existenz (Kapitel 6). Diesseits und Jenseits gehen auch in der Geschichte ineinander über – in der Frühzeit der Welt haben aufeinander folgende Götter als Könige auf Erden regiert, bis die Herrschaft auf »Halbgötter« und schließlich auf Pharao überging. Zweimal, unter Echnaton und im thebanischen »Gottesstaat des Amun«

(21. Dynastie), wurde der Versuch unternommen, die Welt wieder der unmittelbaren Herrschaft eines Gottes zu unterstellen; dahinter steht eine Suche nach Gottesnähe, die sich nicht mehr mit der göttlichen Rolle Pharaos begnügen will. Aber noch in ptolemäischer Zeit fühlen sich die hellenistisch gebildeten Könige als Träger von Götterrollen und weisen ihren politischen Feinden die Rolle der »Typhonier«, der mythischen Götterfeinde, zu, die nach uralten Ritualen getötet werden.

So bleibt das Geschichtsbild der Pharaonenzeit bis zum Ende der altägyptischen Kultur lebendig, erst das Christentum macht Pharao und seine Rolle als Schöpfergott entbehrlich und gibt dem geschichtlichen Ablauf ein neues Ziel. Welchem Ziel die pharaonische Geschichte zustrebt, sagt uns Tutanchamun in seiner Restaurationsinschrift, welche die Wirren der Amarnazeit beendet – er möchte, »daß die Welt wie bei ihrer Schöpfung ist«! Das aber heißt: In der Gegenwart seines geschichtlichen Wirkens strebt er für die Zukunft den fernsten Punkt der Vergangenheit an, den Augenblick des Weltbeginnes. Hier schließt sich die Zeit zur Form des *Uroboros*, zur Schlange, die sich in den Schwanz beißt. Das geschichtliche Wirken Pharaos und seiner Helfer zielt darauf ab, der Welt etwas von jener Vollkommenheit zurückzugeben, die sie im Ursprung besessen hat.

»Ein Widder ist Amun, wie Bastet im Lande der Mündungen eine Katze ist und der Große Schreiber von Schmun ein Ibis sowohl wie ein Affe. Denn sie sind heilig in ihren Tieren und heilig die Tiere in ihnen ... Wie willst du den Gott schauen, wenn nicht im Tiere? Drei sind eins: Gott, Mensch und Tier ... vermählt sich das Tier mit dem Menschen, so ist's ein Gott, ... und ist das Tier der heilige Punkt ihrer Berührung und ihrer Vereinigung ... «

So schreibt Thomas Mann im Kapitel »Nachtgespräch« seines ›Joseph in Ägypten‹, mit feinen Anspielungen auf die christliche Trinität und die mischgestaltige Darstellung der ägyptischen Götter. Für ihn ist, wie für Rilke, das Göttliche im Tier wieder anschaulich und nachvollziehbar geworden, nachdem bei antiken wie modernen Autoren eher Ratlosigkeit, ja Spott über die Tiergestalt der Götter und speziell über die seltsamen tier-menschlichen Mischwesen vorgeherrscht hatten. Dabei ist das Phänomen der christlichen Ikonographie wohlvertraut, wenn sie uns Christus als »Lamm Gottes«, den Heiligen Geist als Taube und Evangelisten oder Heilige mit Tierköpfen vorführt.

Es ist eine allgemeine, über Ägypten hinausreichende Erscheinung, daß Göttliches in Tiergestalt auftritt. Aber Ägypten bietet den großen Vorteil, daß es am Anfang der Entwicklung steht, daß seine Tierdarstellungen bereits im 4. Jahrtausend v. Chr. einsetzen, mit der vorgeschichtlichen Badari-Kultur. Wir sehen dabei von den Felsbildern ab, da sie in ihrer Darstellung und Deutung immer noch umstritten sind.

Das älteste Material besteht aus Amuletten, die zum Tragen durchbohrt sind, Figürchen als Grabbeigabe, tiergestaltigen (*theriomorphen*) Gefäßen; in der Negade-I-Kultur treten Schminkpaletten in Tierform und vor allem eingeritzte oder aufgesetzte Tiergestalten in der Keramik hinzu. Im Übergang zur geschichtlichen Zeit, um 3000 v. Chr., findet man neben den »Tierpaletten« (Schminkpaletten mit Tieren im Relief) eine Fülle von Tierfiguren aus Stein oder glasiertem Ton; die deutschen Grabungen auf Elephantine haben vor kurzem einen neuen Fundkomplex zutage gefördert.

Bis in die jüngste Fachliteratur hinein ist man geneigt, in allen diesen Tieren eine Verbindung zur göttlichen Sphäre zu suchen, oder sie allenfalls dem Bereich der Jagd oder der Bannung von Gefahren zuzuordnen. Aber neuere Forschungen, vor allem von Elisabeth Staehelin, zwingen dazu, die Rolle des Tieres in Ägypten weitaus differenzierter zu sehen, auch schon in der Vor- und Frühgeschichte. Nicht jeder Falke ist ein Horus, nicht jeder Pavian der Gott Thot oder der »Große Weiße«, nicht jeder Frosch hat etwas mit der Göttin Heket zu tun, nicht jeder Widder mit Amun oder Chnum.

Jagd und Fleischversorgung hatten ohne Zweifel schon für die Ägypter der Vorgeschichte eine große Bedeutung. In der Dekoration der Negade-I-Keramik begegnen Jäger mit Hunden, und bei den Tonfiguren von Rindern oder Schweinen ist es möglich, daß sie bereits der Versorgung des Toten mit Fleisch dienen sollten, so wie man ihm noch in späterer Zeit Nahrungsmittel nicht nur realiter, sondern auch in bildlicher Darstellung mitgab. Für den Ägypter waren Bild und Realität austauschbar, das Bild war Realität.

Das gilt auch für die Jagddarstellungen, die seit dem Ende der Vorgeschichte (Löwenjagdpalette) begegnen und den Häuptling oder König immer wieder in siegreichem Kampf gegen mächtige Tiere, wie Nilpferd, Löwe und Wildstier, oder gegen das flüchtige Wild der Wüste zeigen. Hier wird das Tier als Feind gedeutet, dessen Überwindung den Triumph der Ordnungsmächte über das Chaos bedeutet und darin dem Sieg über politische Feinde entspricht, weshalb Jagd- und Kriegsdarstellungen so oft nebeneinander stehen (Kapitel 9).

Im ptolemäischen Tempel von Edfu erscheint das Nilpferd als Verkörperung des Götterfeindes, des bösen Seth, der Osiris getötet hat, aber gegen dessen Erben Horus unterliegt und von ihm harpuniert wird. Nichts wäre verfehlter, als diese Bedeutung des Nilpferdes auf vor- und frühgeschichtliche Darstellungen zu übertragen, oder auf die reizvollen Fayencefiguren des Mittleren Reiches. Hier sind es Totenbeigaben, welche die Idee der Regeneration gestalten, weil dieses Tier das chaotische Element des Wassers beherrscht und durch sein Verschwinden und Wiederauftauchen das Schicksal des Toten vorwegnimmt; deshalb werden die blauen oder grünen Fayencen mit weiteren Regenerationszeichen bemalt, mit Schmetterlingen, Fröschen, Fischen und pflanzlichen Motiven. Als Göttin Thoëris oder Ipet kann das Nilpferd schließlich in der Götterwelt erscheinen, so wie ein anderes Regenerationstier, der Skorpion (oder eigentlich der Wasserskorpion *Nepa*), mit der Schutzgöttin Selkis verbunden wird.

Hier werden die Grenzen zum Göttlichen hin fließend, während bei einem Tier wie dem Igel jede Bemühung fruchtlos ist, es einer bestimmten Gottheit zuzuordnen; der ägyptische Igel nimmt durch sein Hausen im Totenreich der Wüste und in dunklen Erdlöchern jenseitige Existenzformen vorweg und verkörpert damit für den Verstorbenen die Hoffnung auf ein Wiederaufleben. Auch der Frosch ist eigentlich kein göttliches Tier, gilt aber noch im frühen Christentum als Sinnzeichen der Auferstehung; wenn man in der Spätzeit die acht Urgötter von Hermopolis, aus deren Mitte der Sonnengott als Schöpfer hervorgeht (Kapitel 2), frosch- und schlangenköpfig abbildet, so sind hier Urwesen verbildlicht, die wie der Mistkäfer (Skarabäus) scheinbar »von selber« entstehen und keines Schöpfers bedürfen.

Eine Gruppe für sich bilden Tierzeichen auf Standarten, die bereits in den Schiffsdarstellungen der Negade-Keramik erscheinen und zum Teil Vorläufer der späteren Gauzeichen sind. Hier begegnet der Elefant, der im Gegensatz zu Meroë und Indien bei den Ägyptern niemals Eingang in die Götterwelt fand, auch kein königliches Tier geworden ist; vielleicht stand dieses Großtier für den Ägypter zu sehr am Rande seiner Welt, um sinngebende religiöse Bedeutung zu erlangen. Das gilt ebenso für die Giraffe, während der Pavian, in Ägypten nicht heimisch, als Bild des Gottes Thot, Begleiter des Sonnengottes und Regenerationszeichen in das Zentrum des religiösen Bewußtseins trat. Dabei hat der Ägypter zwischen Pavian und anderen Affenarten nicht streng unterschieden; auch sonst werden ähnliche Tiere unter der gleichen Bezeichnung oder Darstellung zusammengefaßt, eine zusätzliche Erschwerung für die moderne Deutung.

Das Pferd findet in Ägypten erst gegen die Mitte des 2. Jahrtausends v. Chr. Eingang – zu spät, um noch religiöse Bedeutung zu erlangen. In der Götterwelt erscheint es nur als Reittier asiatischer Gottheiten, wird aber auf Siegelamu-

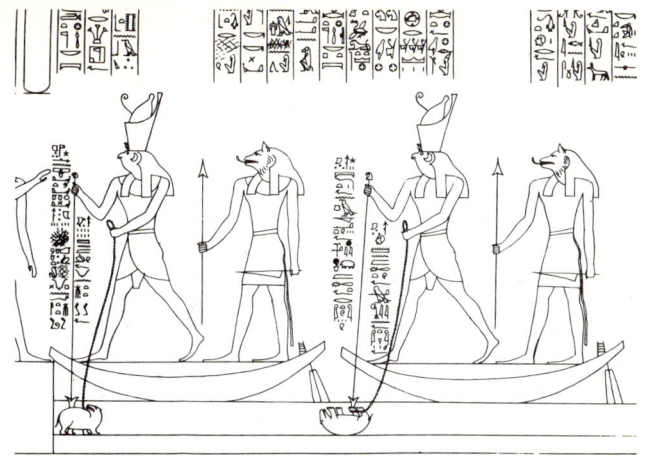

Abb. 30: Triumph des Horus über Seth als Nilpferd (Tempel von Edfu). Nach E. Naville: Textes relatifs au mythe d'Horus, Genf und Basel 1870, pl. V.

letten in den Kreis der Königsmächte aufgenommen. Denn Pharao erscheint von Anfang an häufig in Tiergestalt, vor allem als Löwe, Stier und Falke; später treten Mischwesen wie Sphinx und Greif als Verkörperungen des Königs hinzu. In der Kleinkunst des Neuen Reiches wird vor allem der triumphierende Pharao gern als Tier gezeigt, das seine Tatzen oder Hufe auf einen am Boden liegenden Feind setzt.

Wie Pharao als »Bild« des Schöpfergottes gilt (Kapitel 9), so können auch einzelne Tiere als Bilder von Gottheiten angesehen werden. Das gilt schon früh für heilige Stiere wie den Apis, in welchem der Gott Ptah irdischen Wohnsitz nimmt, wie sonst im Kultbild seines Tempels.

Ungelöst ist die Frage, ob die schon vorgeschichtlich bezeugte Praxis, einzelne Tiere (vor allem Caniden und Capriden, aber auch Rinder) wie menschliche Tote sorgfältig in Matten gewickelt beizusetzen, bereits mit dieser Auffassung vom Tier als Bild einer Gottheit zusammenhängt. Ein Gaufürst von Deir el-Gebrawi rühmt sich am Ende des Alten Reiches, für die heiligen Tiere (Schakale und Raubvögel) gesorgt zu haben, und im Neuen Reich beginnen mit den Apis-Grüften von Saqqâra ausgedehnte Tiernekropolen, in denen solche heiligen Tiere, sorgfältig einbalsamiert, eigene Gräber und sogar Sarkophage erhalten; den ältesten Tiersarkophag stiftet der Bruder Echnatons für das Begräbnis einer Katze!

Dieser »Tierkult« prägt dann, für antike Reisende wie Herodot und Strabon besonders augenfällig, die Religion der ägyptischen Spätzeit. Nun werden nicht nur einzelne Tierexemplare, sondern ganze Tiergattungen als sichtbare Bilder von Gottheiten und vor allem als erreichbare Mittlerwesen zur göttlichen Sphäre verehrt. Die Nachfrage nach mumifizierten Tieren als Weihgabe nimmt solche Formen an, daß man die Tiere züchtet und vorzeitig tötet, um den »Markt« zu beliefern. Diesen buchstäblich zu Millionen mumifizierten heiligen Ibissen, Katzen, Krokodilen und so weiter entsprechen in gleicher Bedeutung die zahllosen Bronzefiguren heiliger Tiere aus der Spätzeit – auch sie ein Versuch, göttliche Nähe und Anwesenheit stärker als bisher zu verwirklichen.

Von der vielfältigen symbolischen Bedeutung der Tiergestalt kehren wir zu den göttlichen Tieren im engeren Sinne zurück und richten den Blick noch einmal in die Vorgeschichte. Die meisten ihrer Tierbilder meinen mit Sicherheit keine Götter, aber das Tier verkörpert für den Menschen der Vorgeschichte ganz allgemein überlegene Kräfte und Fähigkeiten. Es wird dadurch zur drohenden Gefahr, aber auch zum Zeichen todüberwindender Hoffnung und göttlicher Offenbarung. Auf der »Schlachtfeldpalette« triumphieren tiergestaltige Mächte (Löwe und Raubvögel) über nackt und hilflos am Boden liegende Menschen. Der von Sternen umgebene Kuhkopf, der eine andere vorgeschichtliche Palette aus Gerze schmückt, kann eigentlich nur als Bild der göttlichen Himmelskuh verstanden werden, die uns in den Pyramidentexten unter dem Namen *Mehet-weret* begegnet, als »Große Schwimmerin«, die aus dem Urgewässer auftaucht und den Sonnengott zwischen ihren Hörnern zum Himmel trägt.

In der schriftlosen Vorgeschichte bleibt diese Himmelskuh noch anonym; die frühere Deutung als »Hathorkopf« ist abwegig, weil die einwärts gebogenen Hörner sich deutlich vom leierförmigen Kuhgehörn der Hathor unterscheiden. Der gleiche Kuhkopf, dieses Mal ohne Sterne, begegnet auf beiden Seiten der Narmerpalette (vgl. Kapitel 9) zu Beginn der Geschichte, und zwar als oberer Abschluß, was wieder auf die Sphäre des Himmels weist; die Vierzahl der Köpfe steht vielleicht schon für die vier Himmelsrichtungen. Auf der gleichen Schminkpalette erscheint der Gott Horus in reiner Tiergestalt, als Falke, der auf dem wenig späteren Elfenbeinkamm des Königs »Schlange« in einer Götterbarke über den Himmel fährt. Als »der Ferne« ist er ein alter Himmelsgott, dessen Augen Sonne und Mond sind, doch muß es bereits in der Vorgeschichte eine Vielzahl anderer Falkenkulte gegeben haben, und das Zeichen »Falke auf der Stange« wurde zu einem der allgemeinen Schriftzeichen für »Gott«.

Im Laufe der ägyptischen Frühzeit vollzieht sich ein Prozeß, den Thomas Mann mit seiner Formulierung im Auge hat »vermählt sich das Tier mit dem Menschen, so ist's ein Gott«. Neben die reine Tiergestalt treten Mischwesen, bei denen auf menschlichem Leib ein Tierkopf sitzt. Anstoß für diese so kühne und doch genial einfache Art der Darstellung mag die in Afrika verbreitete Sitte der Tierverkleidung gewesen sein, aber in Ägypten sind sicher nur in ganz seltenen Fällen Priester mit Tiermasken gemeint. Denn eigentlich bildet man nur Götter in dieser »numinosen Mischgestalt« ab, und der menschliche Anteil meint ja gerade, daß jenes Tier dem Menschen als göttliche Person entgegentritt. Daher kann selbst der Apis, der doch sichtbar als Stier im Tempel wohnt, in der späteren Kunst als Mensch mit Stierkopf abgebildet werden.

So gilt für diese Art der Darstellung tatsächlich die Formel »Mensch + Tier = Gott«. Das schließt nicht aus, daß göttliche Wesen in Ägypten auch weiterhin in reiner Tiergestalt erscheinen können – Hathor als Kuh, Anubis als Canide, Amun oder Chnum als Widder, Sobek als Krokodil und so weiter –, und seit der Frühzeit auch in reiner Menschengestalt, ohne alle tierischen Attribute. Die Mischgestalt ist nur eine neue, zusätzliche Möglichkeit, Götter für den Menschen anschaulich zu machen. Sie verdrängt die anderen Möglichkeiten nicht, aber sie ist zur bevorzugten und zur typisch ägyptischen Art der Darstellung geworden; sie ergänzt durch bildliche Information das, was uns die Texte über Wesen und Funktion der Götter mitteilen.

Allerdings muß man diese Darstellungen »lesen« können, um sie richtig zu verstehen. Sie sind ja ungefähr zur gleichen Zeit und aus der gleichen Geisteshaltung heraus entstanden wie die Erfindung der Schrift (vgl. Kapitel 1); denn bei den angeblichen »Vogelmenschen« der Vorgeschichte handelt es sich nicht um Mischwesen, sondern um stark stilisierte Menschenbilder, wie sie die bildende Kunst bis in die jüngste Zeit immer wieder hervorbringt.

Durch die Narmerpalette ist ein erstes Mal auch das umgekehrte Verfahren bezeugt, daß man einem Tier oder analog einem Gegenstand einen Menschenkopf aufsetzt. Der Horusfalke führt dort am Strick ein Stück Land mit Papyruspflanzen, aus dem ein bärtiger Menschenkopf herauswächst, durch den das »Papyrusland« (Unterägypten?) personifiziert wird. Auch später hat die ägyptische Kunst gern von der Möglichkeit Gebrauch gemacht, einen geographischen Begriff oder einen Gegenstand durch einen menschlichen Kopf zu personifizieren, ihn sogar durch zusätzlich angefügte menschliche Arme oder Beine direkt agieren zu lassen. Im

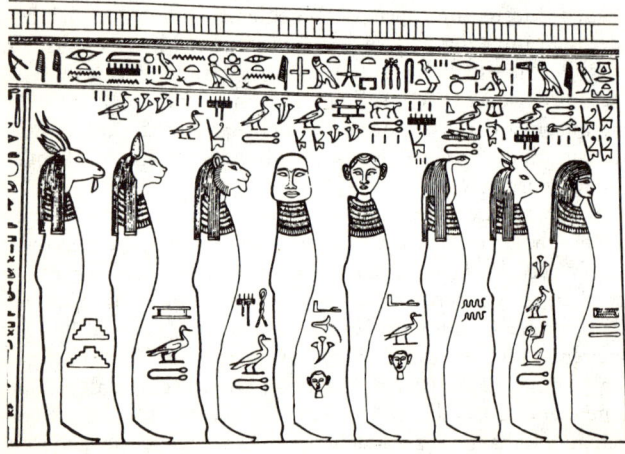

Abb. 31: Mischgestalten von einem der Schreine Tutanchamuns. Nach A. Piankoff: The Shrines of Tut-Ankh-Amon, New York 1955, Fig. 41.

Extremfall gibt es zum Beispiel in der Sargmalerei der 22. Dynastie Obelisken mit menschlichen Armen!

Doch um beim Tier zu bleiben, ist hier vor allem auf die Gestalt des *Sphinx* hinzuweisen, eines der bleibenden Geschenke Altägyptens an die Kunstgeschichte. Ursprünglich Löwenleib mit dem Menschenkopf des ägyptischen Königs, hat dieses »umgekehrte Mischwesen« schon im Neuen Reich mannigfache Abwandlungen erfahren, wurde zunächst bei Königinnen zur weiblichen Sphinx, die über Vorderasien dann nach Griechenland gelangte und seitdem Rätsel aufgibt. In den Sphinxalleen des Tempels von Karnak wurde sie zum widderköpfigen Sphinx des Gottes Amun, und es gab auch falken-, schlangen- und krokodilköpfige Sphingen; hier öffnet sich die Welt der Fabeltiere, in denen das religiöse Bild zur geglaubten Realität wird.

Allen diesen Wesen im Umkreis von Sphinx und Greif ist der Löwenleib gemeinsam, der auf eine bestimmte Funktion der dargestellten Macht hinweist – der König oder der Gott Amun als Wächter vor ihrem Heiligtum, wobei der Löwenleib die gleiche apotropäische Funktion hat, wie die löwenköpfigen »Wasserspeier« der ägyptischen Tempel.

Kommen, wie beim Greif, noch Flügel und Vogelkopf hinzu, so haben wir zusätzlich einen Hinweis auf rasche, ungehinderte Bewegung, die bei den vielen geflügelten Schlangen in der Unterwelt häufig in der Beischrift betont wird. Allerdings können Flügelpaare auch auf Schutz weisen, sie machen die Funktion der Schutzgottheiten noch besser anschaulich, als es ausgebreitete Arme vermögen, und dazu können sie dem Verstorbenen noch die notwendige Atemluft zufächeln. Damit hängen die vielen Flügelwesen auf ägyptischen Särgen zusammen, bisweilen ist der Tote ganz von Flügeln eingehüllt. In den Tempeln wird die betonte Mittelachse durch einen dichten Zug fliegender Geier geschützt, und schützende Geier oder Falken begegnen immer wieder über der Darstellung Pharaos.

Rasche und freie Beweglichkeit meint dagegen wieder die Vogelgestalt des *Ba* (Kapitel 11), so wie die Seele in hellenistischer Zeit als flatternder Schmetterling erscheint. Seit dem Neuen Reich erhält der Ba-Vogel in Darstellungen und in der Schrift gern einen Menschenkopf, oft auch menschliche Arme, und wird so noch deutlicher als selbständiger Teil der menschlichen Person vorgestellt. Meint man den Ba des Sonnengottes, dann kann man ihn als widderköpfigen Vogel abbilden, denn die Widdergestalt kennzeichnet den nächtlichen Sonnengott, der als Ba (was auch »Widder« bedeuten kann) zu den Toten hinabsteigt.

Mit der Nachtgestalt des Sonnengottes haben auch die seltsamen Darstellungen des Osiris oder des Anubis mit Widderkopf zu tun, die seit dem späten Neuen Reich begegnen. Re als Ba-Seele und Osiris als Körper sind vorübergehend zu einem einzigen Götterwesen verbunden. Mit den eigentlich widdergestaltigen Göttern Amun und Chnum haben alle diese Bilder des Re und Osiris nichts zu tun, sie wollen eine ganz spezifische Aussage vermitteln und »gelesen« werden. Wie Wörter in der Hieroglyphenschrift in der Regel aus mehreren Zeichen bestehen, so kann man göttliche Wesen durch eine Kombination von mehreren Bildelementen beschreiben, wobei im Gegensatz zur Schrift der Erfindungsgabe kaum Grenzen gesetzt sind. Das lehrt ein Blick auf die verschiedenen Möglichkeiten und Abwandlungen der Mischgestalt.

Manche Gottheiten, wie Anubis oder Horus, erscheinen abwechselnd in reiner Tiergestalt (»Schakal«, Falke) oder als Mensch mit dem entsprechenden Tierkopf. Hathor weist eine noch reichere Palette der Möglichkeiten auf; meistens trägt sie das Kuhgehörn als tierisches Attribut auf dem menschlichen Haupt, dazu die Sonnenscheibe, um ihre alte Verbindung mit dem Sonnengott anzudeuten; aber der tierische Anteil kann ebenso in Form von Kuhohren erscheinen oder als Kuhkopf und schließlich als vollständige Kuhgestalt überhandnehmen. Als »Westgöttin« oder Baumgöttin verfügt sie noch über weitere Möglichkeiten.

In einer selten verwirklichten, extremen Lösung kann ein ganzes Tier an die Stelle des Kopfes gesetzt werden, wie bei Chepri, der käferförmigen Morgengestalt des Sonnengottes, die seiner widderköpfigen Nachtgestalt gegenübersteht. Man schreckt aber bei anderen Insekten vor dieser Möglichkeit zurück, da sie an die Grenze des ästhetisch Tragbaren führt, und setzt den Wasserskorpion der Selkis stets auf den Kopf der Göttin.

Die Schlangengestalt geht in die verschiedenartigsten Bildmotive ein. Die Göttin Meretseger, im Neuen Reich in der

Bergspitze des thebanischen Wüstengebirges verehrt, wird als Göttin mit Schlangenkopf oder als Schlange mit Menschenkopf zur Anschauung gebracht, wieder sind beide Möglichkeiten der Mischgestalt austauschbar. Wesen der Unterwelt haben bisweilen mehrere Schlangenköpfe, oder Flügel und Beine, um ihre Beweglichkeit anzudeuten. In der Dekoration der Gräber, Särge und Papyri begegnen Schlangen mit Falken-, Löwen-, Pavian- und sogar Pferdekopf. Aus Elementen verschiedenartiger Tiere zusammengesetzt ist auch die Göttin Thoëris und die mit ihr verwandte »Fresserin« beim Totengericht, eine Mischung von Nilpferd, Löwe und Krokodil. Erst die Kunst der Spätzeit bringt dann ausgesprochene »Monstren« hervor, die aus zahllosen tierischen und anderen Elementen zusammengesetzt sind.

Überblickt man die ganze Skala ägyptischer Götterdarstellungen, dann sieht man, daß die Kombination von Menschenleib und Tierkopf nur eine, wenn auch bevorzugte Möglichkeit darstellt. Durch das hieroglyphenartig verwendete Bildzeichen eines Tieres wird etwas über Wesen und Funktion ausgesagt, was sich sonst nur in langen, hymnenartigen Anrufungen zum Ausdruck bringen läßt. Mit dem Aussehen der Götter haben diese Darstellungen nichts zu tun, aber die Tiergestalt eröffnet immer neue und andere Zugänge zu dem, was sie sind und bewirken.

Dabei lehrt uns der Ägypter, daß man alle diese Tiere nicht auf einfache Gleichungen bringen kann, wie Stier = Fruchtbarkeit oder Löwe = Herrschaft. Während die Hieroglyphen der Schrift meist eine völlig eindeutige Lesung haben (Kapitel 1), ist jedes Tier eine Persönlichkeit für sich; es läßt sich nicht auf einen einfachen Symbolwert reduzieren, sondern verkörpert eine ganze Bedeutungswelt.

Das ist in extremer Weise bei der Schlange der Fall, diesem geheimnisvollen Urwesen. Die Urgötter, die bereits vor der eigentlichen Weltschöpfung da waren, haben Schlangengestalt, und der Schöpfergott Atum verkündet im 175. Spruch des Totenbuches, daß er sich am Ende aller Zeit wieder in Schlangengestalt verwandeln und darin die Welt überdauern wird – zusammen mit Osiris, der zwar nicht direkt als Schlange erscheint, dessen unterweltliches Totenreich aber von unzähligen Schlangen wimmelt. Diese haben die unterschiedlichsten Funktionen: als Wächter an Toren oder Bereichen der Unterwelt, als feuerspeiende Vertilger von »Feinden« und als Hinweis auf die Regeneration der Verstorbenen – die Schlange »verjüngt« sich ja, indem sie ihre Haut abstreift.

Von einer Schlange (dem *Mehen*) wird der Sonnengott auf seiner nächtlichen Unterweltsfahrt schützend umringelt, aber auch sein gefährlicher Feind Apophis, der den Sonnenlauf zum Stillstand bringen will, hat Schlangengestalt. In einer Schlange vollzieht sich das Wunder der jenseitigen Verjüngung (Kapitel 6), und der Schlangenleib wird zum Bild der Zeit in ihrer unermeßlichen Erstreckung (Kapitel 4), seit Tutanchamun auch in der Form des *Uroboros,* der sich in den Schwanz beißenden, in sich zurücklaufenden Schlange.

Der *Uräus,* die aufgebäumte Kobra, die der König und Gottheiten als Stirnschlange tragen, schützt ihren Träger und wendet sich verderbenbringend gegen alle feindlichen Mächte. Schließlich können auch die verschiedensten Göttinnen in Schlangengestalt erscheinen, darunter Isis und Hathor, die Erntegöttin Renenutet und die unterägyptische Schutzgöttin Wadjit (Uto); das Schriftzeichen der Kobra ist daher zu einem allgemeinen Klassenzeichen im Namen von Göttinnen geworden.

Wir haben damit längst nicht alle Bedeutungen angesprochen, die das Bild der Schlange annehmen kann, doch zeigt schon diese Auswahl, wie sehr es auf den Kontext ankommt, um eine Tiergestalt wirklich zu verstehen und richtig zu deuten. Auch wenn sich die Bedeutungsinhalte, die der Ägypter mit der Schlange verbindet, mit unserem eigenen Gefühl für das vielschichtige und widersprüchliche Wesen dieses Tieres decken, muß man doch präzise wissen, was in Altägypten wirklich belegt und damit möglich ist, um nicht willkürlich Deutungen aus anderen Kulturen zu übertragen. Tiergestalten sind Zeichen mit sehr vielen möglichen »Lesungen«.

Beim Widder haben wir bereits gesehen, daß erst seine spezifisch ägyptische Verwendung als Schrift- und Bildzeichen für die Ba-Seele es erlaubt, so ausgeklügelte Darstellungen wie den Osiris mit Widderkopf zu verstehen. Osiris erscheint in einigen Fällen auch mit Stierkopf, doch ist hier vordergründig nicht der Gott der über den Tod hinausreichenden Fruchtbarkeit und Zeugungskraft gemeint, sondern der Beiname »Stier der Unterwelt« verbildlicht. Andere Götter gelten als »Stier des Himmels« oder »Stier der Neunheit«; in diesen Bildungen ist »Stier« ein Synonym für »Herr«, so wie der kämpfende Stier ein Bild des Herrschers sein kann, der in seiner Titulatur gern die Bezeichnung »Starker Stier« führt.

Als »Herr« gelten für den Ägypter noch andere Tiere, vor allem Löwe und Krokodil, die er als die mächtigsten Tiere des Wüsten- und des Wasserbereiches erlebt. Wenn im Leidener Amunshymnus der Gott als der mächtigste von allen gepriesen wird, umschreibt man ihn durch die Bilder von Löwe, Stier und Krokodil. Diesen Tieren eignet besondere Wildheit und Gefährlichkeit, und vor allem das Krokodil ist neben Schlange, Nilpferd und Antilope eine bevorzugte Verkörperung von Götterfeinden; gefährliche Torwächter und Dämonen der Unterwelt treten mit Krokodilkopf auf, um Unberufene zu schrecken, doch ebenso der mächtige Gott Sobek, als dessen Verkörperung das Krokodil im Tierkult der Spätzeit sogar zum heiligen Tier wird.

Beim Löwen tritt die unberechenbare Wildheit neben seine Schutzfunktion; so deutet der Kopf einer Löwin auf den schrecklichen, verderbenbringenden Aspekt einiger weiblicher Gottheiten, die durch Rauschtrank, Zuspruch und Musik immer wieder neu versöhnt, besänftigt und gnädig gestimmt werden müssen. Das gilt vor allem für die Göttin Sachmet (»die Mächtigste«), welche die Krankheiten sendet, aber den Ärzten als ihren Priestern auch die Fähigkeit zur Heilung verleiht. Der erkrankte Amenophis III. ließ Hunderte von löwenköpfigen Sachmet-Statuen aufstellen, die heute über Museen in aller Welt verstreut sind, eine steingewordene Litanei an die große und gefährliche Göttin, die sich in diesem Aspekt mit Mut, der Gemahlin des Amun, aber auch mit Hathor und anderen Göttinnen berührt, deren entfesselte Grausamkeit und Wildheit man fürchtet, obwohl sie zugleich Leben spenden können.

Als Gegenbild zur wilden und grimmigen Löwin, als Verkörperung der besänftigten und gnädig gestimmten Gottheit erscheint die Katze, deren Bronzefiguren zum schönsten gehören, was die ägyptische Kunst der Spätzeit hervorgebracht hat. Früher wollte man allzu schematisch dieses Tier mit der Göttin Bastet (die ursprünglich löwengestaltig ist) verbinden, aber die Beziehungen zur Hathor sind nicht weniger eng, und die Darstellung der Katze beschwört ganz allgemein den Mythos von der fernen Göttin, die als Hathor oder Tefnut aus der Wüste nach Ägypten heimgeholt wird, nachdem sie das Niltal im Zorn verlassen hatte. Als freundlicher Affe, der durch schmeichelndes Zureden, durch Musik und Tanz die Göttin erheitert und versöhnt, erreicht es der Gott Thot, die vernichtende Gewalt göttlichen Zornes von der Menschheit fernzuhalten, die fauchende Löwin in die schnurrende Katze zu verwandeln und die Göttin unter allgemeinem Jubel in ihren Tempel zurückzuholen. Seitdem muß der Kult, müssen Besänftigungsrituale dafür sorgen, daß die Gottheit nicht zurückfällt in die einstige Wildheit und die Menschen vernichtet, sondern fortgesetzt ein gnädiges Antlitz zeigt und die freundliche Katze bleibt, in die Thot sie verwandelt hat.

Tiere bringen die Welt der Götter den Menschen nahe. Sie sind ideale Mittler zwischen den beiden Sphären, weil sie über die Möglichkeiten und Fähigkeiten des Menschen in alle Richtungen hinausweisen, ihm die Ahnung und Andeutung einer ihn umgreifenden, überlegenen Sphäre vermitteln. Die altägyptische Religion benutzt die Tiere, als lebendige Individuen oder als Abbilder und Kunstwerke, um etwas über das Wesen der Götter mitzuteilen.

Als bedeutungtragende Zeichen weisen sie, je nachdem, auf Macht und Gefährlichkeit oder auf Geborgenheit und liebevolle Zuwendung, auf ungehinderte Bewegung in allen Elementen, auf Überwindung des Todes, autogene Entstehung und vieles andere. Beim »Lesen« dieser Zeichen muß man sich vor jedem Schematismus hüten, denn kein Tier ist mit einer bestimmten, eindeutigen Bedeutung gleichzusetzen; jede Tierart ist in sich ein ganzer Komplex von sehr verschiedenartigen Aussagen und Bedeutungen und wird dadurch dem vielschichtigen Wesen der Götter besser gerecht, als es eine dogmatische Formel (wie bei Echnaton) oder ein einzelner Beiname vermag.

Zugleich kann ein Tier, wie ein Kultbild, eine Gottheit direkt vertreten und damit Gegenstand der Verehrung sein. Originale Kultbilder sind aus Ägypten kaum erhalten, doch hatten sie, wie Darstellungen zeigen, in vielen Fällen Tiergestalt. In ihnen schaute der amtierende Priester täglich den

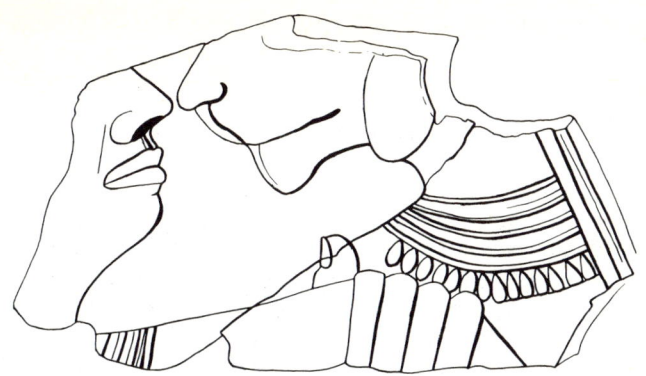

Abb. 32: König Snofru (4. Dynastie) empfängt den Lebensodem von der Göttin Sachmet. Zeichnung H. Keel-Leu nach A. Fakhry: The Monuments of Sneferu at Dahshur, Band II, Teil I, Kairo 1961, Titelbild.

Gott, und die im Tempel gehaltenen heiligen Tiere, wie der Apis- oder der Buchis-Stier, wurden ebenso als Gefäße göttlicher Gegenwart empfunden. Zwar war das Kultbild verborgen und zeigte sich nur bei den großen Prozessionen allen Menschen (Kapitel 7), aber dafür gab es ja überall in der Natur sichtbare Bilder, konnte man in Ibissen, Krokodilen und Katzen eine Vorahnung der Götterwelt erfahren, zu welcher im ägyptischen Glauben erst der Tod einen direkten Zugang öffnet.

Welche religiösen Kräfte das Tier als der »heilige Punkt der Berührung« (Th. Mann) mit der Göttersphäre freisetzen konnte, zeigt der späte Tierkult, an dem man nicht nur die Auswüchse, die Millionen von Ibismumien und die übersteigerten Tabu-Vorschriften sehen darf; denn in seinem Kern ist er eine späte und extreme Konsequenz der uralten Bemühung, auch im Tier ein Bild Gottes zu sehen.

11. Der Mensch: Fisch und Vogel

In vielen Darstellungen erscheint seit dem Neuen Reich ein Bildmotiv, das den einbalsamierten Körper des Menschen auf einer Bahre liegend zeigt und neben ihm, letzte Hand anlegend, den hundsköpfigen Balsamierungsgott Anubis. Sein Kunstwerk ist die fertig hergerichtete Mumiengestalt des Körpers, der zu Osiris »verklärt« ist und deshalb von Isis und Nephthys beklagt und zugleich beschützt wird; ein jeder tritt durch seinen Tod in die Rolle und das Wesen des getöteten und wiederauflebenden Osiris ein.

Eine ungewöhnliche Variante dieser Szene, in einem Grab der 19. Dynastie in Deir el-Medine, ersetzt den mumifizierten Menschenkörper durch einen riesigen Fisch, an dem sich Anubis zu schaffen macht. Der Fisch ist wie eine Mumie sorgfältig bandagiert, und wieder knien Isis und Nephthys zur Seite des Schreines, in den die Szene hineingestellt ist. Vergleichbar ist allenfalls das Motiv auf einem sehr viel späteren Sarg, das einen Fisch über der aufgebahrten Mumie zeigt, an Stelle des üblichen Ba-Vogels, der über der Mumie schwebt, um sich mit ihr zu vereinen. In Texten ist jedoch mehrfach davon die Rede, daß sich Wesen in Fische und Vögel verwandeln; so weilen die Dekangestirne während ihrer Unsichtbarkeit 70 Tage als Fische in der Wassertiefe, um sich dort zu regenerieren und dann wie Vögel zum Himmel zu fliegen (Nutbuch).

Vordergründig beruhen diese Darstellungen und Textstellen auf einem Spiel mit der Schrift: »Körper« wird mit dem Zeichen eines Fisches, »Seele« (*Ba*) mit einem Vogel-Zeichen geschrieben. Wenn also ein Fisch auf der Bahre liegt, dann ist er als Hieroglyphe für den Körper zu »lesen« und tritt für diesen ein. Aber bei der großen Auswahl, welche die Ägypter unter einer Vielzahl von Lautzeichen hatten, ist ihre Entscheidung für gerade diese Schreibung wohlüberlegt; sie spürten, daß in dieser rein phonetischen Schreibung etwas über das Wesen des Menschen und seiner leib-seelischen Komponenten ausgesagt wird. Der Mensch ist auch im übertragenen Sinne Fisch und Vogel, er verbindet Erdenschwere und geistig-seelischen Höhenflug in einer Person.

Von der Bedeutung des körperlichen Fortlebens für die Ägypter war bereits in Kapitel 6 die Rede. Neben den tierköpfigen Göttern, neben Pyramide und Sphinx ist die Mumie eines der wirksamsten Symbole Altägyptens, faszinierendes Zeugnis für einen teilweisen Sieg über die auflösenden Kräfte des Todes, über Vergänglichkeit und Verwesung. Die zu Beginn des Alten Reiches, gleichzeitig mit den ersten Stufenpyramiden, entwickelte Kunst der Mumifizierung machte es möglich, den Menschen mit Haut und Haar, in seiner Lebensgestalt, nur etwas eingeschrumpft und nachgedunkelt, über den Tod hinaus zu konservieren. Dabei wurden Techniken entwickelt, die man, trotz aller Bemühung, bis heute weder erreichen noch gar übertreffen konnte. Man bemühte sich sogar, innere Organe des Menschen in den vier Kanopen genannten Krügen aufzubewahren, auch wenn man sie nicht vor dem Verfall retten konnte und sich hier mit einer eher symbolischen Konservierung begnügen mußte.

Wie der Künstler aus den verschiedensten Materialien Bilder des Menschen oder der Götter formt und damit einen zusätzlichen »Leib« für sie schafft, so gestaltet der Balsamierer aus dem Leib des Menschen ein lebenswahres, bleibendes Bild, das durch das Ritual der »Mundöffnung« jederzeit neu belebt und beseelt werden kann.

Im Begräbniszug, der seit dem Alten Reich in zahlreichen Gräbern dargestellt ist, erscheint der Leib des Verstorbenen als eine Dreiheit. Rinder ziehen den Sargschlitten über den Wüstensand zum Grab; der reichverzierte Schrein enthält nach Möglichkeit mehrere Särge, in deren innerstem die Mumie liegt. Dahinter folgt ein kleinerer Schrein mit den vier Kanopenkrügen für die inneren Organe des Toten. Dann wird noch ein drittes körperliches Element des Verstorbenen im Zuge mitgeführt, der geheimnisvolle *Tekenu*.

Seit der 4. Dynastie, zum ersten Mal für die Mutter des Cheops bezeugt, werden die inneren Organe bei der Mumifizierung entfernt und separat beigesetzt; durch eine Natronlauge notdürftig konserviert, ruhen sie in den vier Fächern eines Kastens, später in den bereits erwähnten vier Kanopenkrügen, die meist aus Alabaster gefertigt sind. Dabei wird das Herz (in späten Fällen auch die Nieren) in aller Regel in der Mumie belassen.

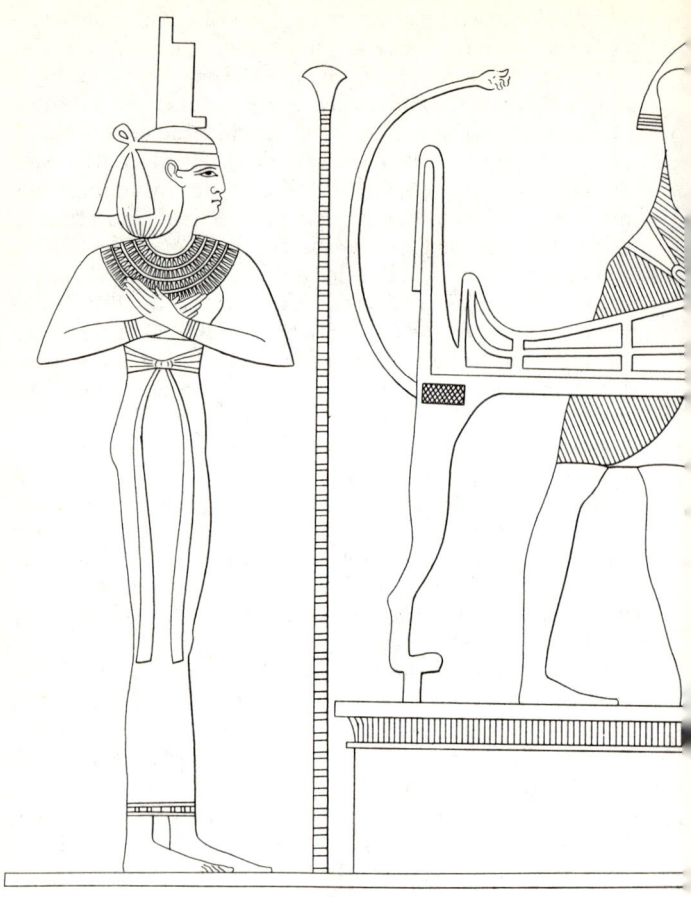

Abb. 33: Anubis an der Bahre (unter ihr die vier Kanopenkrüge mit ihren Schreinen), eingerahmt von Isis und Nephthys. Nach J. F. Champollion: Monuments de l'Égypte et de la Nubie III, Paris 1845, pl. 234, 3.

Neben der Mumie gilt jede Kanope und jedes in ihr enthaltene Organ als ein Bild und selbständiger Teil des Menschen. Der ursprünglich flache Deckel der Krüge wird seit der Ersten Zwischenzeit als Menschenkopf gebildet und personifiziert damit das Organ; einige Kanopenkrüge des Mittleren Reiches sind durch Arme und Beine noch deutlicher als selbständige Wesen gestaltet. Im Neuen Reich setzt man die umwickelten Organe manchmal in kleinen Mumiensärgen bei und behandelt sie damit wie den Leichnam. Seit der 19. Dynastie werden die Deckel der Krüge als Köpfe der vier »Horussöhne« geformt (Affen-, Hunds-, Falken- und Menschenkopf), die als Schutzgötter über den Körper und seine Organe wachen.

Nicht alles, was bei der Einbalsamierung zur besseren Konservierung aus dem Körper entfernt wurde, fand seinen Platz in den vier Kanopenkrügen. Aber die Tendenz war, nichts von der körperlichen Existenz verlorengehen zu lassen und sogar Materialien, die mit dem Leichnam in Berührung gekommen waren, sorgfältig zu sammeln und separat zu bestatten. Man wird daher auch Teile des Körpers, die nicht in der Mumie verblieben oder im Kanopenschrein Platz fanden, aufgehoben und in irgendeiner Form für das Begräbnis verwendet haben. Als Behältnis für solche körperlichen Reste bietet sich der *Tekenu* an, ein eigenartiges Gebilde, das neben Sarg und Kanopenschrein auf einem Schlitten im Begräbniszug mitgeführt wird. Es ist meist als formlose, sackähnliche und schwarz ausgemalte Masse gezeigt, die durch einen Menschenkopf als Bild und selbständige Wesenheit des Verstorbenen vorgestellt wird. Ältere Deutungen als ursprüngliches Menschenopfer oder als Überrest der vorgeschichtlichen »Hockerleiche« können nicht überzeugen. Mir scheint vielmehr, daß dieses formlose Gebilde alles das zusammenfaßt, was vom Menschen nicht mumifiziert werden kann, damit auch diese Körperreste in das rituelle Begräbnis einbringt und am jenseitigen Wiederaufleben teilhaben läßt.

Der Ägypter möchte seine jenseitige Existenz in unverkürzter Vollständigkeit führen, wozu die körperliche Ganzheit gehört. Er hoffte, daß aus der bewahrenden Mumienhülle ein neuer, »verklärter« Leib steigt, der alle Unvollkommenheiten des irdischen Leibes abgestreift hat (vgl. Kapitel 6). Aber auch jene breiten Schichten der Bevölkerung, die sich die aufwendige »Verewigungstechnik« der Mumifizierung nicht leisten konnten, vertrauten auf die Möglichkeit eines körperlichen Weiterlebens in neuer Gestalt. Das Wiederaufleben vollzieht sich in mehreren Phasen, welche die Unterweltsbücher des Neuen Reiches ausführlich beschreiben, bis der Verstorbene in seinem neuen, regenerierten Körper dasteht, aller Funktionen wieder mächtig. Sprüche des Totenbuches sollen dem Verstorbenen die »Rückgabe« der Augen, des Mundes, des Herzens und sogar des Kopfes im Jenseits garantieren, andere ihn ungehindert ausschreiten lassen.

Die Versorgung des Leibes wird in einem einprägsamen Bild gestaltet, dem der Baumgöttin. Aus dem Stamm eines Baumes wächst die Gestalt einer Göttin, die mit der einen Hand kühles, erfrischendes Wasser aus einem Gefäß spendet, mit der anderen eine Opfermatte, ein »Tischleindeckdich« mit Broten und Gemüse bereithält. Der Verstorbene fängt das Wasser mit seinen Händen auf, und oft ist sein *Ba* als kleiner Vogel mit dabei und trinkt von dem Wasser –

Abb. 34: Ziehen des Tekenu zum Grabe. Nach N. de G. Davies: The Tomb of Puyemrê at Thebes II, New York 1923, pl. 46.

Fisch und Vogel wollen beide gespeist, getränkt und erquickt werden. Die spendende Göttin bleibt meist anonym, sie kann aber Hathor sein, die »Herrin der Westwüste« und damit des Totenreiches, oder die Himmelsgöttin Nut, Herrin des anderen Jenseitsbereiches. Manchmal hat sie den Baum selber als Leib, und nur menschliche Arme und eine weibliche Brust deuten auf die Göttin, welche die nährenden Kräfte verkörpert, die »Brüste der Natur«, aus denen sich der Mensch sogar noch jenseits des Todes immerfort neue Körper- und Geisteskräfte einverleiben kann.

An ausführlichen Opferwünschen und ganzen Opferlisten kann man ablesen, wie differenziert und reichhaltig die materielle Versorgung im Totenreich zu denken ist. In einer beliebten Formel wünscht man dem Verstorbenen »Tausend an« den verschiedensten Dingen, und hier erscheinen neben den eigentlichen Nahrungsmitteln auch Stoffe und Kleider, Salböl und Weihrauch. Kosmetika gehören zu den ältesten Grabbeigaben, dienten sie doch schon vor der Mumifizierung dazu, dem Körper die einstige Lebensfrische zu erhalten oder zurückzugeben; das verjüngte Antlitz hält der Bronzespiegel fest, dem man immer wieder unter den Grabbeigaben begegnet.

Für das Körpergefühl des Ägypters ist es wesentlich, daß er die *resurrectio carnis*, die »Auferstehung des Fleisches«, nicht erst auf den Jüngsten Tag am Ende aller Zeiten verlegt; er glaubt an ein verjüngtes Wiederaufleben, das sich jede Nacht in den Tiefen der Unterwelt ereignet und ihm die volle Verfügungsgewalt über seinen Leib zurückgibt. Er weiß sich im Besitz einer kontinuierlichen, von den auflösenden Kräften des Todes nur vorübergehend unterbrochenen leiblichen Existenz, und ein so weiter, bis in Ewigkeit reichender Zeithorizont erleichtert ein ausgewogenes, unverkrampftes Verhältnis zum Körper und zu seinen Bedürfnissen.

Das gleiche Land, von dem in christlicher Zeit so mächtige Impulse für asketische Lebensformen ausgingen, das im 4. Jahrhundert unter Pachom die ersten Klosterregeln aufstellt – es zeigt in pharaonischer Zeit keine Spur von Askese und Selbstkasteiung, sondern bejaht die Bedürfnisse des physischen Leibes und verlängert sie noch bis in die jenseitige Existenz. Gewiß, es gibt Fasten zum Ausdruck der Trauer, es gibt geschlechtliche Enthaltsamkeit, um kultisch rein zu sein, es gibt die Warnungen der Lebenslehren vor einem unkontrollierten Übermaß des Genusses, aber niemals wird der Körper, wie in der Gnosis, als Gefängnis und Feind der Seele verstanden.

Der Leib hat sogar etwas Göttliches. Die Mumiengestalt ist identisch mit einer archaischen, ungegliederten Form von Götterbildern, und die Erhebung des Verstorbenen in die Götterwelt erfolgt über den physischen Leib. Im uralten Motiv der »Gliedervergottung« wird jeder Körperteil, vom Scheitel bis zur Sohle, mit einer Gottheit gleichgesetzt. Schrittweise, von oben nach unten, ergreift die Göttlichkeit Besitz vom Menschen, bis dieser »gänzlich ein Gott« geworden ist. In der Sonnenlitanei ruft der verstorbene König den Göttern zu:

> »Ich bin einer von euch,
> ich bin erschienen als Geier.
> Mein Gesicht ist ein Falke,
> mein Scheitel ist Re.
> Meine Augen sind die beiden Frauen, die beiden
>   Schwestern,
> meine Nase ist der Unterweltliche Horus.
> Mein Mund ist der Herrscher des Westens,
> meine Kehle ist Nun.
> Meine beiden Arme sind der Umfangende,
> meine Finger sind die Greifer.
> Meine Brust ist Chepri,
> mein Herz ist Horus-Sunen.
> Meine Leber ist die Lebendige,
> meine Milz ist ›Der mit dem Schnabel‹,
> meine Lungen sind die Atmende.
> Mein Magen ist der Öffnende,
> mein Eingeweide ist ›Der mit geheimnisvollem
>   Wesen‹.
> Mein Rücken ist der Herzensmüde,
> mein Rückgrat ist ›Der auf der Bahre‹.
> Meine Rippen sind Horus und Thot,
> mein Hintern ist die Große Flut.
> Mein Phallus ist Tatenen,
> meine Eichel ist die Abgeschirmte in Alt-Kairo.

Meine Hoden sind die beiden Verborgenen,
meine Schenkel sind die beiden Göttinnen.
Meine Waden sind die beiden Leuchtenden,
meine Füße sind ›Der die Geheimnisse
                          durchwandert‹,
meine Zehen sind Kobraschlangen.
Meine Glieder sind Götter,
ich bin gänzlich ein Gott,
kein Glied von mir ist ohne Gott.
Ich trete ein als Gott,
und ich gehe heraus als Gott,
die Götter haben sich in meinen Leib verwandelt …«

Dabei ist nicht wesentlich, welche Körperteile mit welchen
Gottheiten gleichgesetzt werden, die Zuordnung ist von Fall
zu Fall verschieden. Und neben der Göttlichkeit ist es wieder die erstrebte Vollständigkeit des Körpers, die hier beschworen und durch die Aufzählung sichergestellt wird;
späte Varianten des Themas betonen die Funktionstüchtig-
keit aller Glieder.

Abb. 35: Die Baumgöttin spendet dem verstorbenen Ehepaar Brot und
kühles Wasser. Nach F. Abd el-Wahab: La tombe de Sennedjem à Deir
el Médineh, Kairo 1959, pl. 35.

Formal verwandt ist das »Beschreibungslied« der ägyptischen Liebesdichtung (Kapitel 12). Aber wenn der Liebende die körperliche Schönheit seiner Geliebten preist, gebraucht er Vergleiche aus der natürlichen Umwelt: ihr Mund ist eine Lotosknospe, ihre Brüste sind Früchte, Arme und Stirn bilden zusammen eine Vogelfalle, deren Köder die Haare sind. Hier, im diesseitigen Bereich, wäre ein Vergleich oder gar eine Gleichsetzung mit Göttinnen undenkbar, denn der physische Leib wird in Ägypten nicht durch Schönheit und Vollkommenheit göttlich, sondern gerade durch seine schlimmste Gefährdung und Entstellung, durch den Tod. Gott-Sein ist die Existenzform des Jenseits, die allen Menschen zuteil wird.

Im Neuen Reich, als auch die Liebesdichtung aufblüht, entwickelt die bildende Kunst ein Gefühl für die sinnlichen Reize des Körpers; aber es dominiert zu allen Zeiten die zeichenhafte, abstrakte Wiedergabe, welche die Menschengestalt aus typischen Grundelementen aufbaut. Die ägyptische Kunst will das am Menschen betonen, was bleibend und überpersönlich ist, der Zeit entrückt im Jenseits weiterlebt, weniger die individuelle Eigenart und Schönheit, die der Künstler der Antike anstrebt. Dazu tritt die Einsicht, daß der Mensch, bei aller Bedeutung des Leiblichen, noch aus einer Vielzahl geistig-seelischer Komponenten besteht.

Zwischen Körper und Seele, zwischen Fisch und Vogel steht der *Ka*, ein Begriff, der mit zwei scheinbar emporgestreckten Armen geschrieben wird, die aber nach ägyptischer Zeichenweise eher in der Ebene ausgestreckt zu denken sind und den Menschen schützend umfangen. Der Ka eignet Göttern wie Menschen und tritt bereits zu Beginn der Geschichte in Personennamen auf; die Schreibung mit Armen auf einer Götterstandarte betont sein göttliches Wesen.

Seit Maspero sieht man im Ka eine Art Doppelgänger des Menschen, der mit ihm zusammen erschaffen wird, aber auch der Begriff der »Lebenskraft« spielt bei der Deutung eine Rolle. Listen der vierzehn Kas, über die der Sonnengott verfügt, geben eine Art von ägyptischer Definition: »Stärke, Gedeihen, Nahrung, Herrlichkeit, Ansehen, Wirksamkeit, Dauer, Schöpfertum, Zauberkraft«. Sie alle zusammen machen den Ka aus und umschreiben ihn. Thomas Mann hat dieses vielschichtige Wesen in seinem »Joseph« auf eine mei-

Abb. 36: Der Verstorbene räuchert und spendet Wasser vor seinem Ka. Nach E. Naville: Das aegyptische Todtenbuch der XVIII. bis XX. Dynastie I, Berlin 1886, Taf. 117.

sterhaft prägnante Formulierung gebracht: der Ka als »der geistige Leib der Dinge, der neben dem Leibe ist«. Also eine Verbindung zwischen physischer und geistiger Körperwelt!

Der Ka ist alles, was belebt, ist Lebenskraft und Lebensfreude und noch konkreter »Wohlbefinden« oder sogar »Appetit«. Vom Ka geht die Lebensenergie aus, die der Tod nur vorübergehend unterbricht; er erfüllt nicht nur den eigentlichen Körper immer neu mit Leben, auch die Statuen dienen als Leib des Ka, und es gibt kein Leben ohne ihn. Diese Energie muß durch materielle Zufuhr gespeist werden; alle Nahrung kommt dem Ka zugute, und wenn man sich zuprostet, sagt man ägyptisch »Für deinen Ka«. Damit es im Jenseits so weitergeht, werden auch die Totenopfer »für den Ka« des Menschen dargebracht, beide müssen sich nach dem Tode aufs neue verbinden.

Als kosmische Lebenskraft wirken die »Millionen von Kas« des Schöpfergottes. Die Ka-Kraft treibt die Sonne durch das All und bewirkt ihre tägliche Regeneration. Und wenn der König schon zu Lebzeiten in die Welt der Götter eintritt, verdankt er das seinem Ka, der in den Darstellungen oft als kleinere, selbständige Figur hinter ihm erscheint.

Als Quelle von Energien und Entscheidungen ist das Herz dem Ka verwandt und bildet ebenfalls eine unabhängige Wesenheit des Menschen. Das ägyptische Herz ist der Sitz von Vernunft, Erinnerung, Gewissen, Begehren, Gefühl und Willen; in ihm wohnt der freie Wille des Menschen, der sich sogar gegen die Götter und gegen die sinnvolle Ordnung der Schöpfungswelt wenden kann. Daher steht in den Waagschalen des Totengerichtes das Herz als Steuerorgan der Feder gegenüber, dem Schriftzeichen für den Ordnungsbegriff der *Maat* (Kapitel 8). In Varianten der Gerichtsszene kann es durch eine Menschenfigur ersetzt werden, tritt also für den ganzen Menschen ein.

Das Herz ist eine eigene Persönlichkeit, die den Menschen verlassen kann und ihm dann den klaren Willen und das Bewußtsein raubt. Nach dem ›Denkmal Memphitischer Theologie‹ (Kapitel 2) haben »das Herz und die Zunge Macht über alle (anderen) Glieder, ... da (sie) alles ersinnen und befehlen ... Das Herz ist es, das jede Erkenntnis entstehen läßt, und die Zunge ist es, die wiederholt, was vom Herzen erdacht wird.« Für ein Leben nach dem Tode bleibt es daher das wichtigste Körperorgan; bisweilen separat behandelt und bandagiert, wird es im Gegensatz zu den anderen Organen in der Mumie belassen und ist so dem Toten immer verfügbar.

Im gerade erwähnten ›Denkmal Memphitischer Theologie‹ ist der Schöpfergott Ptah der »Mund, der den Namen jedes Dinges nannte« und damit den Urzustand, »als noch nicht der Name irgendeines Dinges genannt war«, beendet. Alles, was geschaffen ist, besitzt einen Namen. Gleich bei der Geburt wird er dem Kind verliehen, ohne Namen kann es kein Individuum geben; dazu trachtet der Ägypter danach, auch im Jenseits nicht der Namenlosigkeit zu verfallen, sondern seinen Namen »bis in Ewigkeit« dauern zu lassen. Das gelang ihm durch das Mittel der Schrift, deren früheste Anwendung darauf abzielt, den dargestellten Personen Titel und Namen beizufügen und sie dadurch aus der Anonymität der Vorgeschichte herauszuheben.

Wie der Ka und das Herz, erscheint der Name als eine eigene, selbständige Wesenheit des Menschen, in Aufzählungen tritt er gern neben Ba, Körper und Schatten. Der Name verleiht Identität – »Gott ist mein Name« sagt der Verstorbene beim Eintritt in die jenseitige Welt der Götter –, und er kann stellvertretend für die ganze Person stehen. Das gilt vor allem für den Königsnamen, der auf vielen Denkmälern die Darstellung Pharaos vertritt. Beamte beten vor einem Bild des Königs, sie können statt dessen aber auch seinen Namen verehren. Auf dem Wagenkasten Thutmosis' IV. erschlägt nicht Pharao selbst mit erhobener Keule den Feind, sondern sein Name, der durch Falkenkopf und Schwanzfedern als göttliches Wesen gekennzeichnet ist.

Die gewaltige Wirkung, die vom Namen des Königs und der Götter ausgeht, setzt man im Zauber ein (Kapitel 3). Der Name des Gottes Amun ist ein wirksamer Wasserzauber, gegen den das Krokodil machtlos ist, unzählige Amulette sind mit seinem Namen oder dem des Königs beschriftet. Umgekehrt hat man immer wieder versucht, durch die Tilgung des Namens eine ganze Existenz auszulöschen, am extremsten in der Verfolgung des Amun durch Echnaton; noch in der römischen Zeit Ägyptens gebraucht man diese Waffe und wendet sie gegen hieroglyphisch geschriebene Namen von verfemten Kaisern (Geta und Philippus Arabs) an.

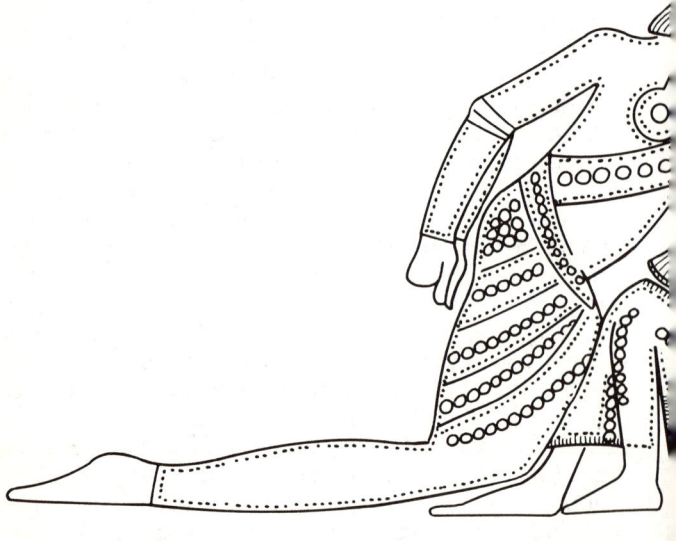

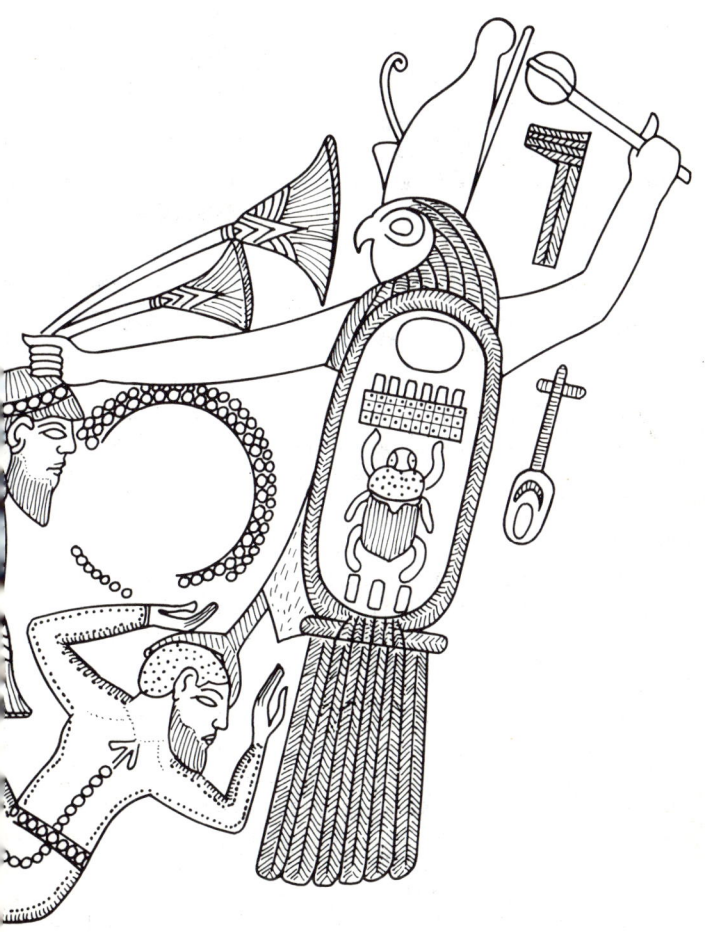

Abb. 37: Der Königsname Thutmosis' IV. erschlägt Feinde. Zeichnung A. Brodbeck nach W. Wreszinski: Atlas zur altägyptischen Kulturgeschichte II, Leipzig 1935, Taf. 2.

Dazu begegnet immer wieder der Fall, daß ein Pharao den Namen eines Vorgängers durch seinen eigenen ersetzt, um sich einen Tempelbau, ein Grab oder eine Statue anzueignen, ohne durch diese »Usurpation« eine feindliche Absicht gegen den Vorgänger zu bekunden. Auch hier, bei den Statuen zum Beispiel, beruht die Identität nicht auf der äußeren Gestalt, sondern auf dem Namen, der ihr beigegeben wird. Er ist der Schlüssel zur Persönlichkeit, in ihm und durch ihn ist sie verletzlich, seine Kenntnis gibt Macht über sie; schon die altägyptische Literatur kennt das Motiv vom geheimen, verborgenen Namen, den niemand wissen darf, vor allem in der ramessidischen Erzählung von der »List der Isis«, die dem Sonnengott seinen geheimsten Namen entlockt.

Abb. 38: Preisende Ba-Vögel aus dem Pfortenbuch. Nach A. Piankoff und N. Rambova: The Tomb of Ramesses VI, New York 1954, S. 192, Fig. 55.

So ist der Name alles andere als eine abstrakte, immaterielle Wesenheit. Dadurch, daß man ihn schreiben und auslöschen kann, hat er Anteil an der physischen Körperwelt. Deutlicher noch ist dies beim Schatten, den der Mensch wirft. Heute wissen wir wieder, daß es nicht nur der Körper ist, der einen Schatten hat, sondern ebenso die Psyche. In Ägypten besitzt der Schatten eine große Bedeutung für das Fortleben im Jenseits, in den Totentexten wird er immer wieder neben dem Ba und dem Körper genannt. Darstellungen zeigen, wie er mit den Ba-Vögeln den Sonnengott verehrt oder sich mit dem Ba auf dem Körper niederläßt, um ihm neue Lebenskraft zu verleihen.

Dies, ein Träger von Kraft zu sein, ist eine der beiden hauptsächlichen Eigenschaften des ägyptischen Schattens; die andere ist seine rasche, unheimliche Beweglichkeit und Schnelligkeit. Dabei fliegt er im Gegensatz zum ebenso beweglichen Ba nicht zum Himmel empor, sondern bleibt der Erde und der Körperwelt verhaftet. Auch der Sonnengott hat einen Schatten, der die Unterwelt durchwandert; die für uns eher paradoxe Vorstellung, daß selbst die Sonne einen Schatten hat, wird in der ägyptischen Architektur durch Gebäude realisiert, die man »Sonnenschatten« nennt. Dem König verleiht der Schatten des Re oder eines anderen Gottes zusätzliche Kräfte, wenn er auf ihn fällt. Wo Pharao erscheint, wird der schattenspendende Wedel aus Straußenfedern über ihn gehalten; dieser Wedel dient zur Darstellung und als Schriftzeichen für den Schatten, mit seinen Federn nähern wir uns wieder dem Menschen als Vogel.

Zur reinen Vogelnatur des Menschen aber gelangen wir erst mit dem *Ba*, der den erdenschweren Körper mit geistig-seelischer Präsenz erfüllt. Seit den ältesten Zeiten wird das Wort mit einem Vogelzeichen geschrieben, dessen Vorbild, stark stilisiert, der Jabiru-Storch ist; der Fleischlappen unter der Basis des Schnabels wird im Laufe der Zeit als »Brustfeder« stilisiert. Seit dem Neuen Reich erhält der Vogel einen Menschenkopf, um ihn noch deutlicher als selbständige Komponente des Menschen zu kennzeichnen, und wird sogar mit menschlichen Armen versehen. Da Ba auch »Widder« heißt, treffen wir dieses Tier als weiteres Schriftzeichen für den Seelen-Ba an; widderköpfig und sogar als widderköpfiger Vogel steigt der Ba des Sonnengottes in die Unterwelt hinab.

Das Weihrauchgefäß oder Lämpchen, das in der Schreibung mit Storch oder Widder kombiniert wird, scheint auf die alte Vorstellung zu deuten, wonach die Bas der Götter und Verstorbenen als Sterne am Himmel leuchten; die Himmelsgöttin trägt daher den Beinamen *Chabaus* »Die mit ihren tausend Bas«. Nach einer häufigen Formel des Neuen Reiches gehört der Ba zum Himmel, der Körper in die Erde (Unterwelt).

Entscheidend aber ist die Vereinigung beider, die jede Nacht in der Tiefe der Unterwelt erfolgen soll. Im Spruch 89 des Totenbuches ruft der Verstorbene aus: »Mach, daß mein Ba zu mir kommt aus jeglichem Ort, an dem er ist ... damit er seinen Körper wiedersehe und sich auf seiner Mumie niederlasse!«; hier wird die Angst spürbar, der vogelgleich umherschweifende Ba könnte den Weg »zu dem Ort, an dem er gestern war«, nicht wiederfinden oder würde gewaltsam vom Körper ferngehalten, denn die Vereinigung muß sich Nacht für Nacht wiederholen, um dem Toten ein neues Leben zu ermöglichen.

Die Bildvignette, die zu diesem Spruch gehört, zeigt einen menschenköpfigen Ba-Vogel, der auf der Mumie kauert oder über ihr schwebt; dazu empfiehlt die Nachschrift, dem Toten einen goldenen Ba-Vogel auf die Brust zu legen, so daß sich die erstrebte Vereinigung fortgesetzt im Bilde vollzieht. Die Sargmalerei der 21. Dynastie sucht das gleiche Ziel zu erreichen, indem sie den Ba direkt hinter den Kopf des Toten setzt; noch die Särge der Spätzeit tragen in der Mitte des Deckels, also an einer zentralen Stelle, das Bild des Seelenvogels über der aufgebahrten Mumie. In den Unterweltsbüchern wird das nächtliche Zusammentreffen des Sonnengottes Re mit Osiris als eine Vereinigung des Ba (Re) mit seinem Körper (Osiris) gesehen.

Die meisten Aussagen über den Ba finden wir in Totentexten, und nur selten begegnet uns der Ba des lebenden Menschen. So wird der heimgekehrte Sinuhe bei der Audienz am Königshof von seinem Ba und seinem Herzen verlassen, verliert das Bewußtsein und sieht den Tod vor Augen, bis der König ihn freundlich anredet. Wie hier, steht der Ba auch sonst eher für das Bewußtsein, während der Ka aus der Tiefe des Unbewußten wirkt. Verlust des Ba droht, wie ein ramessidischer Schreiber warnt, bei übermäßigem Biergenuß, und die Bas der Feinde fliegen aus Furcht vor Pharao davon.

Das wichtigste Zeugnis für den Ba eines Lebenden ist der »Dialog eines Lebensmüden mit seinem Ba« aus der Umbruchszeit zwischen Altem und Mittlerem Reich (vgl. Kapitel 12). In diesem bedeutenden Literaturwerk wünscht sich ein Mensch angesichts des allgemeinen, unheilbaren Elends der Welt, das er in eindrücklichen Bildern beschreibt, den Tod als Befreiung herbei. Sein Ba dagegen, als das lebenspendende Prinzip, fordert ihn zum ungetrübten Genuß des Lebens auf und ist nach anfänglicher Drohung, sich von ihm zu trennen, am Ende doch bereit, immer beim Menschen zu bleiben und im Jenseits wieder bei ihm zu sein.

Dabei ist der Ba auf den Körper angewiesen, denn er ist keineswegs ein rein geistig-seelisches Prinzip, sondern bedarf der materiellen Versorgung – mit Brot und Bier und allem anderen, was der Körper benötigt; in einer Szene des

Abb. 39: Die allnächtliche Vereinigung von Ba und Körper im Totenbuch des Nebseni. Nach E. Naville: Das aegyptische Todtenbuch I, Berlin 1886, Taf. 101.

Pfortenbuches erhalten die Bas Brot und Gemüse zugewiesen, »damit ihr Leib gefüllt wird«. Auch an den Freuden der Liebe ist er beteiligt, von seiner sexuellen Aktivität ist in vielen Totensprüchen die Rede; die Vereinigung von Mann und Frau ist nicht nur körperlich, sondern schließt den Ba mit ein.

Die wichtigste Eigenschaft jedoch, die er besitzt, ist die Fähigkeit zu freier Bewegung und zur Verwandlung in beliebige Gestalten. Der erdenschwere Körper ruht an seinem Platz oder wandelt, mit dem Ba vereint, durch die Unterwelt; der Ba aber schweift ungehindert und vogelleicht durch alle drei Sphären der Welt, durch Himmel, Erde und Unterwelt. Nur er kann das Jenseits wieder verlassen und »nach seinem Belieben« in irdischen Gärten lustwandeln. Ganz konkret erkannte man die Bas in den Zugvögeln wieder, die vorübergehend in Bereiche jenseits der vertrauten Welt entschwinden, aber regelmäßig wiederkehren.

Der Ba spielt bei jeder Verwandlung in andere Gestalten eine Rolle, und bestimmte Götter, oder auch Tiere, gelten als Ba eines anderen, die vier »Horussöhne« etwa als Bas des Horus. Wieder wird ein Unterschied zum Ka deutlich: der Sohn ist Ba, aber niemals Ka des Vaters, der Vater wiederum kann nur Ka des Sohnes sein. Denn der Ka ist die wirkende Ursache und schützende Kraft hinter einem, der Ba hingegen die Erscheinung aus einem anderen; Re nennt den Zauber seinen Ba, ist aber selber ein Ba des Urgottes Nun, der noch älter ist als er. Es ist verständlich, daß die antiken Autoren unter dem Einfluß solcher Verwandlungen des Ba irrtümlich auch den Ägyptern die Idee einer Seelenwanderung zugeschrieben haben. Im christlichen Ägypten konnte man mit den Vorstellungen von Ba oder Ka nichts mehr anfangen, sondern übernahm als Lehnwort für »Seele« die griechische *Psyche*.

Mit der Vogelgestalt ist noch eine weitere ägyptische Seelenvorstellung verbunden, der *Ach*; er wird mit der Hieroglyphe des Schopfibis (*Ibis comata*) geschrieben, aber nicht als Vogel dargestellt. Wo er abgebildet ist, hat er die Gestalt der Mumie, womit in diesem Falle nicht allein der Körper, sondern ganz allgemein eine göttliche Lebensform im Jenseits gemeint ist. Zu einem Ach kann der Mensch erst nach dem Tode werden, und in den Beschreibungen des Jenseits werden die Achs als selige Verstorbene von den »Toten« (*mutu*) als den im Totengericht Verdammten unterschieden. »Verklärte« ist die übliche Übersetzung, hängt das Wort doch mit dem Verbum »leuchten« zusammen, und durch »Verklärungen« wird der Verstorbene rituell in einen Ach verwandelt.

Ein seliger Lichtgeist, der zum Himmel emporsteigt oder mit der nächtlichen Sonne in der Unterwelt weilt, dessen »verklärter« Leib alle Körperfunktionen, doch in idealer und gesteigerter Form, in die Ewigkeit jenseitigen Lebens hinübernimmt – darin sieht der Ägypter die höchste Vollendung menschlichen Daseins. Hier verbinden sich Fisch- und Vogelnatur zu einem Gesamtbild des Menschen, das den Tod überdauert.

In ihrem Bestreben, die vielschichtige Menschennatur in ihrer ganzen Fülle zu bewahren, haben die Ägypter versucht, alle Aspekte von Körper, Geist und Seele, von Bewußtem und Unbewußtem in ein Gesamtbild vom Menschen einzubringen. Auch wenn diese Aspekte wie selbständige Wesen nebeneinander stehen und ein Eigenleben führen, geht es doch immer wieder darum, daß sie als Einheit zusammenwirken. Fisch und Vogel im Menschen bleiben aufeinander angewiesen.

12. Ägyptens Dichter

Die »Schöne Literatur« ist in Ägypten erst ein Jahrtausend nach der Schrift erfunden worden. Es brauchte die erste große Krise, den ersten Zusammenbruch von Staat und Gesellschaftsordnung, um den Dichtern den Mund zu öffnen und die Wirksamkeit des Wortes, das Wort als »Waffe« zu entdecken. Seitdem wirkt es im Herzen dessen, der die Werke der Dichter liest. Von ihnen heißt es in einem Papyrus des Neuen Reiches:

> Man hat ihnen Tore und Grabbauten errichtet –
> sie sind verfallen, ihre Totenpriester dahingegangen;
> ihre Denksteine sind mit Sand bedeckt,
> ihre Gräber vergessen.
> Aber man nennt ihre Namen wegen ihrer Bücher,
> die sie geschrieben haben, als sie noch lebten.
> Gut ist die Erinnerung an den, der sie verfaßt hat,
> bis in alle Ewigkeit ...
> Nützlicher ist ein Buch als ein Denkstein mit
>   Inschrift,
> als eine festgefügte Grabwand.
> Es errichtet Tempel und Pyramiden
> im Herzen dessen, der ihren Namen bewahrt ...
> Auch wenn sie verborgen sind, rührt ihr Zauber
>   alle an,
> die in ihren Werken lesen.

Das mit dem »Zauber« des Dichterwortes beschriftete, zerbrechliche Material des Papyrus erweist sich über die Zeiten hinweg dauerhafter und bleibender als die gewaltigsten Bauten, die Menschenhand errichten kann. Der Dichter muß nur einen Zugang zum Herzen des Menschen finden, um dort allein durch sein wirkendes Wort »Tempel und Pyramiden« zu errichten.

Als Antwort auf die tiefen Erschütterungen der Ersten Zwischenzeit finden wir zunächst Klagedichtung. Sie entspringt dem Bemühen, eine wirre, aus den Fugen geratene Zeit durch stilisierte Klage zu bewältigen, das Furchtbarste zugleich auszusprechen und zu bannen. Man spürt die Geburtswehen einer neuen Welt, der Umsturz und chaotische Verwirrung vorangehen müssen. Fortan ertönt diese Klage bei den Dichtern aller Länder und Zeiten; sie findet ihre Apotheose in Rilkes Zehnter ›Duineser Elegie‹, wo die Klage den Jüngling im »Leidland« bis zu den »Bergen des Ur-Leids« führt, in die er einsam dahinsteigt, die »weite Landschaft der Klagen« hinter sich lassend, in der sich hier und dort »ein Stück geschliffenes Ur-Leid« findet, wie bei den Dichtern Pharaos.

Diese erweitern, in dichterischer Freiheit und Stilisierung, den sozialen Umbruch sogleich zur kosmischen Katastrophe, zum drohenden Untergang der Welt:

> Was geschaffen war, ist zerstört,
> Re (der Sonnengott) kann mit der Schöpfung von
> vorn beginnen.
> Das Land ist gänzlich zugrunde gegangen, ohne Rest,
> nicht einmal das Schwarze unter dem Nagel ist
> geblieben
> von dem, was (Re) bestimmt hat.

So klagt Neferti, bereits mitten in der neuen Blütezeit des Mittleren Reiches, in der von Umsturz und Chaos keine Rede sein kann. Von jetzt an werden die Formeln von Untergang und Neugestaltung der Welt zum festen Bestand der Literatur, wird das Geschehen in diesen Bahnen geordnet, wie es unter dem Stichwort »Geschichte als Fest« beschrieben wurde (Kapitel 9). »Ich zeige dir das Unterste zuoberst, was auf dem Rücken lag, hat jetzt den Bauch unten«, heißt es bei Neferti weiter, und in den ›Mahnworten des Ipuwer‹ steht die bekannte Formulierung »die Welt dreht sich wie die Töpferscheibe«.

Die Folgen werden aufrüttelnd bis ins Detail beschrieben, wobei man schon damals Überfremdung, Lärm, Baumsterben und Nahrungsmangel beklagt. Die einstmals Vornehmen sind im Elend, die Armen prunken in neuem Reichtum, die Knechte sind Dienstherren geworden, und die ganze Menschheit ist »wie eine verirrte Herde, die keinen Hirten hat«. Am schlimmsten empfindet der Dichter die allgemeine Gleichgültigkeit und Ohnmacht der Gewalt gegenüber:

Seht, ein Mann wird erschlagen neben seinem Bruder,
und der läßt ihn im Stich, um sich selber zu retten,

heißt es in den ›Mahnworten‹, und Neferti beklagt den Haß,
der den Andersdenkenden mit allen Mitteln zum Schweigen
bringen will: »Um ein Wort zu beantworten, fährt der Arm
mit dem Stock heraus, und man erwidert durch Totschlag.«
In diesen Werken wird, wie es Assmann formuliert hat, »die
Totenklage über ganz Ägypten angestimmt«, aber es ist eine
Totenklage, die im Gegensatz zur individuellen das Jenseits
als einen idealen, erstrebenswerten Ort ansieht und den Tod
verherrlicht.

Aus den Ängsten einer heillos verwirrten Welt wandert
der hoffende Blick des Dichters vom Diesseits zum Jenseits,
ersehnt sich drüben alles, was den Lebenden versagt bleibt,
hofft dort auf Frieden, Gerechtigkeit und Glück. »Nun gehe
ich fort, um den (Totengott) Anubis anzuflehen«, sagt der
Oasenmann, als er an irdischer Gerechtigkeit endgültig ver-
zweifelt, denn in dieser Welt »bewässert der Gärtner der
Gemeinheit sein Feld mit Unrecht, um sein Feld in Lüge zu
verwandeln«. Vor allem die Gedichte aus dem ›Dialog des
Lebensmüden‹ preisen den Tod als Befreiung von Not,
Zwang und Bedrückung, als Weg in die »Klarheit des Himmels« und glückliche Heimkehr:

Der Tod steht heute vor mir
wie das Genesen eines Kranken,
wie wenn man ins Freie tritt nach einem Leiden.

Der Tod steht heute vor mir
wie der Duft von Weihrauch,
wie Sitzen unter dem Segel am Tag des Windes.

Der Tod steht heute vor mir
wie Duft der Lotosblüten,
wie Wohnen am Rande der Trunkenheit.

Der Tod steht heute vor mir
wie das Aufhören des Regens,
wie die Heimkehr eines Mannes vom Feldzug nach
Hause.

Der Tod steht heute vor mir
wie die Klarheit des Himmels,
wie wenn ein Mensch die Lösung eines Rätsels findet.

Der Tod steht heute vor mir
wie der Wunsch eines Menschen, sein Heim
                              wiederzusehen,
nachdem er viele Jahre in Gefangenschaft verbrachte.

Aus dieser Haltung heraus wird in den folgenden Jahrhunderten die Vorstellung der Ägypter vom Jenseits verfeinert und vertieft. Man bemüht sich, mit allen Mitteln des Verstandes und der Phantasie in die Geheimnisse der Welt jenseits des Todes einzudringen und sie anschaulich zu machen (Kapitel 6). Von den Schönheiten und Freuden des Diesseits, der Landschaft etwa, ist in dieser frühen Dichtung nicht die Rede; neben den Göttern besingt man allenfalls noch den Nil und seine Wohltaten, dazu natürlich Pharao als göttlichen Herrscher, der die Taten des Schöpfergottes wiederholt (Kapitel 9).

Es brauchte eine zweite umfassende Krise, um in der Dichtung neue Akzente zu setzen. Echnaton ist mit seiner religiösen Revolution gescheitert, aber er half überall neuen Ideen und Formen zum Durchbruch, wobei sich manche Wandlung schon vor ihm angebahnt hat. In der Lyrik blühen unmittelbar nach Echnaton und der Amarnazeit drei Gattungen auf, die es bisher in dieser Form nicht gab: Totenklage, Harfnerlieder und Liebeslieder. Die beiden ersten verbindet eine neue, skeptische Einstellung zum Jenseits, die beiden letzten die Mahnung, sich an diesseitige Freuden zu halten.

Nun ruft der Chor der Klagefrauen dem Toten zu:

Der du reich an Leuten warst,
nun bist du im Lande, das die Einsamkeit liebt!
Der es liebte, seine Beine zum Gehen zu spreizen,
der ist gefesselt, eingeschnürt und gehemmt!
Der reich an Stoffen war und sich zu kleiden liebte,
der schläft im abgelegten Kleid von gestern! ...
Der zu trinken liebte,
ist im Lande, das ohne Wasser ist!

Sogar zu einem »Lande der Finsternis, in dem kein Licht ist« wird das Totenreich jetzt stilisiert, obwohl die Sonne doch jeden Abend sichtbar in dieses Reich hinabsteigt und ihr Licht zu den Toten bringt. Um dem Schmerz über das Todesgeschick Ausdruck zu geben, darf dichterische Freiheit selbst diese für den Ägypter feststehende Tatsache leugnen.

Als Antwort auf solche Klagen rufen die Harfnerlieder zum Vergessen des Jenseits, zum Lebensgenuß und zum festlich-freudigen Begehen des Diesseits auf. Sie stellen jeglichen materiellen Aufwand für den Totenkult und sogar den Sinn der Totenklage in Frage (»ihre Schreie werden nicht gehört...«). Ihre Botschaft lautet: Es kann keine zuverlässige Kunde vom Jenseits geben, denn niemand kommt von dort zurück. Nur hier und jetzt, im »Fest des Augenblicks«, liegt das Glück. Wir geben als Probe das ›Anteflied‹, das man heute nicht mehr in die 11. Dynastie, sondern in die Amarnazeit datiert:

Ich habe die Worte des Imhotep und des Hordedef gehört,
aus deren Sprüchen man überall zitiert.
Wo sind ihre Stätten? Ihre Mauern sind zerfallen,
ihre Plätze existieren nicht, als wären sie nie entstanden.
Keiner kommt von dort, daß er ihren Zustand beschreibe
und von ihren Bedürfnissen Kunde gebe,
daß er unser Herz beruhige,
bis (auch) wir dorthin gelangen, wohin sie gegangen sind.

Du aber erfreue dein Herz, um all das zu vergessen –
es tut dir gut, deinem Herzen zu folgen, solange du lebst.
Lege Myrrhen auf dein Haupt,
kleide dich in feinstes Leinen,
salbe dich mit echtem Öl vom Gottesbesitz.
Vermehre dein Wohlbefinden und laß deinen Willen nicht ermatten!
Folge deinem Herzen in Gemeinschaft mit deiner Liebsten,

verrichte dein Werk auf Erden und kränke dein Herz
    nicht,
bis jener Tag der (Toten)klage zu dir kommt.
Aber der »Herzensmatte« hört ihre Schreie nicht,
und ihre Klagen retten das Herz eines Menschen nicht
    aus der Unterwelt.
Nochmals: Feiere einen Festtag und werde dessen
    nicht müde!
Bedenke: niemandem ist es gegeben, seine Habe mit
    sich zu nehmen.
Bedenke: niemand, der fortgegangen ist, kehrt
    wieder!

Durch seine Flüchtigkeit, »einem Traume gleich«, wird der
Augenblick nicht entwertet, sondern festlich erhöht – des-
wegen gilt immer wieder die Mahnung: »Feiere einen Festtag und werde dessen nicht müde!« Nicht der Übel soll man
gedenken (an denen kein Mangel ist!), sondern der Freuden,
und die Harfnerlieder zählen konkret auf, was dazugehört:
Blumen und feines Leinen, Öl und Wohlgerüche, Bier und
Wein, Gesang und Musik. Also alle die schönen Dinge, die
wir auch in der ägyptischen Liebesdichtung antreffen! Denn
man soll dieses Fest des Lebens nicht für sich allein feiern,
sondern »in Gemeinschaft mit der Geliebten«, mit der
»Frau, die man im Herzen trägt« und die einem zur Seite ist.
Die einzige vollständig erhaltene Fassung des ›Antefliedes‹
steht mitten unter Liebesliedern in einem Papyrus des Britischen Museums und betont damit schon äußerlich die Zu-
sammengehörigkeit, die inhaltlich deutlich besteht. In beiden Gattungen geht es darum, das »Herz«, also Wünschen
und Begehren des Menschen, nicht zu mindern und zu schä-
digen.
   Die Liebeslyrik blüht im gleichen Moment auf, in welchem Harfnerlieder und Totenklage den Schmerz über Tod
und Vergänglichkeit in bisher ungewohnter Eindringlichkeit
formulieren. Trotz der gewaltigen Grabmonumente ist diese
Kultur immer lebensbejahend gewesen, und sie hat gerade in
ihren Grabbildern immer neu die Freude an den Schönheiten
des Diesseits gestaltet. Aber den Dichtern Ägyptens gab erst
die neue Krise unter Echnaton den entscheidenden Anstoß,
die Schönheit der Dinge zu besingen und dazu aufzurufen,

sich ihr zuzuwenden. In der Liebesdichtung erscheint diese Schönheit im Bilde der Geliebten:

> Einzig ist die Geliebte, ohnegleichen,
> schöner als jedefrau.
> Strahlend ist sie, wie der aufgehende Stern,
> der dem guten Jahre voranzieht ...
> mit Augen, die klar blicken,
> mit Lippen, die süß reden,
> hat sie kein Wort zuviel.
> Mit hohem Wuchs und schimmernder Brust ...
> mit prangendem Hintern und schmalen Hüften ...
> mit edlem Gang, wenn sie dahinschreitet,
> raubt sie mein Herz mit ihrem Gruß.
> ...

Abb. 40: Harfenspieler vor dem Gott Schu im Grabe Ramses' III. Description de l'Égypte, Antiquités, Paris 1809ff., pl. 91.

Ihr Name ist es, was mich erhebt,
das Kommen und Gehen ihrer Boten ist es,
was mein Herz lebendig macht ...
Öffnet sie ihr Auge, verjüngt sich mein Leib,
spricht sie, so werde ich mutig,
und wenn ich sie umarme, vertreibt sie alles Übel
von mir.

Soweit aus den ›Sprüchen der großen Herzensfreude‹, die im Wechselgesang der Liebenden Sehnsucht, Glück und Verzicht gestalten und, ganz im Sinne der Harfner, den Freuden irdischen Daseins Dauer verleihen. Wie in der Grabmalerei oder in Echnatons Sonnengesang wird die ganze Natur in den Preis der Schönheit einbezogen, und die Hymnen dieser Zeit steigern sich zu einer Ahnung von der Größe und Erhabenheit des Weltalls, der »Millionen von Meilen«, welche der Sonnenlauf täglich durchmißt.

Das Ägypten dieser Dichter der Pharaonenzeit ist nicht das Land der Pyramiden, Obelisken, Säulen und Sphinxalleen, das den modernen Dichtern vor Augen tritt, wenn sie Ägypten beschwören; es ist auch nicht das Land des geheimnisvollen Dämmers und der unsagbaren Mysterien. Nach einer ersten Phase der Hieroglyphen-Seligkeit, in der das antike Ägyptenbild weiterlebt, hat der Abbé Jean Terrasson mit seinem Einweihungsroman ›Sethos‹ (1731) dem »romantischen« Ägypten zum Durchbruch verholfen, in seinem Banne stehen Freimaurer, Rosenkreuzer und verwandte Strömungen, mit ihnen auch die Welt der ›Zauberflöte‹.

Goethe hat dieses neue Ägyptenbild der »unsäglichen Geheimnisse« und der »heiligen Dämmerung« in seinem ›Großkophta‹ (1791) benutzt; aber der verschwommene Mystizismus, der hier waltet, wurde seinem klaren Geist mehr und mehr zuwider, so sehr ihn die »herrlichen aegyptischen Denkmale« auf seiner Italienreise berührt hatten. Er überläßt den Romantikern die Reise »zu den Magiern nach Ägypten, um hier zum Wesen der Dinge vorzudringen«, wie es Eichendorffs Rudolf in ›Ahnung und Gegenwart‹ vorschwebt. Für das Bestreben, am Nil nach »vergessener Weisheit der Urwelt« (v. Günderode) zu suchen, wurde das »verschleierte Bild von Sais« zum mächtigen Symbol, erneut ein Rückgriff auf antike Überlieferung.

Im Laufe des 19. Jahrhunderts hat sich die Dichtung vieler Länder, bis nach Polen, Rußland und Rumänien, der Pharaonenzeit bemächtigt und nach dem »romantischen« ein eher »exotisches« Bild vom Nilland geprägt, das zwischen Strom und Wüste von Löwen, Krokodilen, Mumien, Sphinxen und Pyramiden bevölkert wird. Eine besondere Provinz dieses exotischen Landes ist die Thebaïs mit ihren Felshöhlen, in denen Einsiedler, Hetären und Löwen hausen. Gustave Flaubert hat sie als Kulisse für seine mehrfach umgestaltete ›Versuchung des heiligen Antonius‹ benutzt; er kannte Ägypten aus eigener Anschauung, hat er doch als erster bedeutender Dichter der Neuzeit das Land bis nach Nubien hin bereist (1849/50). Ein späterer Dichter und Ägyptenreisender erblickt in der Felswüste der Thebaïs nicht den heiligen Antonius, sondern, seine Musik ausströmend, Beethoven am Hammerklavier: Rilke in seinem ›Malte Laurids Brigge‹.

»Daß man dir ein Hammerklavier erbaut hätte in der Thebaïs, und ein Engel hätte dich hingeführt vor das einsame Instrument, durch die Reihen der Wüstengebirge, in denen Könige ruhen und Hetären und Anachoreten … «

Mit Rilke erreichen wir die Dichtung unseres Jahrhunderts, die Ägypten nicht mehr in romantischer oder exotischer Verfremdung sieht, sondern im direkten Kontakt mit den Zeugnissen der alten Kultur eine Vielzahl von Zugängen findet.

Thomas Mann, der sich durch gründliche Studien vorbereitet hat, unternimmt seine abenteuerliche Fahrt in den »Brunnen der Vergangenheit«, um im Ägypten des 2. Jahrtausends v. Chr. eine humane Gegenkultur zur modernen Barbarei aufzuzeigen, ein musterhaftes Menschentum, das begnadet ist mit dem Doppelsegen von Bindung und Freiheit, mit dem Segen der Tiefe, die unten liegt, und dem Vatersegen aus der Höhe des Geistes. In seinem monumentalen Romanwerk ›Joseph und seine Brüder‹, dessen »ägyptische« Teile in den dunklen Jahren nach 1933 im Exil entstanden, gestaltet er die in Ägypten so überzeugend ausgeprägte Idee der Regeneration, des Neuwerdens aus Grube, Gefängnis, Unterwelt und Tod; nur wer wie Joseph in die Grube gefahren ist, findet den Aufstieg in das geläuterte und überhöhte Menschentum, das dieser ägyptisierte Hebräer verkörpert.

Kein anderer moderner Dichter hat eine solche Fülle von Übersetzungen und einzelnen Motiven aus altägyptischer Literatur für sein Werk verwendet, dazu nahtlos und oft nur für den Kundigen spürbar in seinen eigenen Text eingebaut. Stärker verfremdet sind solche Übernahmen bei James Joyce in seinem ›Finnegans Wake‹ (1939), dessen Held von der Leiter des Osiris in die Brunnentiefe der Vergangenheit hinabfällt und direkt in einem ägyptischen *Mastabatoom* landet, aus dem das osirianische Wiederaufleben mit Hilfe des »Lebenswassers« Whiskey erfolgt. Wie hier der Osirismythos die Struktur der Handlung liefert, so in Michel Butors ›Passage de Milan‹ (1954) die nächtliche Unterweltsfahrt des Sonnengottes, die sich in einem Pariser Mietshaus spiegelt; dabei zitiert Butor seitenlang aus Abschnitten des Pfortenbuches, die bis heute nicht ins Französische übersetzt wurden. An Joyce orientiert sich sein ›Portrait de l'artiste en jeune singe‹, eine Huldigung an den paviangestaltigen Thot, dem wir als Gott der Schreiber auch bei Thomas Mann und James Joyce begegnen.

Dichter unseres Jahrhunderts, die sich altägyptischer Motive bedienen, gibt es in kaum übersehbarer Zahl. Man müßte noch Hesse, Werfel, Kafka nennen, aber wir wollen hier nicht weiter aufzählen, sondern noch einmal zu Rilke zurückkehren, denn in ihm hat die Pharaonenzeit wohl ihr mächtigstes und bleibendstes Echo gefunden. Seine Ägyptenreise von 1911 wurde zur »Wasserscheide« seines Lebens; der Anblick der Tempel- und Gräberwelt am Nil, die Begegnung mit den Menschen Ägyptens und mit der Landschaft, Wüste und Fruchtland, prägen seine spätere Dichtung und gipfeln in den ›Duineser Elegien‹. In einem Segelboot bei der Nilinsel Philae, angesichts des nubischen Sängers, der seinen Orpheus vorwegnimmt, hat Rilke plötzlich »die Lage des Dichters, seinen Platz und seine Wirkung innerhalb der Zeit« begriffen (Über den Dichter, 1912).

Auf der Nilfahrt selber entstanden nur wenige Verse, und es brauchte Jahre, bis sich die übermächtigen Eindrücke klärten und verwandelt in die Dichtung seiner späten Jahre eingingen, die von Altägypten förmlich durchtränkt ist. »In Karnak wars …«, diese Apotheose seines Besuches im mondbeschienenen Tempel, entsteht im Winter 1920/21 und erscheint zunächst anonym. Hier schon wird ihm, wie später in den ›Sonetten an Orpheus‹, die eine Säule des Königs Taharqa, die im großen Hof die Zeiten überdauert und »fast ewige Tempel überlebt«, zum Symbol für das *Dastehn* der ägyptischen Dinge, gegenüber der Vergänglichkeit und Hinfälligkeit unseres flüchtigen Daseins. In der Siebenten Elegie kommt er darauf zurück:

> Dies *stand* einmal unter Menschen,
> mitten im Schicksal stands, im vernichtenden, mitten
> im Nichtwissen-Wohin stand es, wie seiend, und bog
> Sterne zu sich aus gesicherten Himmeln. Engel,
> *dir* noch zeig ich es, *da!* in deinem Anschaun
> steh es gerettet zuletzt, nun endlich aufrecht.
> Säulen, Pylone, der Sphinx, ...

Hier erscheint neben der »unbegreiflichen Tempelwelt von Karnak« noch der gewaltige Sphinx des Königs Chephren, der schützend und bewachend vor den Pyramiden von Giza liegt, für die arabischen Autoren des Mittelalters ein Zeuge der Sintflut. Rilke hat dieses Löwenbild mit dem Menschenhaupt immer wieder tief beeindruckt, schon vor der Ägyptenreise spricht er in einem Brief vom »unendlichen Raum um dieses Bild, der hinter den Sternen weitergeht«. Und zu den Sternen, »auf die Waage der Sterne«, erhebt er das Bild in der Zehnten Elegie:

> Naht aber Nacht, so wandeln sie leiser, und bald
> mondets empor, das über Alles
> wachende Grab-Mal. Brüderlich jenem am Nil,
> der erhabene Sphinx –: der verschwiegenen Kammer
> Antlitz.
> Und sie staunen dem krönlichen Haupt, das für
> immer,
> schweigend, der Menschen Gesicht
> auf die Waage der Sterne gelegt.

In diesen modernen Dichterworten ist dem Geist der Pharaonenzeit ein Denkmal errichtet, wie es die Dichter Altägyptens meinten, wenn sie von »Tempeln und Pyramiden im Herzen« des Menschen sprachen, die dauerhafter sind als die wirklichen Pyramiden. Rilkes Monument ist kein Grabmal, denn der Geist der Pharaonenzeit ist zwar vergangen, aber nicht tot.

Nachweise und Literatur

Kapitel 1

Das Thema wurde von mir in den Eranos-Vorträgen ›Hieroglyphen: Die Welt im Spiegel der Zeichen‹ (Eranos Jahrbuch 55–1986, 403–438) und ›Die Tragweite der Bilder. Altägyptische Bildaussagen‹ (Jahrbuch 48–1979, 183–237) behandelt. Aus der Fülle von Literatur zur Schrift sei hier hingewiesen auf die Beiträge von P. Vernus in A.-M. Christin (Hrsg.): ›Écritures‹, Paris 1982 ff.; H. G. Fischer: ›L'écriture et l'art de l'Égypte ancienne‹, Paris 1986, und für die Anfänge immer noch grundlegend S. Schott: ›Hieroglyphen. Untersuchungen zum Ursprung der Schrift‹, Akad. der Wiss. und der Liter. in Mainz, Abh. der Geistes- und Sozialwiss. Klasse, 1950, Nr. 24.

Zu Horapollon ist eine neue Ausgabe von H. J. Thissen zu erwarten; die bisher einzige deutsche Übersetzung durch J. Herold stammt von 1554! Zur Hieroglyphik der Renaissance ist immer noch grundlegend L. Volkmann, ›Bilderschriften der Renaissance‹, Leipzig 1923 und Neudruck Nieuwkoop 1962. Die Friedenspolitik Ramses' II. behandelt J. Assmann, ‹Krieg und Frieden im alten Ägypten: Ramses II. und die Schlacht bei Kadesch‹, mannheimer forum 83/84, 1983, 175–231; dazu das Bild der verwüsteten Landschaft bei: W. Wreszinski, ›Atlas zur altägypt. Kulturgeschichte II‹, Leipzig 1935, Tafel 65.

Kapitel 2

Über altägyptische Schöpfungsvorstellungen vgl. jetzt J. P. Allen: ›Genesis in Egypt‹ (New Haven 1988), der sich vor allem auf die Sargtexte stützt; für einen Überblick siehe S. Sauneron und J. Yoyotte im Sammelband ›La Naissance du Monde‹ (Sources Orientales I, Paris 1959; auch in deutscher Übersetzung: ›Die Schöpfungsmythen‹, Einsiedeln und Zürich 1964). Über einzelne Aspekte sprach ich im Eranos-Vortrag ›Verfall und Regeneration der Schöpfung‹ (Jahrbuch 46–1977, 411–449) und behandle den »zweiten Akt« der Schöpfung in: ›Der ägyptische Mythos von der Himmelskuh. Eine Ätiologie des Unvollkommenen‹, Freiburg/Schweiz und Göttingen 1982. Vgl. ferner J. Assmann unter dem Stichwort »Schöpfung« im ›Lexikon der Ägyptologie‹, Wiesbaden 1975 ff., und ders.: ›Re und Amun. Die Krise des polytheistischen Weltbilds im Ägypten der 18.–20. Dynastie‹, Freiburg/Schweiz und Göttingen 1983. Die einschlägigen Hymnen findet man bei J. Assmann: ›Ägyptische Hymnen und Gebete‹, Zürich und München 1975.

Kapitel 3

Der erste Entwurf des Kapitels war als Einleitung zu einem Band mit ägyptischen Zaubertexten in der Übersetzung von J. Osing gedacht; der Band wird voraussichtlich 1993 erscheinen. Zum Thema Zauber vgl. ferner S. Sauneron im Sammelband ›Le monde du sorcier‹ (Sources Orientales VII, Paris 1966) und den von A. Roccati herausgegebenen Band ›La Magia in Egitto‹, Mailand 1987.

Kapitel 4

Die Basis dieses Kapitels bilden vor allem J. Assmann: ›Zeit und Ewigkeit im alten Ägypten‹, Heidelberg 1975, und mein Eranos-Vortrag ›Zeitliches Jenseits im alten Ägypten‹ (Jahrbuch 47–1978, 269–307); vgl. ferner L. Kákosy, ›Einige Probleme des ägypt. Zeitbegriffes‹, Oikumene (Budapest) 2, 1978, 95–111, und E. Otto, ›Altägypt. Zeitvorstellungen und Zeitbegriffe‹, Welt als Geschichte 14, 1954, 135–148 (ohne die bildlichen Darstellungen), sowie jetzt J. Assmann: ›Stein und Zeit. Mensch und Gesellschaft im alten Ägypten‹, München 1991, Kap. II. Einen Überblick über die älteren Differenzierungen von Neheh und Djet gab L. V. Žabkar: ›Journal of Near Eastern Studies‹ 24, 1965, 77–83, den Papyrus Vandier edierte G. Posener: ›Le Papyrus Vandier‹, Kairo 1985, deutsche Übersetzung E. Brunner-Traut: ›Altägyptische Märchen‹, 8. Aufl. München 1989, Nr. 34.

Kapitel 5

Die ägyptische Einstellung zur Grenze habe ich im Eranos-Vortrag ›Von zweierlei Grenzen im alten Ägypten‹ (Jahrbuch 49–1980, 393–427) behandelt, die zur Symmetrie in einem Vortrag beim Jubiläum des Deutschen Archäologischen Instituts in Kairo 1982: ›Zur Symmetrie in Kunst und Denken der Ägypter‹, in: ›Ägypten – Dauer und Wandel‹, Mainz 1985, 71–78; vgl. auch den Katalog zur Symmetrie-Ausstellung in Darmstadt 1986 mit dem Beitrag von S. Schoske sowie H. Brunner: ›Die Grenzen von Zeit und Raum bei den Ägyptern‹, Archiv für Orientforschung 17, 1954/55, 141–145. Zum Phänomen des »Schiefen Himmels« W. Westendorf: ›Altägypt. Darstellungen des Sonnenlaufes auf der abschüssigen Himmelsbahn‹, Berlin 1966, zur Entwicklung der Königsgräber E. Hornung: ›Struktur und Entwicklung der Gräber im Tal der Könige‹, Zeitschr. für ägypt. Sprache und Altertumskunde 105, 1978, 59–66 (Vortrag, der am 13. 5. 1976 bei der Wiedereröffnung des Leipziger Ägyptischen Museums gehalten wurde), und zu den sportlichen Rekorden W. Decker: ›Der Rekord des Rituals.

Zum sportlichen Rekord im Alten Ägypten‹, in: ›Sport zwischen Eigenständigkeit und Fremdbestimmung‹, Festschr. H. Bernett, Bonn 1986, S. 66–74.

Kapitel 6

Eine ausführliche Darstellung jetzt in E. Hornung: ›Die Nachtfahrt der Sonne. Eine altägyptische Beschreibung des Jenseits‹, Zürich und München 1991. Die Quellen für das Neue Reich findet man vor allem in E. Hornung: ›Ägyptische Unterweltsbücher‹, Zürich und München 1972 (2. Aufl. 1984), und ders.: ›Das Totenbuch der Ägypter‹, Zürich und München 1979; zu den destruktiven Aspekten des Jenseits ders.: ›Altägypt. Höllenvorstellungen‹, Berlin 1968, zur Welt der Königsgräber und ihrer Dekoration ders.: ›Tal der Könige. Die Ruhestätte der Pharaonen‹, Zürich und München 1982 (4. Aufl. 1988), dazu der Eranos-Vortrag ›Auf den Spuren der Sonne. Gang durch ein ägyptisches Königsgrab‹ (Jahrbuch 50–1981, 431–475), und speziell zu den Sonnenlaufszenen ›Die Tragweite der Bilder‹ (vgl. zu Kapitel 1). Die Zitate aus Abydos stammen aus K. A. Kitchen: ›Ramesside Inscriptions‹, II 333 und 336.

Zum Problem der Initiation J. Assmann: ›Tod und Initiation im altägypt. Totenglauben‹, in: ›Sehnsucht nach dem Ursprung. Zu Mircea Eliade‹, hrsg. von H. P. Duerr, Frankfurt a. M. 1983, 336–359; er geht allerdings auf den sozialen Aspekt der Frage, den Kreis der Eingeweihten, kaum ein, und die entscheidende Frage bleibt: wer weihte wen ein? Das pharaonische Ägypten kannte jedenfalls, im Gegensatz zur hellenistischen Zeit, noch keine Mysterienkulte.

Kapitel 7

Vortrag in Basel (Vereinigung »Hellas«) am 17. 1. 1974 und in Münster/ Westf. (Historischer Verein) am 2. 7. 1974. Zur Symbolik des ägyptischen Tempels vgl. F. Teichmann: ›Der Mensch und sein Tempel – Ägypten‹, Stuttgart 1978, J. Assmann: ›Ägypten – Theologie und Frömmigkeit einer frühen Hochkultur‹, Stuttgart 1984, S. 35–50, und R. B. Finnestad: ›Image of the World and Symbol of the Creator‹, Wiesbaden 1985, sowie den Sammelband ›Tempel und Kult‹ (hrsg. von W. Helck), Wiesbaden 1987. Immer noch grundlegend zur Komposition der Kultszenen sind D. Arnold: ›Wandbild und Raumfunktion in ägypt. Tempeln des Neuen Reiches‹, Berlin 1962, und E. Winter: ›Untersuchungen zu den ägypt. Tempelreliefs der griech.-röm. Zeit‹, Graz 1968. Zur Hereinnahme des Sonnenlaufes in den Tempel siehe H. Brunner: ›Die Sonnenbahn in ägypt. Tempeln‹, in: ›Archäologie und Altes Testament. Festschr. K. Galling‹, Tübingen 1970, 27–34, und E. Graefe, ›Der Sonnenaufgang zwischen den Pylontürmen‹, Orientalia Lovaniensia Periodica 14, 1983, 55–79.

Kapitel 8

Unter diesem Titel als Eranos-Vortrag 1987, erschienen im Eranos Jahrbuch 56–1987, 385–427; der zweite, hier fortgelassene Teil konfrontiert das Ideal der Maat mit der altägyptischen Wirklichkeit, behandelt die Problematik der Emotionen als Störung der Maat und die Auseinandersetzung um die Maat nach Echnaton. Zum Thema jetzt umfassend J. Assmann: ›Ma'at. Gerechtigkeit und Unsterblichkeit im Alten Ägypten‹, München 1990. Die ägyptischen Lehren liegen in vollständiger deutscher Übersetzung vor bei H. Brunner: ›Altägyptische Weisheit, Lehren für das Leben‹, Zürich und München 1988 (2. Aufl.: ›Die Weisheitsbücher der Ägypter‹, 1991).

Kapitel 9

Das ägyptische Geschichtsbild habe ich in meiner Antrittsvorlesung in Münster/Westf. am 13. 6. 1964 behandelt und zusammen mit einem Referat ›Der Untergang Mexikos im indianischen Geschichtsbild‹ in dem längst vergriffenen Bändchen ›Geschichte als Fest‹, Darmstadt 1966, veröffentlicht. Im gleichen Jahr erschien der Aufsatz von E. Otto: ›Geschichtsbild und Geschichtsschreibung in Ägypten‹, Die Welt des Orients 3, 1966, 161–176. Ich selber bin in mehreren Aufsätzen und Vorträgen auf die Thematik zurückgekommen: ›Politische Planung und Realität im alten Ägypten‹, Saeculum 22, 1971, 48–58; ›Zum altägyptischen Geschichtsbewußtsein‹, in: ›Archäologie und Geschichtsbewußtsein‹, München 1982, 13–30; ›Pharao ludens‹, Eranos Jahrbuch 51–1982, 479–516. Vgl. ferner J. von Beckerath: ›Geschichtsüberlieferung im alten Ägypten‹, Saeculum 29, 1978, 11–17; U. Luft: ›Beiträge zur Historisierung der Götterwelt und der Mythenschreibung‹, Budapest 1978, J. Assmann: ›Stein und Zeit‹, München 1991, Kap. IX (»Politik zwischen Ritual und Dogma«), und den Artikel ›Geschichtsauffassung‹ (D. Wildung) im ›Lexikon der Ägyptologie‹. Zum Sedfest vgl. E. Hornung und E. Staehelin: ›Studien zum Sedfest‹, Genf 1974, zum Königtum M.-A. Bonhême und A. Forgeau: ›Pharaon. Les secrets du Pouvoir‹, Paris 1988, zum Material der Frühzeit (Annalentäfelchen u. ä.) W. Helck: ›Untersuchungen zur Thinitenzeit‹, Wiesbaden 1987, und zu anderen einschlägigen Quellen D. B. Redford: ›Pharaonic King-Lists, Annals and Day-Books‹, Mississauga 1986. Erwähnt sei noch, daß Karl Hauck ›Geschichte als Fest‹ als Motto seiner Publikation der ›Goldbrakteaten aus Sievern‹, München 1970, wählte.

Kapitel 10

Der Berner Vortrag (14. 11. 1984) ›Tiergestaltige Götter der alten Ägypter‹ ist abgedruckt im Sammelband ›Mensch und Tier‹ (hrsg. von M. Svilar), Bern 1985, 11–31; vgl. auch meinen Aufsatz ›Die Bedeutung des Tieres im alten Ägypten‹, Studium Generale 20, 1967, 69–84, und zu den Gottesvorstellungen und -darstellungen ›Der Eine und die Vielen. Ägyptische Gottesvorstellungen‹, Darmstadt 1971. Zur religiösen Bedeutung einzelner Tiere und vor allem zur Symbolik der Regeneration siehe E. Staehelin, in: E. Hornung und E. Staehelin: ›Skarabäen und andere Siegelamulette aus Basler Sammlungen‹, Mainz 1976, 106–163. Zum späten Tierkult greift man immer noch auf die materialreiche Darstellung von Th. Hopfner zurück: ›Der Tierkult der alten Ägypter‹, Wien 1913, zu ergänzen jetzt durch D. Kessler: ›Die heiligen Tiere und der König‹, Teil 1, Wiesbaden 1989; vgl. ferner E. Brunner-Traut: ›Die Stellung des Tieres im Alten Ägypten‹, in: ›Mensch und Tier‹, Hannover 1984, 25–39.

Kapitel 11

Der Text ist eine verkürzte Fassung des Eranos-Vortrags ›Fisch und Vogel: Zur altägyptischen Sicht des Menschen‹ (Jahrbuch 52–1983, 455–496). An Monographien zu einzelnen Komponenten des Menschen liegen u. a. vor: U. Schweitzer: ›Das Wesen des Ka im Diesseits und Jenseits der alten Ägypter‹, Glückstadt 1956; A. Piankoff: ›Le cœur dans les textes égyptiens‹, Paris 1930; B. George: ›Zu den altägypt. Vorstellungen vom Schatten als Seele‹, Bonn 1970; L. V. Žabkar: ›A Study of the Ba Concept in Ancient Egyptian Texts‹, Chicago 1968; E. M. Wolf-Brinkmann: ›Versuch einer Deutung des Begriffes ›ba‹ anhand der Überlieferung der Frühzeit und des Alten Reiches‹, Freiburg 1968; G. Englund: ›Akh – une notion religieuse dans l'Égypte pharaonique‹, Uppsala 1978. Vgl. auch meinen Aufsatz ›Vom Sinn der Mumifizierung‹, Die Welt des Orients 14, 1983, 167–175 (ursprünglich als Referat auf dem 27. Internat. Orientalistenkongreß in Ann Arbor August 1967) sowie R. Germer: ›Mumien. Zeugen des Pharaonenreiches‹, Zürich und München 1991.

Kapitel 12

Umgearbeitete Fassung des Eranos-Vortrags ›»In Karnak war's ...« – Ägypten und die Dichter‹ (Jahrbuch 53–1984, 371–409), der im ersten Teil Ägypten in der modernen Dichtung (hier stark gekürzt), im zweiten die altägyptische Dichtung behandelt. Proben für letztere findet man in E. Hornung: ›Gesänge vom Nil. Dichtung am Hofe der Pharaonen‹, Zürich und München 1990. Zur ägyptischen Totenklage E. Lüddeckens: ›Untersuchungen über religiösen Gehalt, Sprache und Form der ägypt. Totenklagen‹, Mitteil. des Deutschen Archäolog. Instituts Abt. Kairo 11, 1943, zur Liebesdichtung A. Hermann: ›Altägypt. Liebesdichtung‹, Wiesbaden 1959; S. Schott: ›Altägypt. Liebeslieder‹, Zürich 1950, und M. V. Fox: ›The Song of Songs and the Ancient Egyptian Love Songs‹, Madison und London 1985, zu den Harfnerliedern

M. Lichtheim: ›The Songs of the Harpers‹, Journ. of Near Eastern Studies 4, 1945, 178–212, und J. Assmann: ›Fest des Augenblicks – Verheißung der Dauer. Die Kontroverse der ägypt. Harfnerlieder‹, in: ›Fragen an die altägypt. Literatur‹, Wiesbaden 1977, 55–84.

Von modernen Dichtern ist vor allem Rilkes Ägypten-Rezeption grundlegend herausgearbeitet bei A. Hermann: ›Rilkes ägyptische Gesichte‹, Darmstadt 1966. Zu Thomas Mann vgl. meinen Konstanzer Vortrag ›Das Ägyptische in Thomas Manns Josephsromanen‹, in: W. Schuller (Hrsg.): ›Antike in der Moderne‹, Xenia 15, 1985, 127–135, zu James Joyce M. L. Troy: ›Mummeries of Resurrection: The Cycle of Osiris in Finnegans Wake‹, Uppsala 1976, und zu Michel Butor G. Thiele: ›Die Romane Michel Butors‹, Heidelberg 1975. Das Gesamtgebiet der Ägypten-Rezeption behandelt im Überblick S. Morenz: ›Die Begegnung Europas mit Ägypten‹, Zürich und Stuttgart 1969.

Zeittafel

Frühzeit   um 3000–2705 v. Chr.
  1. und 2. Dynastie

Altes Reich um 2705–2180	
3. Dynastie (Djoser)	2705–2640
4. Dynastie (Cheops, Chephren)	2640–2520
5. Dynastie (Unas)	2520–2360
6. Dynastie (Pepi II.)	2360–2195

Erste Zwischenzeit   2180–1987
  9./10. Dynastie (Herakleopolis)
  11. Dynastie (Theben)

Mittleres Reich 1987–1640	
11. Dynastie (Mentuhotep)	1987–1938
12. Dynastie (Amenemhat, Sesostris)	1938–1759
13./14. Dynastie	1759–1640

Zweite Zwischenzeit   1640–1530
  15./16. Dynastie: Hyksos
  17. Dynastie (Theben)

Neues Reich 1540–1075	
18. Dynastie	1540–1292
Hatschepsut	1479–1458
Thutmosis III.	1479–1426
Amenophis III.	1390–1353
Amenophis IV./Echnaton	1353–1336
Tutanchamun	1332–1323
Ramessiden:	
19. Dynastie	1292–1190
Sethos I.	1291–1279
Ramses II.	1279–1213
20. Dynastie	1190–1075

Dritte Zwischenzeit 1075–664	
21. Dynastie (»Gottesstaat des Amun«)	1075– 945
22./24. Dynastie (Libyer)	945– 712
25. Dynastie (»Äthiopen«)	740– 664
Taharqa	690– 664

Spätzeit   664–332
   26. Dynastie (»Saïten«)   664– 525
   27. Dynastie (Perser)   525– 404
   28./30. Dynastie   404– 342
      letzte einheimische Pharaonen

Makedonen   332–305

Ptolemäer   305–30 v. Chr.

Römer und Byzantiner   30 v.–642 n. Chr.

Register

Ach 186
Achtheit 26, 35
Aker 89, 99
Amarnazeit 27, 35, 39, 41, 44, 56, 73, 75, 94, 100, 107, 124, 153, 190 f.
Amduat 45, 52, 91 f., 94, 97 ff., 102
Amenemhât III. 80 f.
Amenemope 130
Amenophis II. 31, 69, 124
Amenophis III. 66, 84 f., 120 ff., 151, 165
Amulett 43, 49, 54 ff., 58, 119, 154, 180
Amun 31, 37 f., 46, 55 f., 65 ff., 71, 83, 108, 110, 120, 122 f., 130, 143, 151 f., 154 f., 159, 161, 165, 180
Ani 129
Annalen 146–149
Anthes, R. 128
Anubis 121, 159, 162, 168, 170 f.
Apis 65, 157, 159, 167
Apophis 42, 51 ff., 164
Arnold, D. 114
Askese 174
Assmann, J. 11, 25, 27, 73, 189
Aton 31, 45, 79, 130
Atum 36, 39 f., 104, 126, 130, 163

Ba 50, 92 f., 100, 102 f., 106, 120, 161 f., 164, 168, 173, 182–186
Bild 22, 24–33, 56 f., 69, 90, 114 f., 155, 157 f., 169, 184
Brettspiel 14, 68

Chairemon 19
Champollion, J. Fr. 21 f., 85, 170 f.
Cheops 108, 169
Chnum 38, 86, 155, 159

Dat s. Unterwelt
Deir el-Bahari 113, 121
Deir el-Medine 79, 168
Denkmal Memphitischer Theologie 36, 39, 179

Djoser 11
Dualität 74, 76, 79

Echnaton 31, 37, 45, 78 f., 110, 112, 119 f., 124, 152, 158, 166, 180, 190, 192
Edfu 80, 110, 113, 121, 155, 157
Einweihung 105
Elephantine 108, 111, 133, 154
Erweiterung des Bestehenden 66, 82, 149
Eschatologie 43, 74, 163
Ethik 57 f., 60, 128
Ewigkeit 64, 70 ff., 74 f., 174
Experiment 60

Farbe 14 ff., 117
Feuersee 93
Flaubert, G. 195
Flügel 161
Freide 27

Geb 36, 40, 89
Gliedervergottung 57, 135, 175 f.
Goethe, J. W. 61, 92, 194
Götter 25 f., 34, 38–42, 53 ff., 59, 61 ff., 68 f., 71, 88, 100, 105, 108, 111–122, 124, 152, 158 ff., 166, 176, 178 f., 190
Graefe, E. 113
Greif 56, 157, 161
Grenze 34, 71, 76–88

Haremhab 132
Harfner(lieder) 75, 107, 190–194
Hathor 35, 92, 100, 113, 115 f., 121 158 f., 162, 164 ff., 174
Hatschepsut 113, 121, 124, 151
Hermann, A. 80
Herodot 74, 97, 158
Herz 49, 56 f., 94, 135, 169, 173, 178 f.
Himmel 34, 40, 42 f., 46, 59 f., 73 f., 79, 86, 99, 104–107, 115, 121, 151, 158 f., 182, 186

Höhlenbuch 87, 91, 93
Hölle 56, 92–96
Horapollon 18f.
Horus 34, 42, 50, 58f., 61f., 92, 95, 113, 132, 140, 142, 155, 157, 159f., 162, 185
Horusauge s. auch Udjat 55, 133

Idealalter 66
Imhotep 11
Ipuwer 126, 188f.
Isis 36, 40, 52, 58f., 61f., 112, 124, 164, 168, 170f., 182

Jagd 111, 138, 144f., 155
Jahr 10f., 19, 45, 64, 147ff.
Jamblich 59
Jenseits s. Unterwelt

Ka 177ff., 184ff.
Kalender 64
Kanopen 169–172
Karnak 27, 108, 110ff., 118ff., 130, 146, 161, 196
Katze 158, 165f.
Keel, O. 126
Kircher, A. 21f.
König 24ff., 45f., 49f., 56f., 71ff., 77f., 82–86, 90f., 111, 113–127, 129–133, 138–153, 157, 161, 164, 178, 180–183, 190
Krokodil 50f., 55, 62, 89, 94, 97, 158, 163, 165, 180
Kryptographie 24, 55
Kult 61, 110, 113–123, 130, 143, 146, 166

Lebensalter 64ff.
Lehren 11, 129, 132
Lepsius, C. R. 21
Liebe 53, 60, 95, 177, 185, 191–194
Literatur 11, 120, 187–198
Lotos 15f., 35, 115, 177
Löwe 24, 56, 94, 111, 117, 155, 157f., 161, 163, 165f.
Lukian 48, 61
Luxor 27–30, 110, 112, 122, 146

Maat 41, 56f., 87, 92, 94, 123–137, 144, 152, 179
Magie s. Zauber

Mahnworte s. Ipuwer
Mann, Th. 154, 159, 167, 177, 195
Maße 83f., 110
Medizin 50, 58
Mensch 34, 38, 41f., 62f., 120, 135f., 159, 161f., 168–186, 192
Merikarê (Lehre) 26, 60, 68, 71, 82, 129, 136
Min 108, 150
Mond 22, 47, 64, 104, 133, 159
Morenz, S. 40, 73, 128
Moses 48, 67
Mumie 65, 96, 98, 106, 168–175, 179, 183f., 186
Mundöffnung 111, 123, 169
Mythos 22, 34, 58f., 68, 140

Name 9, 30, 34, 55f., 61, 93, 179–183
Narmer 140f., 159f.
Neferti 188f.
Neith 35, 38
Nephthys 36, 112, 124, 168, 170f.
Neunheit 36, 39f.
Nichtsein 34, 39f., 87, 93, 95
Nilpferd 94, 147, 155ff., 163, 165
Niwiński, A. 44
Nun 34, 39, 87, 89, 92, 97ff., 111, 158, 186
Nut 36, 40, 68, 89, 100, 102, 174

Oasenmann 127f., 134f., 189
Obelisk 112, 161
Opfer 59, 83, 116, 119, 144f., 173f., 178
Osiris 36, 40, 42, 56–60, 68, 71, 73, 87f., 94ff., 102, 104, 124, 130, 132, 155, 162ff., 168
Ostraka 53

Paneb 133
Pfortenbuch 52f., 69f., 90ff., 97, 99, 101, 105f., 124, 182, 185, 196
Pharao s. König
Physiologus 19
Platon 10, 74
Plutarch 68
Priester 17, 74, 113f., 118f., 121, 130, 159, 166
Ptah 17f., 36–39, 83, 130, 157, 179
Ptahhotep 75, 128, 134
Pylon 26, 110–113, 120

Pyramide 11, 35, 82, 169, 187, 198
Pyramidentexte 34f., 37, 40, 49, 56f., 59, 71, 90, 102, 127, 158

Ramses II. 26f., 45, 65f., 105, 143–146, 149
Ramses III. 61, 84, 113, 144f., 193
Raum 34, 36, 40ff., 73
Re s. Sonnengott
Recht 131f.
Regeneration 43–46, 71, 95, 98, 156, 164, 172ff., 178
Renaissance 17, 19ff., 24, 48
Rilke, R. M. 89, 154, 188, 195–198

Sarg 25, 44, 90, 102f., 158, 163, 168, 184
Sargtexte 35f., 39ff., 51, 66, 126
Sauneron, S. 54, 117
Schatten 182f.
Schenute 48
Schlange 36, 43f., 49, 51f., 69f., 74, 91, 93, 98f., 107, 161–165
Schöpfung 33–47, 51, 71f., 76, 93, 107, 111, 124, 151ff.
Schoske, S. 80
Schrifterfindung 10ff., 16, 138, 160
Schu 36, 39f., 42, 73, 99, 193
Sedfest 46, 115, 144f.
Sesostris I. 108, 120
Sesostris III. 77, 82
Seth 34, 36, 52f., 59, 61f., 95, 130, 132, 155, 157
Sethos I. 27, 102, 105, 111, 125
Sinuhe 184
Skarabäus 18f., 22, 24, 36, 38, 44, 54f., 156, 162
Sonne 22, 24, 26, 31f., 35f., 38, 41f., 45ff., 59, 70, 86, 89–107, 112f., 151, 159, 178, 191
Sonnengott 35, 38, 41f., 45, 51ff., 59, 61, 68–71, 73f., 87, 90, 92, 98, 100f., 104ff., 113, 123–127, 130, 133, 151, 156, 158, 162, 164, 177, 182f., 186, 196
Sphinx 24, 56, 113, 157, 161, 197
Sport 85
Staehelin, E. 155
Sterne 35, 70, 95, 102, 104, 107, 115, 158f., 168, 183, 197

Stier 24, 56, 59, 157, 159, 163ff., 167
Symbol 22, 32
Symmetrie 43, 76, 79ff., 120

Taharqa 144, 197
Tal der Könige 83ff., 146
Tekenu 169, 172f.
Tempel 26f., 33, 38, 46, 56, 79, 83, 108–122, 130, 150, 161, 196f.
Thot 26, 42, 57, 68, 123, 130, 133, 155f., 166, 196
Thutmosis I. 78, 82ff., 150
Thutmosis III. 30, 45, 56, 78, 121, 149
Tier 60, 119, 154–167, 185
Totenbuch 31, 51ff., 57, 59, 67, 71, 87, 91, 93, 95, 100, 107, 163, 173, 183, 185
Totengericht 56ff., 67, 93f., 130, 132, 135, 163, 178f., 186
Tutanchamun 37, 44, 83, 103, 113, 126, 144, 150f., 153, 160, 164

Udjat 22, 43, 54f., 133
Unas 71
Unterwelt 34, 37, 41f., 51, 67ff., 71, 79, 89–107, 161, 163ff., 183, 186
Unterweltsbücher 43, 51, 69, 90–106, 184
Uräus 24, 164
Urhügel 35, 111, 115
Uroboros 44, 87, 153, 164
Urzustand 34, 36, 42f., 86f., 98
    s. auch Nun
Uschebti 96

Vogel 14ff., 36, 61, 160ff., 168, 173, 177, 182–186
Volkmann, L. 20

Wenamun 67
Wesir 128, 131, 133
Westendorf, W. 73, 128
Wreszinski, W. 28f., 180f.

Zauber 19, 37, 42, 44, 48–63, 118, 177, 180, 186
Zeit 34, 36, 42f., 45f., 64–75, 98, 147f., 164

Sothis 111

Lesen, was zu lesen lohnt

C. W. Ceram
Der erste Amerikaner
Die Entdeckung der indianischen Kulturen in Nordamerika. Überarbeitete und erweiterte Neuausgabe von H. Marek.
392 S., mit 17 Farbtafeln, 17 Schwarzweiß-Abbildungen, 80 Zeichnungen und 10 Karten. Gebunden

Cerams internationaler Bestseller, weltweit in 15 Sprachen übersetzt, erscheint 20 Jahre nach seinem spektakulären Start in einer neuen Fassung: Aktualisiert, erweitert und auf den neuesten Forschungsstand gebracht von Hannelore Marek, ist Der erste Amerikaner das unangefochtene Standardwerk des vorkolumbischen Amerika.

Heinrich Schliemann
Bericht über die Ausgrabungen in Troja in den Jahren 1871 bis 1873
Mit einem Vorwort von M. Korfmann, Zeittafel, Werkverzeichnis und kommentiertem Register. Mit 70 Abbildungen und 48 textbezogenen Tafeln aus dem »Atlas trojanischer Alterthümer«.
XXIX, 312 S. Gebunden

»Die Neuauflage des ersten Troja-Buchs gehört zur Dokumentation der Rezeptionsgeschichte der Ilias seit der Antike. Es ist kulturhistorisch bedeutend und wichtig für die Beurteilung Schliemanns und seines Anspruchs als Wissenschaftler. Das ausführliche Vorwort von Manfred Korfmann gibt dem Leser alle nötigen Hilfen und Informationen zum Verständnis und zu der zeitgeschichtlichen Einordnung des Werks vor dem Hintergrund der aktuellen Wissensstandes.« FAZ

Lorenzo Camusso
Reisebuch Europa 1492
Wege durch die Alte Welt. Aus dem Italienischen von Fr. Hausmann. Leinen
288 S., mit 130 Farbbildern und 131 Schwarzweiß-Illustrationen. Leinen

»Ein Reiseführer in die Vergangenheit – ins Europa des Jahres 1492, als Kolumbus gerade westwärts segelte und dabei – zufällig – auf einen neuen Kontinent stieß. Wie man damals reiste, womit und wohin, darüber gibt der italienische Historiker Lorenzo Camusso in seinem »Reisebuch Europa« Auskunft.« DIE ZEIT

Shulamith Shahar
Kindheit im Mittelalter
Deutsch von B. Brumm. 392 S., mit 15 Abbildungen. Gebunden

Lebendig und engagiert schildert Shulamith Shahar die Geschichte der Kindheit vom Beginn des 12. Jahrhunderts bis zum Ende des Spätmittelalters. Die Autorin zeigt, wie Eltern und Kinder das mittelalterliche Leben meisterten, und widerlegt damit die Theorien über eine Gesellschaft ohne Verhältnis zur Kindheit.

Joachim Schlör
Nachts in der großen Stadt
Paris – Berlin – London 1840–1930. 320 S., mit 40 Abbildungen. Leinen

Joachim Schlörs erste Geschichte der Großstadtnacht erkundet die Nacht-Seiten der bürgerlichen Welt: In der Abwehr von Verbrechen und Prostitution spiegelt sich zugleich das Bild einer schillernden Gegenwelt, die bis heute nichts von ihrer Faszination eingebüßt hat.

Artemis Winkler

Artemis & Winkler Verlag, München und Zürich

Egon Friedell: Kulturgeschichte
Ägypten und der Alte Orient – Griechenland – Neuzeit

Gerhard Konzelmann
im dtv

Der Nil
Heiliger Strom unter Sonnenbarke, Kreuz und Halbmond

Die bewegte Geschichte der Länder am Nil von den Pharaonen bis zu Mubarak und den westpolitischen Machtblöcken der Gegenwart – geschrieben von dem exzellenten Nahostkenner Gerhard Konzelmann. Er macht die politische Brisanz vielfältiger kultureller Brüche aus rund 5000 Jahren deutlich. dtv 10432

Jerusalem
4000 Jahre Kampf um eine heilige Stadt

Konzelmann erzählt detailliert und kenntnisreich die viertausendjährige Geschichte dieser Stadt, die sowohl für Juden wie für Mohammedaner und Christen die »heilige Stadt« ist. Ein wichtiges Buch für jeden, der den Ursprüngen des unversöhnlichen Streites um Jerusalem nachgehen möchte. dtv 10738

Der unheilige Krieg
Krisenherde im Nahen Osten

Ein Versuch, das für den westlichen Beobachter schier unentwirrbare Knäuel verschiedener Einflüsse und Strömungen im libanesischen Bürgerkrieg zu entwirren und durch geschichtliche Rückblicke die Ursachen des Konflikts aufzudecken. dtv 10846

Die islamische Herausforderung

Der Ruf »Allah ist über allem!« hat eine ungeheure Aufbruchstimmung unter allen Völkern des Islams bewirkt, die die Rettung der Welt zum Ziel hat. Der allumfassende Anspruch und die Kompromißlosigkeit dieser Religion geben der neuen islamischen Bewegung ihre Kraft. Konzelmann vermittelt das Wissen, das zum Verständnis der islamischen Revolution nötig ist, mit der das Abendland sich die nächsten Jahrzehnte wird auseinandersetzen müssen. dtv 10873

Atlas zur Weltgeschichte

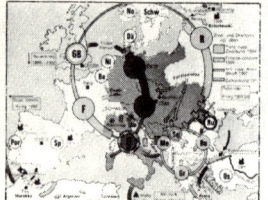

dtv-Atlas zur Weltgeschichte
von Hermann Kinder und
Werner Hilgemann
Karten und chronologischer
Abriß
Band 1: Von den Anfängen bis
zur Französischen Revolution
Band 2: Von der Französischen
Revolution bis zur Gegenwart
Originalausgabe
2 Bände

dtv 3001/3002

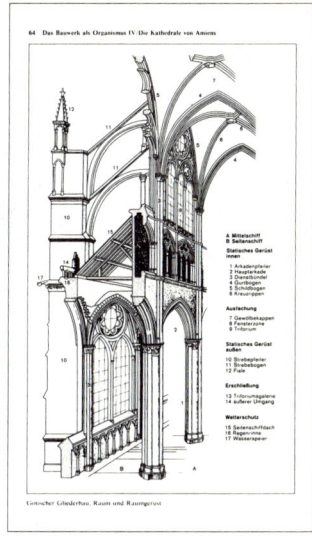

dtv-Atlas zur Baukunst
von Werner Müller und
Gunther Vogel
Tafeln und Texte
Originalausgabe

2 Bände
dtv 3020/3021

Band 1: Allgemeiner Teil
Baugeschichte von Meso-
potamien bis Byzanz.
Mit 130 Farbtafeln.

Band 2: Baugeschichte vom
Mittelalter bis zur Neuzeit.
Mit 134 Farbtafeln.

Aus dem Inhalt:

Band 1: Architektur als
autonomer Prozeß. Bau-
elemente. Das Bauwerk als
Organismus (Fachwerk,
Dorischer Tempel, Kuppelbau,
Gliederbau, Skelettbau). Bau-
geschichte (Mesopotamien,
Ägypten, Ägäis, Griechenland,
Rom, Byzanz).

Band 2: Baugeschichte von der
Romanik bis heute.

Frauen der Welt im dtv

Frauen in Spanien
Erzählungen

dtv

Frauen in Thailand
Erzählungen

dtv

Frauen in Afrika
Herausgegeben von
Irmgard Ackermann
dtv 10777

Frauen in der
arabischen Welt
Hrsg. v. Suleman Taufiq
dtv 10934

Frauen in China
Hrsg. v. Helmut Hetzel
dtv 10532

Frauen in der DDR
Hrsg. v. Lutz W. Wolff
dtv 1174

Frauen in Frankreich
Herausgegeben von
Christiane Filius-Jehne
dtv 11128

Frauen in Griechenland
Herausgegeben von
Maria Bogdanu u.a.
dtv 11396

Frauen in Indien
Herausgegeben von
Anna Winterberg
dtv 10862

Frauen in Irland
Hrsg. v. Viola Eigenberz
und Gabriele Haefs
dtv 11222

Frauen in Italien
Herausgegeben von
Barbara Bronnen
dtv 11210

Frauen in Japan
Hrsg. von Barbara
Yoshida-Krafft
dtv 11039

Frauen in
Lateinamerika 1
Herausgegeben von
Marco Alcantara
und Barbara Kinter
dtv 10084

Frauen in
Lateinamerika 2
Herausgegeben von
Marco Alcantara
dtv 10522

Frauen in New York
Herausgegeben von
Margit Ketterle
dtv 11190

Frauen in Persien
Herausgegeben von
Touradj Rahnema
dtv 10543

Frauen in der Schweiz
Herausgegeben von
Andrea Wörle
dtv 11329

Frauen in Skandinavien
Herausgegeben von
Gabriele Haefs und
Christel Hildebrandt
dtv 11384

Frauen in der
Sowjetunion
Herausgegeben von
Andrea Wörle
dtv 10790

Frauen in Spanien
Herausgegeben von
Marco Alcantara
dtv 11094

Frauen in Südafrika
Herausgegeben von
Dorothea Razumovsky
dtv 11347

Frauen in Thailand
Herausgegeben von
Hella Kothmann
dtv 11106

Frauen in der Türkei
Herausgegeben von
Hanne Egghardt und
Ümit Güney
dtv 10856